SERVIÇO SOCIAL DO COMÉRCIO
Administração Regional no Estado de São Paulo

Presidente do Conselho Regional
Abram Szajman
Diretor Regional
Danilo Santos de Miranda

Conselho Editorial
Áurea Leszczynski Vieira Gonçalves
Rosana Paulo da Cunha
Marta Raquel Colabone
Jackson Andrade de Matos

Edições Sesc São Paulo
Gerente Iã Paulo Ribeiro
Gerente Adjunto Francis Manzoni
Editorial Clívia Ramiro
Assistente: Maria Elaine Andreoti
Produção Gráfica Fabio Pinotti
Assistente: Ricardo Kawazu

Marcio Pochmann

O neocolonialismo à espreita

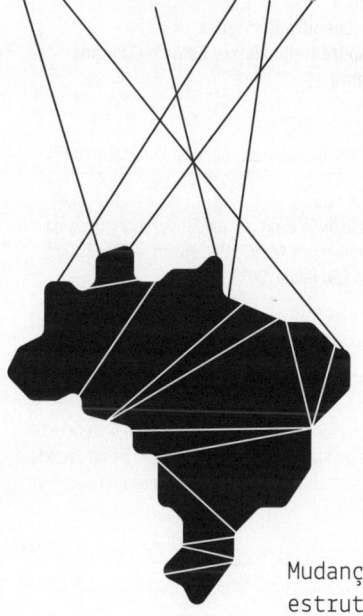

Mudanças
estruturais
na sociedade
brasileira

© Marcio Pochmann, 2021
© Edições Sesc São Paulo, 2021
Todos os direitos reservados

1ª reimpressão: 2023

Preparação Tatiana Allegro
Revisão Miguel Yoshida, Leandro Rodrigues
Capa e projeto gráfico André Hellmeister / Estúdio Collages
Diagramação Thais Ventura

Dados Internacionais de Catalogação na Publicação (CIP)

P823n	Pochmann, Marcio
	O neocolonialismo à espreita: mudanças estruturais na sociedade brasileira / Marcio Pochmann. — São Paulo: Edições Sesc São Paulo, 2021.
	244 p. Il.
	Bibliografia
	ISBN 978-65-86111-60-6
	1. Brasil. 2. Sociedade. 3. História. 4. Tempo histórico. 5. Mudança de época. 6. Neocolonialismo. 7. Desigualdade. 8. Relações no trabalho privado. 9. Relações no trabalho público. I. Título.
	CDD 338

Ficha catalográfica elaborada por Maria Delcina Feitosa CRB/8-6187

Edições Sesc São Paulo
Rua Serra da Bocaina, 570 - 11º andar
03174-000 - São Paulo SP Brasil
Tel. 55 11 2607-9400
edicoes@sescsp.org.br
sescsp.org.br/edicoes

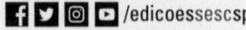 /edicoessescsp

Tempos em descompasso / *Danilo Santos de Miranda* 8

Mudança de época 10

1. Transições na estrutura da sociedade brasileira 26

Transição estrutural nas sociedades de capitalismo avançado 31

Sinais de uma nova transição na estrutura da sociedade brasileira 49

Considerações finais 63

2. Transição de sociedade, ciclos econômicos e desigualdade territorial 66

Herança territorial do "arquipélago de ilhas econômicas" na sociedade agrária 69

Economia nacional e desigualdade territorial na sociedade urbana e industrial 72

Reconfiguração territorial pela desindustrialização precoce e passagem antecipada para a sociedade de serviços 76

Considerações finais 95

3. Padrões de urbanização e capitalismo periférico 96

Capitalismo e urbanização 98

Cidades e padrões de urbanização capitalista 104

Urbanização no capitalismo periférico 113

A experiência brasileira de urbanização periférica 118

Considerações finais 133

4. Sentido de Brasil que emerge do neoliberalismo — 136

Fundamentos da nova maioria política autoritária   139

Ascensão de novos e velhos sujeitos sociais   143

Estagnação e apequenamento do sistema produtivo   150

Desconstituição da economia social   158

Considerações finais   161

5. O Estado sob o novo patrimonialismo e a gestão da pobreza — 164

Ciclo político da Nova República,
atuação do Estado e desindustrialização   168

Estrutura social em transição
e correlação de forças no Estado em disputa   172

Forças e fraquezas do projeto de capitalismo
de Estado ante a globalização neoliberal   174

Políticas públicas, desigualdade e exclusão   178

Considerações finais   185

6. Desconstrução do trabalho e avanço da desigualdade — 188

Regulação e desregulação do trabalho   191

A desestruturação da sociedade salarial   195

Desconstituição do emprego público   200

A situação da desigualdade brasileira   202

Considerações finais   214

Referências bibliográficas — 218
Sobre o autor — 243

Tempos em descompasso

***

Com vasta experiência acadêmica e política, Marcio Pochmann discute neste volume o que identifica como uma "mudança de época" em marcha no Brasil desde fins do século XX, e que hoje se apresenta com considerável nitidez. Os contextos em que essa transformação é verificada pelo autor referem-se a duas faces da mesma moeda: num lado, os setores produtivos nacionais; no outro, as práticas laborais responsáveis por provê-los de mão de obra. Neles são distinguidas as matrizes industrial e de serviços, com as distintas formas de trabalho (e direitos) que lhes correspondem.

Entre as contribuições trazidas pela abordagem do economista está o modo como são confrontadas situações históricas incompatíveis entre si, representativas de uma realidade nacional em descompasso com os desafios do presente. É nesse sentido que Pochmann evoca o tempo como medida da mudança em curso. Ela estaria associada à aceleração do movimento histórico, pressionado pela carga de acontecimentos decisivos para o país, com destaque para a desarticulação precoce da indústria brasileira, já nos anos 1980, e a disseminação das tecnologias digitais, a partir dos anos 2000, que forçam uma transição súbita para a modalidade dos serviços e da produção imaterial.

Nessa transformação advinda da velocidade do tempo histórico, é o futuro da nação que se encontra em jogo, com o horizonte de possibilidades sendo disputado por projetos discrepantes ou, o que é mais alarmante, pela falta de um projeto. No centro das preocupações refletidas nas páginas a seguir está o fato de que o prematuro "abandono do projeto da industrialização nacional" poderia conduzir o país a uma "regressão neocolonial", segundo termos do autor. A obsoleta lógica colonial ressurgiria, portanto, como modo de negociar os bens do país à revelia de compromissos de longo prazo, que necessariamente exigem investimentos em educação, tecnologia e infraestrutura.

No mercado interno, a abrupta transição para a sociedade de serviços – com a incipiência de meios e a precarização do trabalho – é acompanhada do enfraquecimento de instituições que facultavam representação e capacidade de articulação aos cidadãos sob o regime industrial e urbano. Na medida em que associações de moradores, sindicatos e partidos políticos vão sendo esvaziados, são as fórmulas do "cada um por si" e do "empresário de si" que ganham espaço, ao mesmo tempo que competem para a desagregação do tecido social e para a perturbação da sanidade individual e coletiva.

Como Serviço Social do Comércio, o Sesc é herdeiro do ciclo de industrialização iniciado na década de 1930 no Brasil. Criada em 1946, a instituição é fruto do entendimento de que as classes empresariais, em complemento ao Estado, deveriam se responsabilizar pelo bem-estar e desenvolvimento dos brasileiros. É essa visão que escapa a uma parte das elites de hoje, obcecada com ganhos e acúmulos imediatos, sem considerar os ônus gerados ao país, à população e ao meio ambiente. Em meio a esses descompassos, a construção de um projeto nacional exige interações propositivas com a sociedade presente, com toda a sua complexidade, o que implica reconhecer e atualizar dispositivos legados por agentes e movimentos históricos que apostaram no Brasil.

Danilo Santos de Miranda
Diretor do Sesc São Paulo

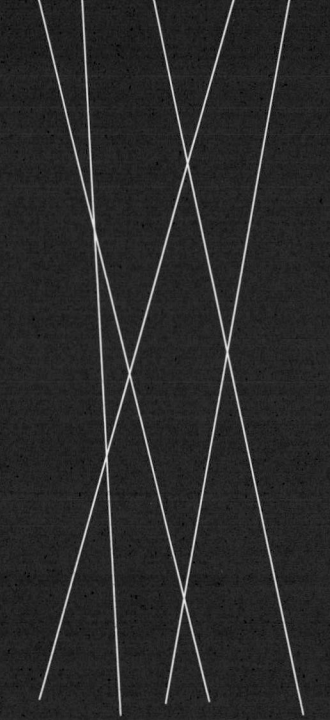

Mudança de época

Nenhuma sociedade permanece a mesma ao longo do tempo, pois está sujeita a profundas transformações que podem afetar conjunta e simultaneamente sua infraestrutura (base econômica), estrutura (classes e frações de classes sociais) e superestrutura (instituições, valores e regras). Essa circunstância histórica, quando verificada, é que se pode definir como mudança de época.

Em geral, a mudança de época resulta de processos associados à aceleração do tempo histórico, quando se reduz sensivelmente a distância que separa o espaço da experiência vivida no tempo presente do horizonte de expectativas e possibilidades abertas no tempo futuro. A aproximação entre os dois tempos distintos tende a ocorrer raramente, pois depende da manifestação de um conjunto complexo de acontecimentos que, de forma concentrada e articulada, provoca a transição de uma para outra época.

Ainda que não seja um fenômeno monocausal, o progresso tecnológico em profundidade pode influenciar a mudança de época frente a suas consequências amplas no conjunto da sociedade. Seja na forma política de organizar e distribuir a produção econômica, seja no comportamento social e cultural, novas interações entre pessoas e instituições sobressaem justamente por terminar modificando o próprio modo de vida e conduta humana.

A perspectiva de considerar as mudanças e permanências estruturais nas sociedades conectadas a uma época determinada comporta e dá sentido à busca por compreensão totalizante da dimensão social, cultural, política e econômica de eventos dessa magnitude pela humanidade. Por conta disso, percebe-se a atualidade da reflexão acerca do processo que se encontra em curso e decorre da aceleração do tempo histórico, cujas consequências parecem apontar para a divisão das sociedades capitalistas em, pelo menos, três agrupamentos principais, flagrantemente heterogêneos e em disputas institucionais entre a necessária ascensão de novas e a resistência de antigas e disfuncionais.

De um lado, aquelas da atualidade, compostas por agrupamentos de pessoas desconectadas da consciência de que vivem as consequências do tempo presente marcado pela transição de época. De outro, as instituições pretéritas identificadas por agrupamentos de pessoas a contestar e reagir ao processo de mudança de época por meio de práticas que vislumbram o prevalecimento do modo de vida do tempo passado. Por fim, a emergência de nova institucionalidade demandada por agrupamentos de pessoas mais conscientes e conectadas com o aproveitamento do horizonte de expectativas e oportunidades abertas pelo tempo futuro.

A consolidação do sentido possível desta nova época que se conforma depende da primazia de dominação adotada entre os distintos agrupamentos no interior do conjunto da sociedade. Sua compreensão, contudo, requer perceber o curso da aceleração do tempo histórico, bem como o questionar da validade de conceitos tradicionais adotados na época passada para interpretar e interferir frente ao novo que se configura perante a mudança atual de época.

Nessa perspectiva ensaística, busca-se enunciar alguns dos aspectos principais que estariam por justificar a mudança de época, tratando de contrastar evidências de rupturas efetivas com os passados longínquo e recente. Em sequência, o apontamento de possíveis ações e reações diante dos desafios explotados pela emergência da reconfiguração de uma nova época em sociedade nesse início do século XXI.

Os estudos sobre grandes transformações na história apontam para o século XVIII, em geral, como marco relevante da transição entre a antiga e longeva sociedade agrária e a nova e moderna sociedade urbana e industrial. A culminância de um conjunto complexo de acontecimentos desencadeou a mudança de época devido à aceleração do tempo presente (espaço de experiência) que permitiu redimensionar a visão e o objetivo humano para o futuro (horizonte de expectativa e oportunidades condicionado pelo progresso).

Com isso, a razão iluminista passou a predominar, superando a perspectiva de futuro concedida ou controlada por providência divina (pensamento religioso). Assim, o porvir apareceu cada vez mais como associado às ações humanas no presente.

Em grande medida, a manifestação do capitalismo em construção pela dimensão dinâmica mundial, antecipada pelo mercantilismo das grandes navegações e descobrimentos, possibilitou a difusão da motivação pelo enriquecimento pessoal, empresarial e governamental. Para tanto, o trabalho humano, até então associado à sobrevivência, sofreu profunda inflexão imposta pela ascensão generalizada e predominante da propriedade privada.

Nesse sentido, o originário acesso livre à terra foi interrompido, impondo à sobrevivência humana a possibilidade quase que exclusiva da disponibilização do emprego da força de trabalho fundamentalmente pela via mercantil. A desvinculação da relação direta do trabalho com a sobrevivência pela troca no mercado entre oferta e demanda de força de trabalho ocasionou o aparecimento do desemprego no formato artificial de excedente da mão de obra às necessidades do capital representado por seus empregadores.

Com isso, os coletivos humanos foram divididos em classes sociais concorrentes e em luta permanente tanto de ofertantes de trabalho (trabalhadores) por sua contratação quanto de demandantes de trabalho (capitalistas) por menor preço e substituição pelo progresso técnico. O resultado foi a consolidação da desigualdade política (não natural) a expressar a concentração de renda, riqueza e poder.

Aliado a isso, havia a perspectiva econômica de que o progresso das forças produtivas em geral e o salto técnico em especial fundamentariam a dinâmica da acumulação de riqueza desde as primeira e segunda revoluções industriais e tecnológicas, sobretudo pela competição em torno das escalas de novas mercadorias e mercados entre a metade do século XVII e o final do século XIX. Nesse contexto, a mudança técnica impulsionada pela competição intercapitalista se tornou cada vez mais imperfeita, com o surgimento de estruturas de mercado cada vez mais contaminadas pela imposição dos mais fortes em relação aos mais fracos (monopolização do capital).

A mudança de época contaminou também as dimensões sociais, culturais e políticas, provocando alterações no ritmo da vida humana com a difusão da mecanização e do automatismo no trabalho, bem como o funcionamento de modo acelerado e intenso do cotidiano na sociedade urbana industrial. Tudo isso associado ao surgimento de outros atores na sociedade que introduziram novidades nos processos culturais de convivência e interferência na cena política e nos regimes de governança coletiva.

A industrialização se mostrou fundamental para a constituição de modernas sociedades urbanas, uma vez que não se registrou soberania e desenvolvimento contemporâneos assentados apenas e tão somente na eficiência exclusiva de atividades minerais e agropecuária, ou na robustez do sistema financeiro ou, ainda, na consistência da economia de serviços. As evidências na temática da industrialização permitem tratar tanto das potencialidades como das limitações do desenvolvimento material nas sociedades contemporâneas, sejam as situadas na periferia, sejam as do centro dinâmico capitalista mundial.

Por centro dinâmico, compreendem-se aqueles espaços territoriais de governança coletiva em condições de conformar a hegemonia em simultânea reunião da moeda de curso internacional, da capacidade de produção e difusão tecnológica e das Forças Armadas em dimensão vigorosa. É em torno disso que segue se constituindo a atualidade do sistema desigual e combinado de processamento do desenvolvimento global capitalista.

Foi por meio da industrialização ou de sua negação, a desindustrialização, que cada sociedade tendeu a expressar explícita ou implicitamente as determinações de natureza econômica interna e externa no espaço territorial de governança coletiva da soberania e do desenvolvimento material. Ao mesmo tempo, revela-se o movimento ampliado de constituição e desenvolvimento do poder burguês e suas distintas frações no interior da sociedade capitalista.

Assim como o crescimento na quantidade de empresas industriais não correspondeu necessariamente à industrialização, o decréscimo relativo da produção do setor industrial no conjunto da economia não apontou necessariamente à efetiva desindustrialização. Isso porque o processo de industrialização resulta de uma revolução no interior das forças produtivas, que passam a estar submetidas à dinâmica da dominação do capital industrial.

Ao não se limitar ao uso de máquinas pelo processo de trabalho, responsável pela elevação do excedente pela força de trabalho, as forças produtivas estariam submissas à dinâmica de acumulação capitalista. O que significa a superação dos entraves da acumulação resultantes da estrutura técnica do capital.

Dessa maneira é que se consolida o maior poder de força da burguesia industrial enquanto uma das frações constitutivas do conjunto das classes dominantes no interior do desenvolvimento capitalista. As distintas faces do capital (comercial, bancário, agrário, industrial, entre outros) no interior das sociedades resultam, em geral, da existência de uma forma dominante que conduz o processo da acumulação capitalista.

Pela perspectiva da autodeterminação do capital industrial, a constituição do departamento de bens de produção estabeleceria as bases pelas quais a acumulação capitalista romperia as barreiras do desenvolvimento das forças produtivas. Do contrário, a indústria poderia existir e até crescer em quantidade e em número de trabalhadores sem responder necessariamente pelo processo de industrialização que fosse capaz de revolucionar de fato a estrutura produtiva no seu conjunto.

Nesse sentido, caberia o exemplo da indústria submissa ao poder de outras parcelas constitutivas do capital, como a do extrativismo mineral e vegetal, a do agronegócio, a do comercial (interno ou externo) ou a dos bancos e financeiras. Isso porque, no interior da classe dominante, a burguesia industrial se comporia como fração menor do poder capitalista.

Mas a constituição do poder capitalista não se limita apenas ao âmbito econômico das relações de produção e da divisão social do trabalho. Estende-se também às forças materiais e às ideologias que relacionam formas de coerção e persuasão no interior da disputa pela hegemonia na condução do desenvolvimento ao longo de uma época.

Dessa forma, o consentimento na política constituído a partir da dominação no interior das diferentes frações pertencentes à classe dominante é o que permite organizar, no conjunto da sociedade, o bloco histórico dirigente. Por consequência, o espaço político-social constitutivo da acumulação revela as dimensões ideológicas e repressivas adotadas pela fração hegemônica do capital a dirigir o interior da classe dominante.

Da mesma forma, a cada processo histórico concreto, as relações econômicas e políticas são produzidas e reproduzidas no âmbito da esfera de luta e dominação intrínsecas ao próprio desenvolvimento numa época histórica. A um só tempo, compactam-se as formas de valorização do capital com as suas próprias contradições herdadas pelo estranhamento e subordinação política.

Nas experiências iniciais de expansão capitalista por meio da predominância do capital industrial identifica-se a necessidade de condições prévias, como, em geral, a existência da divisão social do trabalho em plena expansão da economia mercantil. É o que se observa no século XVIII com o processo de industrialização e que se constituiu enquanto movimento temporal e localmente diferenciado no mundo a partir, inicialmente, da Inglaterra.

A tendência da dominação do capital industrial sobre o conjunto das forças produtivas registrou distintas formas de revolucionar a estrutura produtiva em várias partes do mundo. De maneira geral, o avanço da industrialização ao longo do tempo manifestou-se por meio de padrões: original, verificado na Inglaterra no século XVIII; retardatário, em países como França, Alemanha, Estados Unidos e Japão no século XIX; e tardio, a partir do século XX no Brasil, na Coreia do Sul, na China e em outras nações. Consideram-se, por conta disso, duas ordens de referências principais. A primeira, relacionada propriamente ao padrão de industrialização frente às distintas condições prévias a sua constituição; e a segunda, associada à sua continuidade ou não, podendo resultar, na sequência, na própria desindustrialização.

Dessa forma, a desindustrialização revela o esvaziamento da perspectiva de autodeterminação do capital industrial no interior das forças produtivas, não significando, por pressuposto, a inexistência de indústrias – mas, de todo modo, indicando a ascensão de outras frações da classe dominante, como o capital financeiro, agrário, comercial e de serviços em geral no interior das atividades econômicas, cuja capacidade de subordinação da produção de manufatura pode levar à desindustrialização.

É nesse sentido que o fenômeno da desindustrialização somente poderia ocorrer onde o processo de dominação das forças produtivas pelo capital industrial houvesse se estabelecido plena e previamente. A existência de barreiras ao prosseguimento da subordinação das forças produtivas à dinâmica do capital industrial aprisionaria o processo maior da acumulação capitalista a outras ordens de determinação.

Por conta disso, o simples esvaziamento relativo da indústria de transformação no emprego total ou no valor da produção nacional não terminaria por expressar precisamente a desindustrialização. O declínio dos coeficientes de emprego industrial ou da participação no Produto Interno Bruto (PIB) pode explicitar questões mais complexas como a terciarização na produção manufatureira ou a especialização industrial no interior das cadeias globais de valor durante a mudança de época histórica.

Em permanecendo o capital industrial como sujeito dominante no interior das forças produtivas, a desindustrialização não estaria necessariamente instalada no país. A nova condição de terciarização da manufatura, com a primazia da expansão nos serviços de produção ou o enriquecimento da economia do imaterial, tende a indicar o aparecimento de rupturas no processo de competição intercapitalista em favor de uma ou mais das frações do capital ou de partes do bloco histórico de governança política e cultural.

Também a especialização manufatureira no interior da integração das cadeias globais de valor permite que, sob determinadas condições, o capital industrial possa se manter ainda dominante no controle da externalização de serviços, no deslocamento espacial da produção de menor valor agregado e na internalização do progresso técnico. Mais do que a manifestação de redivisões internacionais do trabalho, a desindustrialização encontra-se associada ao desmantelamento do ecossistema produtivo previamente existente, com o rebaixamento da função de comando do capital industrial.

A desindustrialização, contudo, não tem se manifestado de forma homogênea, embora seja inegável o avanço da economia desmaterializada, impulsionada fundamentalmente pela terciarização dos sistemas produtivos. A partir da chamada sociedade pós-industrial constata-se que a riqueza tende a se vincular ao conhecimento e à sistematização de múltiplas informações, com importância crescente de segmentos sociais que parecem estar em disputa com a tradicional classe dominante.

Mas o jogo que se expressa disso tende a ser entre indivíduos, o que oculta a percepção de classe social diante da transmutação do que se define como meio de produção. Com a difusão da economia do imaterial, novos ganhos de produtividade podem surgir por meio da articulação vinculada à divisão do trabalho impulsionada por inovação nas tecnologias de informação e comunicação (TICs), as quais permitem intensificar e estender o tempo laboral para além do local específico de sua realização (fazenda, canteiro de obra, fábrica, escritório, entre outros).

A portabilidade do exercício do trabalho na construção do imaterial enquanto atributo das novas tecnologias impõe fim ao parcelamento dos tempos de trabalho e não trabalho constituído, sobretudo, durante a sociedade urbana e industrial. De certa forma, a economia do imaterial possui alguns aspectos assemelhados aos traços marcantes da longeva sociedade agrária, como a não distinção dos tempos de trabalho e de não trabalho e o exercício do trabalho geralmente no próprio local de moradia (ruralismo).

Daí a atualidade dos movimentos destrutivos dos direitos sociais e trabalhistas conquistados durante as experiências laborais nas sociedades urbanas e industriais. Sob a nova época, as mutações na natureza laboral em plena economia do trabalho imaterial têm sido acompanhadas dos processos de desfiliação social e de perda de credibilidade nas instituições tradicionais do passado do trabalho material, cuja representação encontrava-se organizada na forma de sindicatos e partidos políticos.

Não obstante os sinais de estranhamento nas relações entre o capital e o trabalho imaterial, a alienação parece persistir, com desinteresses e desilusões geradas pela individualização laboral e pela pressão que decorre das exigências de qualificação para a vida toda, e nisso as universidades de características corporativas têm ganhado maior dimensão. É nesse ambiente de mudança de época que alcança crescente importância o conjunto de políticas propulsoras dos diversos serviços avançados.

Além disso, o desenvolvimento do trabalho na economia do imaterial tende a se relacionar com novas TICs, estimulando o seu descolamento do seu exercício em local determinado. A portabilidade do trabalho imaterial transcorre intensa e extensamente por meio das novas TICs que mantêm conectado o trabalhador na quase totalidade do dia. Os direitos sociais e trabalhistas voltados a descanso semanal, férias e feriados terminam sendo subtraídos por força das novas exigências do padrão de trabalho imaterial, sem mais o parcelamento entre os tempos de trabalho e não trabalho.

Essa portabilidade do exercício do trabalho imaterial impulsionado pelas TICs eleva tanto a intensificação do trabalho como a sua extensão no tempo, fazendo o retorno de jornadas laborais comparáveis às do século XIX. Nesse sentido, a disputa pela ocupação da mão de obra assenta-se na forte conexão do trabalho imaterial com o conhecimento instrumental das novas TICs deslocadas de regulação e de controle social.

Para o acesso e a difusão do conhecimento em novas bases, passa a ser exigida a educação para o todo da vida, sendo o ensino superior estabelecido como próprio piso da escolaridade básica. Essa situação, contudo, pressuporia transpor o sistema educacional tradicional que avançou e predominou na economia do trabalho material nas sociedades urbanas e industriais, focado fundamentalmente nas crianças, nos adolescentes e em alguns jovens.

Da mesma forma, não se deve desconsiderar a natureza da economia do trabalho imaterial que se encontra associada ao tipo de desenvolvimento dos serviços. Ressalta-se que onde resta importância relativa das atividades econômicas primária (agropecuária e extrativismo) e secundária (indústria e construção civil), a demanda por serviços de produção, logística, distribuição, social e outros tende a se vincular positivamente com a qualificação e sem garantia do enriquecimento no conteúdo dos postos de trabalho.

Por outro lado, a debilidade nos setores primário e secundário das economias revela como o avanço nos postos de trabalho encontra-se associado ao inchamento de serviços pessoais e atividades simples, sem a exigência direta de conexão educacional e conhecimento consolidado à qualidade ocupacional. Assim, a remuneração nos serviços tende a ser contida, com desigualdade elevada entre os rendimentos do trabalho.

Percebe-se, todavia, que o avanço do novo protagonizado pela dominância dos serviços em plena terciarização das atividades econômicas não permite superar ainda a supremacia do antigo sobre o moderno. A sinalização da intensa desigualdade parece mostrar o quanto a reprodução do passado longínquo de certa forma se contrapõe à modernidade, com a presença da pobreza que alija uma parcela da sociedade em economias centradas no trabalho imaterial.

A diversidade e simultaneidade de acontecimentos a partir do final do século XX fazem convergir cada vez mais o tempo presente e o inédito horizonte de perspectivas futuras. Para além do profundo salto tecnológico, o fim do interregno da globalização que vigorou entre a Primeira Guerra Mundial (1914) e o conflito Irã-Iraque (1980) permitiu, concomitantemente à retomada da segunda globalização, consolidar nova mudança de época.

Da antiga sociedade urbana e industrial resistem ainda algumas de suas características predominantes frente ao inédito avanço da sociedade de serviços. O modo de produzir e distribuir na modernidade industrial assentada nas mercadorias palpáveis e concretas e no trabalho material subordinado parece estar sendo substituído pela geração e repartição pós-material, potencializada pelo salto tecnológico e pela espacialização e conectividade das atividades no mundo.

Ao invés da escassez, a abundância encontra-se presente na nova ordem econômica, social e política do *big data*, questionando a neoclássica lei dos rendimentos marginais decrescentes frente, agora, aos rendimentos marginais crescentes e à disfunção da base antiga da competição capitalista. Embora mantida, a centralidade do trabalho desloca-se de sua objetividade clássica para a subjetividade, cuja autonomia captura – sem regulação ainda – as individualidades sem limites. Da mesma forma, a pluralidade que caracteriza o espaço público parece se encontrar comprometida pela ascensão das multidões em substituição às formas tradicionais de ação coletiva.

Nesse marco de instabilidades, emergem possibilidades novas de organizar e representar experiências vividas no tempo presente da sociedade de serviços, alterando as formas tradicionais de representação associada à sociedade urbana e industrial. O novo, ainda que incerto, segue em construção em meio às resistências do envelhecido.

Isso porque por mais de 15 mil anos predominou a centralidade no trabalho material consagrado pela sociedade agrária envolvida no jogo da natureza, cujos recursos provinham fundamentalmente da exploração extrativa. Dadas as técnicas existentes, os rendimentos eram decrescentes e a produtividade, baixa, o que exigia a expansão da mão de obra para a elevação produtiva. À mulher, por conta disso, caberia a função fundamental da reprodução humana, o que poderia significar a responsabilidade pela geração de dez ou mais filhos ao longo do ciclo da vida reprodutiva.

A associação entre a extensa área territorial e a ampla população garantia a possibilidade de maior peso na produção mundial, não obstante as condições técnicas rudimentares que resultavam em baixa produtividade e rendimentos decrescentes. Mesmo assim, até 1820, por exemplo, a China e as antigas Índias respondiam por quase a metade do PIB mundial, pois agregavam extensos territórios com grande população. Note-se que, na sociedade agrária, a escala da riqueza era a terra, e a classe dominante eram as oligarquias rurais.

Na sequência dos últimos decênios, a partir do século XVIII, por exemplo, o trabalho do material foi predominantemente de natureza urbana e industrial, cuja mecanização da produção aliada à divisão e à especialização do trabalhador permitiram gerar ganhos crescentes de produtividade. O jogo contra a natureza fabricada pela relação homem-máquina expressou a novidade da utilização de outras formas de energia voltadas à transformação do ambiente natural em moldagem técnica intensiva em trabalho.

Com isso, nações de pequeno porte territorial e populacional, como a Inglaterra, conseguiram, por meio da industrialização, produzir manufaturas em larga escala, além das necessidades de subsistência interna. A exportação do excedente interno de manufaturas constitui a divisão internacional do trabalho entre a produção de bens primários e a troca por mercadorias industrializadas geradas em outras localidades. Nessa conformação de sociedades do centro e de periferias produtivas, a escala da riqueza passou a ser dominada pela moeda (ouro, dinheiro, títulos financeiros) e pelas classes capitalistas de todos os tipos (agrários, industriais, comerciantes, banqueiros, entre outros).

Desde o final do século XX assiste-se à promoção de uma nova vertente na estruturação da sociedade. Outra divisão internacional do trabalho se vislumbra associada ao desenvolvimento das forças produtivas assentadas em agropecuária, mineração, indústria e construção civil em conexão com a expansão superior dos serviços.

Como as atividades terciárias da economia têm sido muito heterogêneas, a qualidade e a intensidade do trabalho imaterial dependem diretamente de suas vinculações com os setores primário e secundário da economia. Quanto mais frágeis as atividades primária e secundária, maior importância tende a ter o conjunto dos serviços simples, como asseio e conservação, segurança, atendimento doméstico, entre outros. O contrário implica avanço substancial dos serviços mais nobres vinculados ao conhecimento (serviços de geração, produção e distribuição).

Essa inédita fase do desenvolvimento que marca a atual mudança de época depende do vigor dos novos e contínuos investimentos associados ao impulso tecnológico, educacional e de infraestrutura. Assim, constata-se que os pilares anteriormente hegemônicos do pensamento único (equilíbrio de poder nos Estados Unidos, sistema financeiro internacional intermediado pelo dólar e assentado nos derivativos, Estado mínimo e mercados desregulados) se apresentam ultrapassados, incapazes de oferecer futuro sustentável ao conjunto da população exposta à reprodução do passado de retomada profunda da desigualdade e da agressão ambiental.

Nesses termos, pode-se perceber o quanto a reorganização mundial, com a crise de dimensão global instalada a partir de 2008, trouxe implicações para a nova estrutura de funcionamento a exigir coordenação e liderança mais ampliada. Os países de grande dimensão territorial e populacional podem contribuir muito para isso, tendo em vista que o tripé da nova expansão econômica global consiste na alteração da partilha do mundo derivada do policentrismo, na plena revolução da base técnico--científica da produção e na renovação atual do padrão de produção e consumo insustentável ambientalmente.

A conexão dessa totalidade nas transformações mundiais requer o resgate da cooperação e da integração supranacional em novas bases. A começar pela superação da antiga divisão do trabalho entre países assentada na reprodução do passado (menor custo de bens e serviços associado ao reduzido conteúdo tecnológico e valor agregado dependente do uso de trabalho precário e da execução em longas jornadas sub-remuneradas). Com isso, o desenvolvimento em plena mudança de época poderia ser efetivamente global, evitando combinar a riqueza de alguns com a pobreza generalizada de outros.

Os principais aspectos a acentuar o presente da mudança de época, por aceleração do tempo histórico, revelam o fundamento de transição entre organização de sociedades distintas. O breve resgate do passado das economias de predominância do trabalho material a superar a longeva sociedade agrária pela modernidade da sociedade urbana e industrial serve para elucidar a dinâmica emergente da nova economia do imaterial a fundamentar o ingresso na sociedade pós-industrial.

Pela atual mudança de época, a terciarização produtiva acontece de modo distinto daquele observado durante a passagem do agrarismo para a industrialização e urbanidade do sistema capitalista de dimensão global. Antes, o produto do trabalho gerava materialidade expressa por mercadorias tangíveis (automóvel, vestimenta, eletrodoméstico, alimento, entre outros), ao contrário do presente da economia do imaterial, cujo trabalho, por predominância do setor terciário, resulta na produção e distribuição do intangível.

Nessa situação associada ao avanço generalizado das novas TICs, surge um novo conceito de classes do trabalho. Concomitante com a emergência da centralidade do trabalho do imaterial a redefinir a sociedade pós-industrial, pois articulado às inovadoras formas de elevação da produtividade, a desregulação permite a sua intensificação no próprio local de realização, por conta das formas modernas de gestão da mão de obra.

Para além do local específico de sua realização, uma vez que o trabalho se torna portátil, conectado às novas TICs (celular, computador pessoal, entre outras), assiste-se ao alongamento das jornadas laborais. O fim do seu parcelamento entre os tempos de trabalho e não trabalho herdados da sociedade urbana e industrial implica elevar aos saltos a riqueza por extensão de jornadas e intensificação do labor.

O aumento inegável do grau de exploração da força de trabalho resulta da maior captura de trabalho involuntário não pago. Ademais da clássica pressão patronal originária da relação capital-trabalho, o trabalhador da economia imaterial encontra-se submetido à pressão desencadeada pela relação de clientela presente na dimensão dos serviços cada vez mais apresentada de forma individualizada.

Tudo isso parece ocorrer num quadro de alienação generalizada que se reproduz como um véu a encobrir a verdadeira face do processo intenso de mudança de época. Ela potencializa tanto o novo salto de produtividade decorrente da extensão da jornada de trabalho e da intensidade do exercício laboral por força dos métodos de gestão da conectividade ocupacional como a reprodução da pobreza passada em plena riqueza do presente.

Por ora, a contida contestação revela mais o quanto a experiência do trabalho imaterial segue descoberta de instituições adequadas na superação dos entraves existentes nas formas de representação tradicional dos interesses e de desfiliação dos direitos sociais e trabalhistas. Tudo isso que demarca a atual mudança de época pressupõe adequada e pertinente compreensão a antecipar a própria capacidade de interação e intervenção humana sobre a realidade de aceleração do tempo histórico.

Do contrário, tendem a predominar visões e atuações pretéritas, incapazes de superar os entraves do presente, pois ameaçadas de reproduzir o passado, como se fosse a retaguarda do atraso. Não mais a vanguarda do presente em sintonia com as implicações da mudança de época.

Em virtude disso, o presente livro concentra-se na análise da sociedade brasileira neste início do século XXI. Para tanto, tratou de reunir os principais aspectos econômicos e sociais que permitem compreender o curso atual da mudança de época a partir do intenso esforço de pesquisa acumulado nos anos em que estive à frente do Instituto de Pesquisa Econômica Aplicada (Ipea, 2007-2012), vinculado à Presidência da República, e da Fundação Perseu Abramo (FPA, 2012-2020), pertencente ao Partido dos Trabalhadores.

O eixo estruturador da defesa da tese que apresento a respeito da mudança de época no Brasil assenta-se na hipótese de que o ciclo da industrialização nacional que moldou a infraestrutura econômica instalada pela Revolução de 1930 não existe mais. Com isso, tanto a estrutura que movia a sociedade de classes urbanas como a superestrutura que sustentava o Estado moderno e suas instituições de representação de interesses (sindicatos, partidos) foram profundamente afetadas.

A temporalidade da mudança de época tem como ponto de partida o último quarto do século XX, quando da confluência de dois eventos políticos e econômicos da maior importância. De um lado, o formato da "transição transada" (pelo alto) da ditadura civil-militar (1964-1985) para a democracia política praticamente inviabilizou a necessária realização de profundas reformas no capitalismo brasileiro. O documento "Esperança e mudança", lançado no início dos anos 1980, antecipou a agenda de transformações essenciais para a consolidação democrática e a modernização nacional. Naquele momento histórico, tentava-se retomar o espírito reformista que se encontrara presente no governo Jango durante as chamadas Reformas de Base (1961-1964). Durante todo o ciclo político da Nova República (1985-2016), contudo, nenhuma reforma profunda ocorreu no capitalismo brasileiro. Sem alterar as estruturas política, fundiária, bancária, estatal e outras, os governos de conciliação de classes se sucederam sob o espectro das trágicas heranças dos 21 anos do autoritarismo, como a superação da superinflação (1979-1994) pelo Plano Real (1994) e das transferências internacionais deixadas pelo endividamento (1981-2007) com a ampliação das reservas externas nos governos do PT (2003-2016).

De outro lado, o ingresso passivo e subordinado dos governos neoliberais da "Era dos Fernandos" na globalização, que aniquilou gradualmente a industrialização nacional e fez proliferar o rentismo financeiro de ricos e poderosos parasitários do usufruto do fundo público desde 1990. Com isso, vê-se a promoção da estagnação econômica associada tanto à especialização produtiva representada pela reprimarização das exportações quanto ao inchamento do setor de serviços assentado nas atividades de baixa produtividade e na multidão de precarizados.

Em consequência do desmonte da outrora dinâmica classe trabalhadora industrial e da pujante classe média assalariada, emergiu uma nova classe trabalhadora de serviços mediada por uma classe média de proprietários de pequenos negócios e de empreendedores de si próprios. No contexto maior de abandono do projeto da industrialização nacional, a classe dominante estabeleceu as bases de sua inata desistência histórica, permitindo que o natural caminho da regressão neocolonial fosse mais uma vez retomado.

Tal como na antiga lógica colonial, a governança do território e das distintas dimensões da vida funcionam em torno dos negócios. Neste início do século XXI, o Brasil encontra-se repleto de exemplos de como a ausência de um projeto nacional transformou o território e a dimensão da vida humana em roteiro de negociatas por elites comerciais e curtoprazistas.

Diante da antecipada transição para a sociedade de serviços, constatou-se, por exemplo, o sucessivo esvaziamento das instituições de representação de interesses da antiga sociedade urbana e industrial, como associações de moradia, grêmios estudantis, sindicatos e partidos políticos. Apesar da ascensão de organizações não governamentais (ONGs) e de entidades do denominado terceiro setor, o Brasil parece ter retornado às influências históricas dominadoras do poder militar e das igrejas.

O que se afirmou desde a segunda metade dos anos 2010, capaz de confirmar, inclusive, uma segunda década perdida em termos econômicos dos últimos quarenta anos, foi o alastramento nacional de duas fortes instituições: as igrejas neopentecostais e as milícias e crime organizado. Assim, o poder militar se recoloca enquanto guardião do *status quo*, portanto, conservador e reacionário a mudanças democráticas.

Pela perspectiva teórica do entendimento acerca da mudança de época, as próximas páginas buscam oferecer ao leitor a descrição dos principais elementos que fundamentam e caracterizam o esgotamento da inconclusa sociedade urbana e industrial que prevaleceu entre as décadas de 1930 e 1980 no Brasil. Ao mesmo tempo, explicitam o que vem se constituindo de forma antecipada como a sociedade de serviços em plena periferia do centro dinâmico do capitalismo mundial.

Os seis capítulos a seguir têm a pretensão de ofertar uma contribuição à ampla reflexão sobre a situação nacional. Também são um convite à ação engajada de forma a possibilitar a transformação justa e democrática nestes novos tempos que marcam a mudança de época histórica no Brasil.

Boa leitura.

1. Transições na estrutura da sociedade brasileira

Da presença do colonizador português desde o início do século XVI à concepção do Brasil atual enquanto identidade fundada pelas dimensões sociais, econômicas, políticas, culturais e étnicas, registram-se, pelo menos, duas grandes transições na estrutura da sociedade. No último terço do século XIX, por exemplo, configurou-se a primeira transição, protagonizada pela passagem da longeva sociedade agrária[1] e escravista para a dominância do modo de produção capitalista estruturador de uma nova ordem econômica e social competitiva.

A lenta e gradual desagregação da antiga sociedade escravista e senhorial impôs atraso ao Brasil relativamente ao avanço do desenvolvimento alcançado no centro do capitalismo mundial. Ao final do século XIX, por exemplo, algumas nações na Europa (Inglaterra, Alemanha, França, Itália, Bélgica, Rússia), na Ásia (Japão) e na América (Estados Unidos e Canadá) já tinham ultrapassado o agrarismo pela passagem para a sociedade urbana industrial, bem como tratavam de se acomodar à Segunda Revolução Industrial e Tecnológica.

O Brasil, ademais do ingresso tardio na nova ordem social competitiva, após mais de três séculos de colonialismo e escravidão, terminou por excluir por algum tempo uma considerável parcela de sua população. Isso decorreu do projeto de branqueamento da população promovido pela elite dirigente, que identificava na majoritária presença da população não branca no país as principais razões do atraso nacional ao final do século XIX.

Dessa forma, a abolição da escravatura não deu lugar à inclusão dos ex--escravos negros, miscigenados e índios, uma vez que o processo de soltura

---

(1) Trata-se da sociedade pré-industrial assentada na acumulação extensiva e majoritariamente constituída por uma população que vive dos meios de produzir a terra e seus recursos naturais (agricultura, pecuária e mineração). Ver Jacques Chonchol, *Sistemas agrarios en América Latina*, Santiago: FCE, 1994; Frank Ellis, *Rural Livelihoods and Diversity in Developing Countries*, Oxford: OUP, 2000; Gilberto Freyre, *Casa-grande & senzala*, Rio de Janeiro: Record, 1989.

levou à marginalização nos postos de trabalho ocupados fundamentalmente pela mão de obra branca imigrante. Para além dessas especificidades do mercado de trabalho em formação, os não brancos terminaram sendo também excluídos do acesso à educação e à terra, transformados que foram em quase párias da sociedade em sua primeira transição estrutural.

Apesar disso, o mercantilismo ultrapassado e assentado no uso recorrente e generalizado do trabalho forçado foi cedendo lugar não apenas à concorrência no interior da economia, como também, e cada vez mais, à sociedade estruturada pela complexidade de frações e classes sociais até então desconhecidas. A emergência do Estado mínimo em substituição ao antigo Estado absolutista da monarquia (1822-1889), fundado no poder moderador do imperador, tornou-se funcional, logo no nascimento da República, ao cumprimento dos requisitos atinentes à infraestrutura produtiva ainda dependente da continuidade do comércio de produtos primários com o exterior.

A modernidade estabelecida por essa mudança estrutural terminou sendo limitada à parte branca da população, privilegiada que foi pela condição anterior da senhoridade escravista, e simultaneamente à imigração de brancos e amarelos induzida no final do século XIX. Tal modalidade de transição para o capitalismo sem a tradicional revolução burguesa se processou recorrentemente pela postergação continuada das reformas clássicas do capitalismo contemporâneo, como nas estruturas fundiárias, tributárias e de bem-estar social, segundo registro em outras sociedades urbanas e industriais.

O resultado disso foi revelado pela anormalidade na conformação das cidades, profundamente apartadas e repletas de trabalhadores excedentes, a reproduzir a submissão servil herdada do agrarismo. Também foi contida, a modernidade, pela condição econômica de se manter subordinada à divisão internacional do trabalho dependente da exportação de produtos primários e da oferta de condições de trabalho e remuneração próximas da servidão.

Na sequência do tempo, a segunda transição estrutural se deu representada pela passagem do antigo agrarismo para a nova sociedade urbana e industrial[2], tendo se desenvolvido a partir do segundo quarto do século

---

(2) Refere-se à sociedade cuja quase totalidade da população encontra-se associada ao avanço da urbanização centrada na acumulação intensiva sob o comando da dinâmica da industrialização. Ver Raymond Aron, *Dezoito lições sobre a sociedade industrial*, Brasília: M. Fontes/UnB, 1981; João Manuel Cardoso de Mello, *O capitalismo tardio*, São Paulo: Brasiliense, 1982; Juarez Rubens B. Lopes, *Sociedade industrial no Brasil*, São Paulo: DEL, 1964.

XX. A ascensão de inédito sistema produtivo fundado na manufatura permitiu romper com mais de quatro séculos de dependência externa frente ao protagonismo – ainda que tardio – do ciclo econômico fundado na industrialização, responsável que foi por transformações profundas no conjunto da sociedade brasileira.

Mesmo tendo sido um dos países que mais cresceu economicamente no mundo ao longo do século passado, a nova sociedade urbana e industrial brasileira manteve a trajetória pregressa da desigualdade social e da elevada concentração de renda, riqueza e poder. A perspectiva da revolução burguesa, conforme verificada em outras sociedades, transcorreu mediada pela recomposição do poder oligárquico anterior, constrangendo a modernização ao império do dinheiro e ao conservadorismo do uso de monopólios sociais pactuados pelo patrimonialismo diante do soerguimento do Estado desenvolvimentista.

Daí decorre a ausência das reformas clássicas do capitalismo contemporâneo, como a democratização fundiária, a justiça tributária e o Estado de bem-estar social. Uma sociedade urbana e industrial surgiu rapidamente, embora deformada e excludente pela própria natureza autoritária que a constituiu e a estimulou a desenvolver-se aceleradamente.

Assim, a gestão governamental das enormes massas de miseráveis excluídas foi renovadamente submetida ao conservadorismo tanto da tributação fundamentalmente na base da pirâmide social como do gasto público pouco eficiente na reversão da desigualdade e da generalização do bem-estar social. A subordinação à antiga Divisão Internacional do Trabalho, embora superada pelo movimento dominante da industrialização e urbanização, terminou sendo substituída pela dependência ao padrão de produção e consumo hegemonizado pelos Estados Unidos e condicionado pela polarização da Guerra Fria (1947-1991).

As duas principais experiências de transição na estrutura da sociedade revelam a natureza e a potência do processo de modernização condicionada no Brasil. Em síntese, há o entendimento de que a modificação na base do sistema produtivo (infraestrutura) terminou sendo acompanhada, em consequência, por profundas e substanciais alterações tanto na estrutura de frações e classes sociais como nas instituições e regras gerais de convivência (superestrutura).

Esse breve resgate do passado associado às duas transições estruturais serve de referência histórica e fundamenta melhor o entendimento acerca do curso das transformações presentes no interior da sociedade brasileira.

Isso porque se pode perceber que desde a virada para o século XXI encontra-se em desenvolvimento um conjunto disperso de alterações profundas e inegáveis no conjunto da base material do sistema produtivo, cujos reflexos manifestam-se na estrutura das frações e classes sociais, bem como na superestrutura do país, apontando para outra transição estrutural.

De um lado, o enfraquecimento da materialidade econômica assentada na manufatura, com sensível redução da base industrial voltada para a geração do valor agregado nacional e ocupação total, vem sendo acompanhado pela ascensão de um heterogêneo setor terciário assentado na diversidade dos serviços. De outro lado, e por consequência, temos a substituição das antigas frações e classes repousadas na burguesia, operariado industrial e segmentos médios assalariados tradicionais das grandes empresas e do setor público. No seu lugar emergiu a dominação da burguesia dos negócios de ativos nacionais (rentismo, extrativismo dos recursos naturais, comércio de produtos da terra, transações de ativos imobiliários e imateriais), bem como o estrato médio de proprietários mercantis e as massas precarizadas dos trabalhadores nos serviços. Aproximando-se da época colonial, tudo parece se transformar em negócios sob a liderança do parasitismo de uma elite improdutiva e rentista.

Com características distintas das experiências anteriores, a transição estrutural atual na sociedade brasileira requer profundo esforço analítico capaz de ampliar o entendimento de sua natureza, trajetória e manifestação recente. Por conta disso, o presente capítulo busca tratar de alguns dos principais sinais identificáveis à mudança que atualmente se encontra em curso no interior da sociedade brasileira.

Para tanto, duas são as partes aqui constitutivas, iniciando-se por uma breve apresentação da base teórica que contribui na análise de conjunto da complexa transição estrutural em sociedades capitalistas. A referência empírica considerada, em sequência, repousa em alguns exemplos de países capitalistas avançados.

A segunda parte aborda o sentido geral que se busca observar da ação de uma terceira transição estrutural da sociedade brasileira. Considera-se, assim, a convergência promotora da passagem da sociedade industrial para a de serviços em virtude das modificações em curso no interior do sistema produtivo e, por consequência, na estrutura social e na infraestrutura nacional como um todo.

Transição estrutural nas sociedades de capitalismo avançado

O amplo movimento impulsionador da passagem de antigas para novas formas sociais tem sido objeto de uma diversa e próspera contribuição teórica e análise empírica. A revisão da literatura especializada permite apontar diversas reflexões essenciais para o entendimento dos processos de transformação estrutural nas sociedades, especialmente da dominância do modo de produção capitalista durante a passagem da antiga sociedade agrária para a urbana e industrial.

Para tanto, parte-se, inicialmente, das contribuições de Friedrich Engels e Karl Marx presentes nas obras *A ideologia alemã*[3] e *Manifesto do Partido Comunista*[4]. Segundo a referida dupla de autores, o movimento de transição estrutural nas sociedades aconteceria por conta da reconfiguração das forças produtivas submetidas à lógica da competição enquanto elemento fundante do processo revolucionário da inversão própria da dominação de classes.

No decorrer das sociedades, o aparecimento de contradições entre as forças produtivas e as relações sociais conformaria as condições necessárias para que a passagem de uma para outra sociedade pudesse ocorrer. Pela perspectiva de Joseph Schumpeter, identificada em *Capitalismo, socialismo e democracia*[5], o mesmo sentido de transição estrutural no capitalismo seria expressão do processo dinâmico da destruição criativa.

Isso porque caberia à força do capital, bem como à de seus detentores, recorrentemente substituir antigas formas de produção e de trocas por outras inovadoras e tecnicamente mais eficazes e financeiramente superiores. Nesse sentido, a empresa assumiria papel central por ser a unidade de referência da lógica de competição no mercado, conforme observado por Max Weber em *Economia e sociedade*[6].

Ao assumir o comando do processo de racionalização assentado pela própria competição nos mercados, a empresa buscaria antecipar o futuro

---

(3) Ver Friedrich Engels e Karl Marx, *A ideologia alemã*, São Paulo: Martins Fontes, 2001.
(4) Ver Friedrich Engels e Karl Marx, *Manifesto do Partido Comunista*, Porto Alegre: LP&M, 2004.
(5) Ver Joseph Schumpeter, *Capitalismo, socialismo e democracia*, Rio de Janeiro: Zahar, 1984.
(6) Ver Max Weber, *Economia e sociedade*, Brasília: UnB, 2004.

por meio das estratégias de inovação. Pela preocupação com o domínio do tempo, a previsão de futuro se estabeleceria pela adoção dos investimentos empresariais na inovação de processo (organizacional e humano) e de produtos, cujo intuito principal estaria na necessidade constante de conquistar e manter posição no mercado frente à lógica da competição capitalista.

Nesse processo ampliado de racionalização, ascenderia o movimento geral de monopolização do capital e de desmercantilização[7], comprometendo a capacidade do próprio mercado de continuar a dirigir o conjunto do processo de valorização do capital, conforme assinalaram, entre outros, Jürgen Habermas, Michal Kalecki, John M. Keynes, Claus Offe e Adam Przeworsky[8].

O desaparecimento do capitalismo competitivo e o esvaziamento de sua capacidade de autorregulação concederam ao Estado a crescente centralidade, cuja função predominante assenta-se na legitimação e reprodução da lógica coletiva do capitalismo de remercantilização administrativa pelas políticas de fortalecimento do mercado e expansão das relações mercantis[9].

Nesse sentido, a perspectiva da ordem mundial e sua dinâmica são constituídas por relações de hegemonias centrais e subordinações periféricas por meio de um sistema interestatal capitalista. Em função disso, o contexto do sistema mundial mediaria a atuação dos agentes públicos (Estado) e econômicos (grupos empresariais privados), impactando e condicionando as diferentes possibilidades de mudanças estruturais em âmbito local[10].

---

(7) Ocorre quando a força de trabalho e os recursos alienáveis deixam de fazer parte do mercado ou são trocados por mecanismos não mercantis. Mais detalhes em Claus Offe, *Capitalismo desorganizado*, São Paulo: Brasiliense, 1989.
(8) Ver Jürgen Habermas, *Crise de legitimação no capitalismo tardio*, Rio de Janeiro: Tempo brasileiro, 1980; Michal Kalecki, *Crescimento e ciclo das economias capitalistas*, São Paulo: Hucitec, 1980; John Maynard Keynes, *A teoria geral do emprego, do juro e da moeda*, São Paulo: Atlas, 1982; Claus Offe, *Problemas estruturais do Estado capitalista*, Rio de Janeiro: Tempo brasileiro, 1984; Adam Przeworsky, *Estado e economia no capitalismo*, Rio de Janeiro: Relume-Dumará, 1995.
(9) Pelo Estado, seja na ação de guerra, seja na ação de bem-estar social, o problema da insuficiência da demanda pelas forças de mercado é enfrentado quando a desmercantilização ganha impulso, embora ela atue, na realidade, como pré-condição para o fortalecimento do mercado de trabalho, por exemplo. Ou seja, a expansão dos sistemas não mercantis torna-se necessária para a existência e o funcionamento dos mercados. Ver mais em Thomas R. Malthus, *Princípios de economia política e considerações sobre sua aplicação prática*, São Paulo: Abril, 1983; Claus Offe, "Advanced Capitalism and the Welfare State", Politics and Society, New York, 1972, v. 2.
(10) Mais detalhes em Giovanni Arrighi, *O longo século XX*, Rio de Janeiro: Contraponto, 1996; Fernand Braudel, *A dinâmica do capitalismo*, Rio de Janeiro: Rocco, 1996a; Immanuel Wallerstein, *The Modern World System*, Nova York: Academic Press, 1974; José Luís Fiori, "O sistema interestatal capitalista no início do século XXI", em: *O mito do colapso americano*, Rio de Janeiro: Record, 2008; Nikolai I. Bukharin, *A economia mundial e o imperialismo*, São Paulo: Nova Cultural, 1986.

Na tarefa de substituir as debilidades e insuficiências dos mercados, o Estado aloca parcela importante de recursos segundo decisões administrativas na expectativa de repor as condições ausentes da acumulação e legitimação capitalista. Da mesma forma que toma decisões por critérios não mercantis, retirando recursos das relações de mercado, busca atender às necessidades de remercantilização, o que gera contradições com reflexos políticos no interior das sociedades.

Diante do processo de racionalização e de seus reflexos que tornam essencial a atuação do Estado para que a empresa siga orientada pela busca sistêmica do lucro imediato e cada vez mais elevado, as formas mais comunitárias de convivência humana se transformam cada vez mais em societárias. Nessa marcha, as formas coletivas de convivência, cujos valores seriam transmitidos por heranças culturais, terminariam sendo substituídas por novas formas sociais, crescentemente individualizadas e associadas aos interesses motivados pela racionalização.

Mas isso não tem sido apresentado como normalidade histórica, uma vez que as sociedades passam a conviver com a presença de graves e profundas crises. Em geral, o processo de racionalização nem sempre se apresentaria mais criativo do que destrutivo, o que o tornaria, inclusive, incontrolável e, por assim dizer, mais arriscado do que exitoso com o passar do tempo[11].

Conforme evidencia a manifestação de crises diversas, elas têm sido originárias de perturbações instauradas no interior dos vínculos sociais que estruturam as sociedades. Nessa perspectiva, a coesão entre distintos indivíduos que congregaria a estrutura das sociedades fundamentadas por diferentes formas de solidariedade estaria em risco, conforme observou Émile Durkheim em sua obra *Da divisão do trabalho social*[12].

Paralela e contraditoriamente, os processos civilizatórios resultantes das ações humanas no contexto de interação social passariam a ser considerados. De acordo com Norbert Elias em *O processo civilizador*[13],

---

(11) Sobre isso, ver mais a respeito em David Harvey, *Condição pós-moderna*, São Paulo: Loyola, 1999; Anthony Giddens, *As consequências da modernidade*, São Paulo: Editora Unesp, 1991, Charles Taylor, *La Malaise de la modernité*, Paris: CERF, 1993; Charles Baudelaire, *Sobre a modernidade*, Rio de Janeiro: Paz e Terra, 1996 e Alain Touraine, *Crítica da modernidade*, Petrópolis: Vozes, 1994.
(12) Ver Émile Durkheim, *Da divisão do trabalho social*, São Paulo: M. Fontes, 1999.
(13) Ver Norbert Elias, *O processo civilizador*, Rio de Janeiro: Zahar, 1996.

a mudança social estaria posta mediante profunda ruptura nas cadeias de interdependência estabelecidas no interior das sociedades.

Pela via teórica selecionada a partir das contribuições dos autores mencionados, a transição estrutural das sociedades poderia ser interpretada enquanto passagem de formas previamente comunitárias para novas formas societárias, cada vez mais complexas e individualizadas. Tudo isso mediante contradições geradas no interior do processo de racionalização competitiva entre as forças produtivas organizadas a partir da empresa capitalista voltada para a busca constante do lucro.

De maneira geral, a transição estrutural da sociedade dificilmente tenderia a transcorrer linear e pacificamente, pois marcada, muitas vezes, por crises de natureza multidimensional e imprevisíveis. Isso porque o recorrente processo de destruição das antigas e criação de novas formas sociais tenderia a ocorrer mais por rupturas do que por contradições de caráter abrangente (econômicas, sociais e simbólicas).

O surgimento de outras formas societárias transcorreria mediante a desestabilização de pelo menos três principais esferas de domínio da existência humana: a família (domínio privado), a ocupação (domínio laboral) e a política com a religiosidade (domínio público). A seleção desse conjunto de domínios da natureza humana se apresenta fundamental para melhor compreender o processo de transição estrutural da sociedade, permitindo tratar tanto das transformações geracionais e de classes sociais e frações dela como da problemática do cotidiano da maioria das pessoas[14].

O esforço teórico de organização e vinculação de uma diversidade social ao mesmo tempo não o exime de ambiguidades expostas pela análise de situações concretas de realidade. De todo modo, trata-se da tentativa de articular o exercício da análise a respeito da transição estrutural da sociedade movida pela busca de certa unidade diacrônica que se apoia na compreensão de lutas pela dominação.

Nesse aspecto, tem-se a perspectiva da existência de um sistema--mundo a partir do modo de produção capitalista, cujo desenvolvimento se efetuaria de forma desigual e combinada entre o centro dinâmico e a sua

---

(14) Mais detalhes em Anthony Giddens, *A constituição da sociedade*, São Paulo: WMF Martins Fontes, 2003; Claude Dubar, *A crise das identidades*, São Paulo: Edusp, 2009.

periferia[15]. Na sequência, consideram-se os aspectos principais da transição estrutural nas sociedades de capitalismo avançado.

***

Movimento de transição estrutural

A valorização das dimensões coletivas e individuais se apresenta concernente à identificação de dois tipos de transição estrutural nas sociedades de capitalismo avançado. O primeiro está associado à superação das antigas experiências sociais agrárias pela nova sociedade urbana e industrial desde a Inglaterra, que inauguraria o capitalismo de industrialização originária com o desenlace da Primeira Revolução Industrial e Tecnológica a par tir da segunda metade do século XVIII.

Dessa forma, o modo de produção capitalista que se organizou, a partir de então, transcorreu por expansão sistêmica, incorporando e articulando crescentes espaços territoriais com a perspectiva de se tornar global. Tudo isso conformado a partir da existência de um centro dinâmico integrador de um todo articulado pela condição de imposição periférica ou satélite às partes restantes.

Mesmo que combinada pela lógica sistêmica, a dinâmica de movimento capitalista se manteve profundamente desigual. Ainda que o centro dinâmico tenha passado por alteração geográfica poucas vezes ao longo do tempo, a condição de periferia seguiu se produzindo e se reproduzindo intensa e vigorosamente.

A posição de centro dinâmico deveria compreender a existência simultânea e articulada de três dimensões hegemônicas. A primeira associada à capacidade de constituir a moeda de curso internacional, cujas funções seriam as de troca, reserva de valor e unidade de conta. A segunda dimensão é expressa pelo poder das Forças Armadas exercido sempre que a diplomacia do diálogo e convicção não se apresenta suficiente. A terceira dimensão se refere à capacidade de produzir e difundir o progresso técnico enquanto elemento dinamizador e perturbador da lógica de competição capitalista.

---

(15) Embora diversas, as contribuições a respeito do sistema-mundo referem-se principalmente a: Fernand Braudel, Civilização material, economia e capitalismos: séculos XV-XVIII – o tempo mundo, São Paulo: Martins Fontes, 1996b; Immanuel Wallerstein, The Modern World System, op. cit.; Giovanni Arrighi, O longo século XX, Rio de Janeiro: Contraponto, 1996; Leon Trotsky, A revolução permanente, São Paulo: Kairós, 1985.

Por conta disso é que a Inglaterra logo se transformou no centro dinâmico capitalista, tendo sido somente superada na primeira metade do século XX com a ascensão dos Estados Unidos, que, após vencerem duas grandes guerras, tornaram-se portadores de condição principal da economia mundial. Diferente da Inglaterra, que exerceu sua hegemonia durante a primeira onda de globalização, pelo menos até a Primeira Guerra Mundial, os Estados Unidos construíram uma hegemonia demarcada por importantes especificidades desde o final do século XIX, quando, junto com a Alemanha, foram parteiros da Segunda Revolução Industrial e Tecnológica.

Além disso, a dominância estadunidense no mundo, pelo menos até o final da década de 1980, terminou sendo compartilhada pela presença da União das Repúblicas Socialistas Soviéticas (URSS), que em plena Guerra Fria (1947-1991) exercia papel importante junto aos Estados nacionais. Destaca-se que a Grande Depressão de 1929, ocorrida entre as duas grandes guerras mundiais, havia interrompido a primeira onda da globalização capitalista e, com isso, a imposição da desconstituição da longeva era dos antigos impérios e suas relações coloniais.

Com o surgimento da Organização das Nações Unidas (ONU), na segunda metade da década de 1940, o processo de descolonização produziu um numeroso conjunto de Estados nacionais com crescente soberania e autonomia na construção de suas próprias políticas públicas. Com isso, a regulação capitalista dos Estados nacionais se fez pela hegemonia dos Estados Unidos encadeada pelo acordo de Bretton Woods.

Nesse contexto, avançou consideravelmente a difusão das sociedades urbanas e industriais em grande parte do mundo. Mas, para o centro do capitalismo mundial, pelo menos até a partir da segunda metade do século XX, a segunda transição estrutural começou a tomar curso.

O esvaziamento da sociedade urbana e industrial foi sendo ocupado pela dominância dos serviços, motivado pelo crescente processo de desindustrialização madura nos países de capitalismo avançado. Essas alterações na infraestrutura econômica têm gerado importantes consequências na estrutura das sociedades, bem como nas superestruturas nacionais.

De um lado, o esvaziamento das empresas de maior rendimento na escala das ocupações das grandes empresas desconstituiu a antiga classe trabalhadora industrial e inviabilizou a reprodução da classe média assalariada. Ambas passaram a ser substituídas tanto pela classe média proprietária de pequenos negócios e empreendedores de si próprios como pela massificação da classe trabalhadora precarizada dos serviços cada vez mais heterogêneos.

De outro lado, viu-se o descrédito continuado nas instituições clássicas da sociedade urbana e industrial. Assim, a fragilização do Estado e de partidos e sindicatos abriu maior espaço para a centralidade do individualismo e para o avanço da governabilidade neoliberal do capitalismo em descenso.

Ao mesmo tempo, o surgimento de uma segunda onda de globalização capitalista desde a década de 1980 tem sido acompanhado por inegáveis modificações no centro dinâmico mundial, uma vez que os Estados Unidos se mostraram capacitados para o enquadramento hegemônico da experiência alemã e japonesa. Também contribuiu para o desmoronamento das experiências de socialismo real até então existentes, levando consigo o fim da Guerra Fria e anunciando a unipolaridade estadunidense e o comando da globalização pelo quase monopólio das grandes corporações transnacionais.

O êxito estadunidense não transcorreu sem produzir contradições próprias. Uma delas foi o processo de financeirização da riqueza encadeado à fragilização do seu sistema produtivo, esvaziado que foi pelo deslocamento de parcela significativa da produção de manufatura global para a Ásia, especialmente a China[16].

Nessa mesma perspectiva, encontrou-se terreno fértil para o avanço da segunda transição estrutural nas sociedades de capitalismo avançado. Seus reflexos na infraestrutura econômica encontram-se situados na multipolaridade global que emergiu do avanço asiático e de certo realinhamento das condições de reprodução territorial na ampla periferia[17]. A emergência de uma nova sociedade de serviço vem sendo permeada por significativas complexidades, quase sempre convergentes com a desestabilização das tradicionais formas de convivência humana.

---

(16) Para mais detalhes, ver Giovanni Arrighi, *A ilusão do desenvolvimento*, Petrópolis: Vozes, 1997; José Luís Fiori, *Estados e moedas no desenvolvimento das nações*, Petrópolis: Vozes, 1999; José Gabriel Palma, "Gansos voadores e patos vulneráveis", em: José Luis Fiori (org.), *O poder americano*, Rio de Janeiro: Vozes, 2004; José Luís Fiori e Carlos Medeiros, *Polarização mundial e crescimento*, Petrópolis: Vozes, 2001; José Luis Fiori et al., *O mito do colapso do poder americano*, Rio de Janeiro: Record, 2008.
(17) Ver, por exemplo, Alice H. Amsden, *A ascensão do "resto": os desafios ao Ocidente de economias com industrialização tardia*, São Paulo: Unesp, 2004; Joseph L. Love, *A construção do Terceiro Mundo*, Rio de Janeiro: Paz e Terra, 1998; Edgar J. Dosman, *Raúl Prebisch (1901-1986): a construção da América Latina e do terceiro mundo*, Rio de Janeiro: Contraponto/CICF, 2011; Theotonio dos Santos, *O desenvolvimento latino-americano: passado, presente e futuro*, Niterói: UFF, 2010.

Por conta disso é que se procura, a seguir, descrever as principais características da transição para a sociedade de serviços, assentadas nos domínios que conformam as novas formas societárias, cada vez mais individualizadas. Ou seja, os domínios privado (família), ocupacional (trabalho) e público (político e religioso).

***

Família

Em termos de domínio privado, a família corresponde ao modo pelo qual a sociedade tende a se organizar fraternal e materialmente, buscando estabelecer as relações e alianças pelas quais fundamenta a base da convivência humana. Ao se destacar as principais transformações em curso nas famílias, a ideia é enfatizar o processo de transição estrutural na própria sociedade.

Ao se caracterizar como instituição social basilar das mais antigas, a família se constituiu enquanto espaço de relações geradas por sexo e poder na delimitação competitiva entre seus membros. As mudanças na família tendem a expressar o desarranjo de situações passadas de estabilidade entre direitos e obrigações, poderes e dependências.

O esvaziamento da condição de propriedade do pai sobre os filhos, que passam a frequentar escola, e do marido sobre a mulher, a se inserir no mercado de trabalho e a regular o processo reprodutivo, gerou impacto na trajetória do patriarcado, bem como nos domínios laboral e público (política e tradição religiosa). Ao mesmo tempo, a regulação no comportamento sexual, seja pelo casamento, seja fora dele, revelou o horizonte da fecundidade, o controle da natalidade, o envelhecimento e a dimensão familiar[18].

Em função disso, a linha de abordagem da família relacionada às transições estruturais das sociedades de capitalismo avançado concentra-se nas principais modificações observadas na atuação da mulher e na relação etária dos membros da família com a inatividade laboral. Pela primeira transição estrutural da sociedade, a dominação masculina sobre o destino da mulher enquanto procriadora sofreu importantes alterações. Até então,

---

(18) Ver Friedrich Engels, *A origem da família, da propriedade privada e do Estado*, Rio de Janeiro: Civilização Brasileira, 1981; Göran Therborn, *Sexo e poder: a família no mundo (1900-2000)*, São Paulo: Contexto, 2006; Elizabeth Roudinesco, *A família em desordem*, Rio de Janeiro: Zahar, 2003.

a difundida subordinação das mulheres aos homens terminava por afastá-las, em geral, das esferas do exercício de poder e do trabalho principal nas sociedades agrárias.

A submissão estrita à reprodução humana e às atividades domésticas, quando questionada, era fortemente reprimida por diversas formas sociais comunitárias. A prevalência de famílias numerosas nas sociedades agrárias inviabilizava oportunidades de rebeldia que não fossem a exclusão do convívio social[19].

O deslocamento das formas comunitárias para as de caráter societárias a partir do século XIX abriu caminho para, em continuidade às atividades domésticas, haver maior difusão de acesso da mulher ao mercado de trabalho, especialmente urbano. Mesmo que orientada a atribuições especificamente femininas, como educativas e de atenção social, e consagrada por uma remuneração inferior à dos homens, a mulher foi se desgarrando da plena dominação masculina.

Para tanto, as lutas das mulheres se apresentaram como fundamentais. Destaca-se, por exemplo, que em plena Comuna de Paris, em 1871, as reivindicações por direito político, divórcio e igualdade de instrução e remuneração estavam presentes.

Com a passagem para as sociedades industriais, a questão da identidade feminina foi se afirmando, ainda que o papel de reprodução tenha se mantido central. Mas, com a redução no tamanho das famílias, a sujeição das mulheres sofreu inédito enfrentamento.

Na transição estrutural para a sociedade de serviços percebida desde a década de 1950, o protagonismo feminino tem se apresentado revolucionado à subordinação masculina e à repressão cultural. A começar pelo domínio feminino da procriação desde a revolução sexual no último terço do século XX.

A reviravolta demográfica tem repercutido intensamente na constituição familiar, cuja vida conjugal se restringe e ampliam-se novos arranjos familiares, como, entre outros, a situação monoparental. Sobressai também o horizonte de lutas pela emancipação feminina que alteram as condições de vida das mulheres e outras identidades na sociedade dos serviços.

Pode-se considerar, por exemplo, o inédito e crescente controle feminino em relação à procriação humana. De um lado, o avanço no patamar

---

(19) Ver François de Singly, *Sociologie de la Famille contemporaine*, Paris: Natham, 1993; Thierry Bloss, *Le Liens de famille*, Paris: PUF, 1997; Chiara Saraceno e Manuela Naldini, *Sociologia da família*, Lisboa: Estampa, 2003.

jurídico, além da liberação do divórcio e do aborto (em casos específicos), e, de outro, a difusão diversificada dos meios contraceptivos e, inclusive, da fertilidade postergada no ciclo reprodutivo[20].

Também no âmbito familiar, podem ser ressaltadas as relações etárias com a inatividade – a começar pela constituição conceitual da categoria juvenil, bem como a própria situação do envelhecimento prolongado, ambas desconhecidas ao longo das sociedades agrárias.

Destaca-se que foi com as inovações da sociedade urbana e industrial que a expectativa média de vida da população registrou salto inédito. Ao passar de não mais de 40 anos de longevidade média no duradouro agrarismo para o patamar superior a 60 anos de idade na sociedade urbana e industrial, a inatividade laboral passou a ganhar outro enfoque e perspectiva de financiamento pelos fundos públicos de aposentadoria e pensão.

Nas sociedades agrárias, a baixa produtividade era acompanhada pelo modo de vida primitivo e limitado ao exercício do trabalho pela sobrevivência, cujas jornadas podiam atingir cerca de quinze horas diárias, com início na vida laboral a partir dos 5 anos de idade e permanência na atividade até praticamente a morte. Diante dos ganhos de produtividade impulsionados pelas duas revoluções industriais e tecnológicas, as lutas sociais incentivaram a repartição do excedente econômico em torno da redução da jornada de trabalho, elevação do salário médio e financiamento da inatividade laboral de crianças, adultos e parte dos jovens, bem como de doentes, deficientes e idosos.

De um lado, possibilitou-se que o ingresso à vida laboral se postergasse dos 5 para os 14 ou 16 anos de idade, vinculado à presença obrigatória na escola básica e formação ocupacional[21]. De outro, a construção do fundo público para o financiamento de aposentadorias e pensões contribuiu para a retirada de pessoas com mais idade e incapacitados em geral da vida laboral[22].

Nas sociedades de serviços, a constituição de uma terceira revolução industrial e tecnológica ao final do século XX tem impactado a questão da inatividade laboral para além do prolongamento da expectativa média de vida no horizonte próximo dos 100 anos de idade. No caso de adolescentes e jovens,

---

(20) Ver Irène Théry, Le Démariage, Paris: O. J., 1993; M. Ferrand e M. Jasparo, Le Controle de naissances, Paris: PUF, 1992.
(21) Ver Jon Savage, A criação da juventude, Rio de Janeiro: Rocco, 2009; Marcio Pochmann, Inserção ocupacional e o emprego dos jovens, São Paulo: Abet, 1998.
(22) Ver Phillippe Ariés, Une Histoire de la vieillesse, Paris: Seuil, 1983; Simone de Beauvoir, A velhice, Rio de Janeiro: Nova Fronteira,1990.

a especificidade da presença crescente das novas tecnologias de informação e comunicação (TICs) tem comprometido a vinculação da inatividade laboral.

Os processos de gamificação se refletem sobre a inatividade, recolocando as fases mais precoces da vida sobre a pressão da captura da atenção e aprisionamento das atividades que mais se assemelham às ocupações de crianças, adolescentes e idosos no antigo trabalho pela sobrevivência do século XIX[23]. Dessa forma, o tempo livre fundamentado na experimentação, curiosidade e lazer encontra-se crescentemente consumido em comunicação entre comunidades homogêneas, jogos de entretenimento e fortalecimento do individualismo antissocial.

Também no caso do envelhecimento pela ampliação da expectativa média de vida, com crescente participação relativa no total da população, consta que o financiamento dos sistemas de aposentadoria e pensão sofre forte ataque das políticas de corte neoliberal que encurtam o financiamento da inatividade dos idosos. Ao mesmo tempo, a pressão de idosos no mercado de trabalho coloca em xeque a perspectiva da inatividade laboral após determinada faixa etária[24].

***

Ocupacional

No caso do domínio ocupacional, o trabalho, por sua centralidade na vida humana, recepciona, em geral, aspectos cruciais da atual transição estrutural para a sociedade de serviços, em grande medida devido à relação do trabalho com o tempo de vida, bem como ao que se refere ao financiamento do padrão de vida em sociedade[25].

Nas antigas sociedades agrárias, a baixa produtividade implicava longo comprometimento do tempo de vida com o trabalho pela sobrevivência humana frente à ausência de alternativa no financiamento do modesto pa-

---

(23) Ver Gérard Mauger et al., Jeunesses et Sociétés, Paris: A. Colin, 1994; Mark Aguiar et al., "Leisure Luxuries and the Labor Supply of Young Men", National Bureau of Economic Research (NBER), Cambridge: 2017, Working Paper 23.552.
(24) Ver Guita Grin Debert, A reinvenção da velhice, São Paulo: Edusp/Fapesp, 1999; Bill Bytheway, "Youthfulness and Agelessness: A Comment", Ageing and Society, Cambridge: 2000, v. 20, n. 6.
(25) Ver Renaud Sainsaulieu, L'Identité au travail, Paris: Fondation nationale des sciences politiques, 1976; Jacques Kergoat et al. (dir.), Le monde du travail, Paris: La Découverte, 1998.

drão de vida da época. Utilizando de simples exercício contábil, percebe-se que mais da metade do tempo de vida estava comprometido com o exercício do trabalho humano.

Isso porque as jornadas de trabalho voltadas ao financiamento do simples modo de vida eram longevas, como já vimos. Para a expectativa média de vida estimada em 35 anos, muito comum à época, o ingresso na atividade laboral ocorria muito cedo, como aos 5 anos de idade, prolongando-se praticamente durante o envelhecimento até a morte.

Como as pessoas moravam justamente onde trabalhavam, nas atividades rurais, o tempo despendido com o trabalho poderia ultrapassar as quinze horas diárias. Ademais, sem o registro do descanso semanal e sem a existência de férias, pensões e aposentadorias, o exercício do trabalho ocupava praticamente a totalidade dos dias do ano, salvo exceção. O resultado era quase dois terços do tempo da existência humana comprometido com o trabalho pela simples sobrevivência.

Desde a passagem para a sociedade urbana e industrial, com o processo de racionalização e inovação tecnológica, o trabalho mecanizado possibilitou saltos inacreditáveis na produtividade da economia. Imediatamente, a intensificação do trabalho foi acompanhada pelo estranhamento humano, desencadeando significativas frentes de resistência, lutas e conquistas em termos de redução da relação do tempo de vida com o trabalho pela sobrevivência.

Com o aparecimento da regulação do tempo de trabalho originada pela negociação coletiva resultante da ação dos sindicatos de trabalhadores, e, posteriormente, por legislação social e trabalhista decorrente da atuação de partidos de base laboral, o tempo de trabalho passou a representar menos de 15% do tempo de vida humano. De um lado, porque a expectativa média de vida aumentou para cerca de 60 anos e, de outro, por causa do estabelecimento de jornada laboral de oito horas diárias, descanso semanal e férias, acrescido do ingresso no mercado de trabalho após os 14 anos de idade e de aposentadoria e pensão depois de algum tempo de contribuição ao fundo público de financiamento da inatividade.

A redução do tempo de vida comprometido com o exercício do trabalho pela sobrevivência sofreu o impacto do processo de burocratização do modo de vida urbano – a começar pelo fato de que nas cidades prevalecia alguma forma de organização voltada a separar o local de moradia daquele determinado ao exercício do trabalho pela sobrevivência. Nesse aspecto, parte do tempo de vida passou a ser comprometido com o deslocamento (casa-trabalho e vice-versa), sendo na maior parte das vezes não remunerado e sem qualquer possibilidade de uso livre. Também o processo burocrático se ampliou nas atividades não laborais, mas também não livres, para a troca de recursos monetários por mercadorias (alimentação, tributos, farmácia, escola, entre outros).

Em síntese, a queda estimada em cerca de dois terços do tempo de vida comprometido com o trabalho pela sobrevivência na passagem da sociedade agrária para a urbana e industrial não significou, na mesma proporção, a ampliação do tempo livre. A burocratização da vida urbana, como o deslocamento, absorveu parcela significativa do tempo que foi liberado do trabalho pela sobrevivência.

A transferência do trabalho no meio rural para o urbano, com a emergência das sociedades industriais, implicou praticamente o desaparecimento das atividades laborais no campo. Assim, a longeva e absoluta presença de camponeses na estrutura ocupacional deu lugar às diversas formas de trabalho urbano.

A expansão do operariado nas atividades de manufatura foi acompanhada de significativa generalização de ocupações de remuneração intermediária no leque de remunerações, compreendendo o nascimento e a ampliação das classes médias assalariadas nas sociedades industriais. Mesmo que a ocupação gerada pelas atividades industriais não se apresentasse suficiente para absorver a totalidade dos migrantes do campo para a cidade e o crescimento vegetativo populacional, da expectativa média de vida e do ingresso feminino no mercado de trabalho, o excedente de mão de obra foi resolvido pela ação do Estado de bem-estar social.

Por um lado, houve a expansão das ocupações próprias das funções públicas em áreas militares e civis, como na educação, saúde e outras. A ocupação pública saltou de algo residual durante a presença do Estado mínimo para a faixa de um quinto a metade do total do emprego nas sociedades industriais.

Por outro lado, a ação das políticas públicas do Estado de bem-estar social possibilitou incorporar na inatividade, geralmente apoiada na transferência de recursos públicos, parcela da população excedente. Para tanto, estabeleceram-se a proibição do exercício do trabalho antes dos 14 ou 16 anos de idade e a difusão dos sistemas de subsídios, pensão e aposentadoria para desempregados, doentes, deficientes e idosos.

Resumidamente, o financiamento do padrão de vida cada vez mais diversificado e elevado foi sendo deslocado da exclusiva e direta dependência do trabalho pela sobrevivência. Isso porque o fundo público constituído por tributação da propriedade, renda, consumo, geralmente mais intenso entre os ricos, passou a se responsabilizar por parte do atendimento do padrão de vida na sociedade urbana e industrial na forma de subsídios ao custo do transporte, alimentação e habitação, bem como oferta de serviços públicos gratuitos (educação, saúde, assistência social).

Na atualidade da transição para a sociedade de serviços, também se pode constatar, no início do século XXI, que a relação do trabalho pela sobrevivência com o tempo de vida e as fontes de financiamento do padrão de vida herdadas da fase industrial passam por importantes alterações. Por um lado, notam-se a estabilidade nos ganhos de produtividade, conforme registrado por medidas tradicionais da economia industrial, e o deslocamento de atividades de manufatura intensiva em tecnologia para os serviços em geral, algumas improdutivas, como o rentismo e a financeirização da riqueza.

Por outro, a expansão dominadora do trabalho imaterial em contraposição ao trabalho material que predominou nas sociedades agrária e industrial constitui elemento fundante da metamorfose no sistema de produção capitalista. Ou seja, os indivíduos submetidos à condição de força de trabalho terminam sendo marcados pela negação máxima de sua existência a partir da racionalidade do trabalho imaterial[26].

Se considerado o avanço do progresso técnico, especialmente a difusão das TICs, percebe-se não apenas a intensificação do trabalho pela sobrevivência, mas também a ampliação do excedente disponível da força de trabalho, sobretudo por causa da extensão possível das ocupações por meio das novas tecnologias em qualquer local (teletrabalho), não mais exclusivamente em local prévio e determinado.

Nesse contexto, vê-se o protagonismo do receituário neoliberal em desmontar em maior ou menor medida o Estado de bem-estar social constituído anteriormente no auge da sociedade urbana e industrial. Simulta-

---

(26) Ver André Gorz, *Adeus ao proletariado*, Rio de Janeiro: Forense, 1982; Ricardo Antunes, *Adeus ao trabalho? Ensaio sobre as metamorfoses e a centralidade do mundo do trabalho*, São Paulo: Cortez, 2010; Henrique Amorim, *Trabalho imaterial: Marx e o debate contemporâneo*, São Paulo: Annablume, 2009.

neamente, nota-se a emergência das ocupações assentadas em relações de trabalho não assalariadas, conferidas à perspectiva do empreendedorismo.

Com o desaparecimento da tradicional empresa fordista concentradora de amplo operariado industrial e da classe média assalariada, acelerou-se o modelo de ocupação generalizado pela terceirização e expansão tecnológica, tudo isso contemplado pelo movimento de concentração do capital estabelecido pelas grandes corporações transnacionais a operar articuladamente o sistema fragmentado e descentralizado de produção e distribuição em redes[27].

Dessa forma, o deslocamento de plantas produtivas para territórios de rebaixados custos de produção esvaziou o poder dos grandes sindicatos locais e forçou a flexibilização da legislação social e trabalhista perante os interesses do capitalismo globalizado. Com cerca de quinhentas grandes corporações transnacionais a operar o sistema de produção e distribuição em seiscentos espaços territoriais conectados em redes, a oferta de mão de obra se tornou excedente à demanda do capital.

O resultado foi o acirramento da competição no interior do mundo do trabalho, o que enfraqueceu o sindicalismo, abrindo caminho para a contenção dos esquemas de financiamento da inatividade humana da sociedade industrial. Se, por um lado, adolescentes e jovens buscaram se recolocar nas atividades laborais pelo uso do processo de gamificação, os idosos passaram a postergar, por outro, o ingresso na inatividade, buscando algum rendimento associado a contratos parciais de trabalho (*minijobs*).

Nesse sentido, o enxugamento da classe média assalariada tem sido parcialmente compensado pela expansão de uma classe média proprietária, movida pela lógica do empreendedorismo. Ao mesmo tempo, as massas de operariado industrial foram desaparecendo, sinalizando a desindustrialização e a difusão da classe do precariado pela terciarização das economias ocidentais[28].

---

(27) Ver Michael J. Piore e Charles F. Sabel, *The Second Industrial Divide: Possibilities for Prosperity*, New York: Basic Books, 1984; Manuel Castells, *A sociedade em rede: a era da informação*, v.1, São Paulo: Paz e Terra, 1998; Jeremy Rifkin, *O fim dos empregos*, São Paulo: Makron Books, 1995.
(28) Ver Guy Standing, *O precariado: a nova classe perigosa*, São Paulo: Autêntica, 2013; Ruy Braga, *A rebeldia do precariado*, São Paulo: Boitempo, 2017; Marcio Pochmann e Reginaldo Moraes, *Capitalismo, classe trabalhadora e luta política no início do século XXI*, São Paulo: FPA, 2017.

***
Público

As repercussões da transição estrutural da sociedade de serviços não são contidas apenas pelos domínios privado e ocupacional, posto que atingem decisivamente a política e suas instituições. É sobretudo no domínio público que se destacam as identidades simbólicas fomentadas pelos sistemas de representação do mundo (ideologia), da delegação de poder (política) e de si mesmo (espiritual/religiosidade).

Interessante notar também como na transição da sociedade agrária para a industrial a presença religiosa seguiu significativamente acompanhando o deslocamento das igrejas para o modo de vida urbano. Mas a religião que assumia centralidade nas antigas sociedades agrárias sofreu efeitos das mudanças culturais motivadas pelo consumismo e pela propaganda mercantil embutidas no domínio do dinheiro nas diferentes dimensões da vida nas cidades.

Nas sociedades agrárias, as igrejas desenvolviam amplas funções, atingindo as esferas da educação, saúde, assistência, entre outras. Na sociedade industrial, o Estado laico e condizente com o bem-estar social ao longo do século XX se comprometeu com atribuições associadas à Igreja, como a separação entre o tempo de trabalho e o de não trabalho, deslocando a perspectiva religiosa da totalidade da vida humana.

Pela perspectiva da sociedade de serviços, constata-se o avanço do processo de desinstitucionalização provocado pelo progresso tecnológico e pela privatização das crenças e práticas religiosas. Esse processo parece assumir, assim, a condição de esfera puramente privada, com o declínio da religiosidade tradicional em suas práticas, registrando mudanças na filiação de membros[29].

A individualização das crenças e a diversificação na composição religiosa apontam para o desmoronamento do sistema de referências públicas[30]. A perda de influência religiosa observada nas sociedades de

---

(29) Ver François Dubet e Danilo Martuccelli, *Dans quelle société vivons-vous?*, Paris: Seuil, 1998; Jean-Marie Donégani, *La Liberté de choisir*, Paris: FNSP, 1993.
(30) Ver Yves Lambert, "Âges, Générations et christianisme en France et en Europe", *Revue Française de Sociologie*, Paris: 1993, v. 34, n. 4, pp. 525-56; Rainer Zoll, *Nouvel Individualisme et solidarieté quotidienne*, Paris: Kimé, 1992.

serviço em comparação com as anteriores termina por comprometer a constituição de fortes identidades coletivas conforme observado nas sociedades industriais.

Essa constatação não parece ser exclusiva do domínio religioso, pois também se faz manifestar no âmbito da política que expressa o sistema parcializado e específico de representação social por partidos, sindicatos e associações em geral. Com as sociedades industriais, o domínio público se desenvolveu inegavelmente vinculado à generalização das instituições que sustentaram o apogeu do regime da democracia de massa.

A universalização dos direitos civis, políticos e sociais constituiu a esfera da cidadania sem paralelo histórico. A proliferação de instituições de representação de determinados coletivos sociais se apresentou como trunfo da vida urbana nos espaços nacionais das sociedades de capitalismo avançado.

Nas mudanças mais recentes trazidas pela transição da sociedade de serviços, a política tem apresentado trajetória de descrédito na representação política. No âmbito do trabalho, por exemplo, o enfraquecimento do sindicalismo em geral (novo sindicalismo) decorre, em grande medida, do esvaziamento das bases do operariado industrial.

O processo da desindustrialização, amparado pelo fim da grande empresa fordista, contribuiu para o surgimento de uma nova classe trabalhadora suportada pelas atividades do setor terciário. Se combinado com a introdução de novas formas de gestão da mão de obra e o avanço no acesso às novas TICs, constata-se a difusão do trabalho intermitente, não mais associado a seu exercício em determinado lugar, outrora vigente nas sociedades industriais.

A proliferação dos contratos parciais e intermitentes de trabalho impôs simultaneamente a intensificação e ampliação do tempo efetivamente executado, com o descolamento dos ganhos de produtividade do trabalho para os patrões e maior instabilidade ocupacional. Para essa inédita composição da classe trabalhadora, o formato de atuação sindical perdeu sentido, evidenciado pelo rebaixamento das taxas de associativismo laboral.

Também em relação às instituições partidárias registra-se o sentido geral do seu esvaziamento em termos de militância tradicional e o descrédito no conjunto da sociedade. O crescimento de abstenções, votos em branco e nulo nas eleições constitui indício do enfraquecimento dos partidos e sistemas eleitorais tradicionais enquanto modo de representação dos interesses de setores da sociedade organizada.

A crise da identidade partidária e militante indica a perda do comprometimento das referências simbólicas e do potencial de exercício democrático da cidadania. Mas o questionamento ao modelo associativo representado por instituições próprias herdadas da sociedade industrial não implica necessariamente o declínio da mobilização, da participação e do engajamento nos projetos coletivos[31].

Paralelamente aos sinais de esvaziamento político (sindical e partidário), assiste-se à emergência de novos movimentos sociais, culturais e políticos a partir da década de 1970. Em vez de instituições com conteúdo organizativo disciplinar e vertical, com perenidade e ideologias que apelam para valores transcendentais, diversificam-se na forma de nichos identitários, como redes horizontais de novos militantes que se mobilizam de forma pontual e, muitas vezes, efêmera, como seria natural no atendimento de objetivos específicos[32].

Seguindo a longa marcha de passagem das formas sociais comunitárias para a diversidade de formas societárias, a força do individualismo provoca o aparecimento de novas formas de engajamento que valorizam a identidade pessoal. Por isso, a busca midiatizada pelas TICs, circunscritas ao específico, condicionado e provisório.

De forma autônoma, os indivíduos constituem agrupamentos que atuam com engajamento distanciado, recusando as formas tradicionais da vida pública experimentadas pelas sociedades industriais. Nas sociedades de serviços, o tempo da ação na vida pública é fluido, perseguido por escolhas de representantes com base na pessoalidade e na imagem pública[33].

Nesse sentido, a midiatização da política e de outras expressões sociais ganha importância, assim como ações coletivas associadas a temas específicos (desemprego, moradia, mulher, migrantes, entre outros), representando outro lado do domínio público, cuja face marcante tem sido a individualização acompanhada de alterações na identidade e na subjetividade na sociedade.

---

(31) Ver Marcel Gauchet, *La Révolution des pouvoirs: la souveraineté, le peuple et la représentation*, Paris: Gallimard, 1989; Bénédicte Havard-Duclos e Sandrine Nicourd, *Les Formes de l'engagement solidaire*, Paris: Printemps, 1999.
(32) Ver Jacques Ions, *La Fin des militants?*, Paris: L'Atelier, 1997; Alain Ehrenberg, *L'Individu incertain*, Paris: Calmann-Lévy, 1995.
(33) Ver Jürgen Habermas, *Mudança estrutural da esfera pública*, São Paulo: Editora Unesp, 2011; Bernard Manin, *Principes du Gouvernement représentatif*, Paris: Flammarion, 1996.

Sinais de uma nova transição estrutural na sociedade brasileira

A partir da década de 1980, quando parecia ter conseguido consolidar a moderna sociedade urbana e industrial, conforme a perspectiva instalada a partir da Revolução de 1930, o Brasil passou a emitir diversos sinais contraditórios de uma nova transição estrutural. Com a crise da dívida externa entre os anos de 1981 e 1983, por exemplo, a infraestrutura do sistema produtivo assentada na industrialização tardia sofreu importante abalo, com consequências inegáveis para a estrutura de classes e frações de classes no interior da sociedade.

A primeira grande recessão a atingir o país desde a Grande Depressão de 1929 desfalcou a amplitude da classe trabalhadora, especialmente a industrial, bem como a significativa classe média assalariada. Também afetou, por que não dizer, a dominância da burguesia industrial, que, mesmo dependente do exterior, acusou o golpe, fraquejando frente ao equivocado programa de ajuste exportador do Fundo Monetário Internacional (FMI).

Pela necessidade de gerar divisas do comércio externo, o país passou a transferir aos credores estrangeiros uma quantia equivalente a cerca de 5% do Produto Interno Bruto (PIB) como média anual enquanto pagamento dos serviços da dívida externa contraída no período da ditadura civil-militar. Somente no ano de 2007, por exemplo, 25 anos depois de adotado o ajuste exportador, o país se tornou credor do FMI, abandonando o deslocamento anual da renda gerada internamente para o exterior na forma de pagamento da dívida externa.

A herança deixada pelo autoritarismo coincidiu com a decadência econômica instaurada no Brasil recém-alçado à condição de sistema produtivo complexo e integrado pelo sistema de manufatura portador da sociedade urbana e industrial. Assim, as anomalias nacionais eram evidentes em comparação aos países de capitalismo avançado.

Nas duas últimas décadas do século XX, a regressão econômica e social ganhou evidência diante de altas taxas de inflação, desorganização das finanças públicas, semiestagnação da renda por habitante, elevação do desemprego, pobreza e desigualdades sociais – em grande medida, heranças do período autoritário, que, por conviver com o sistema de indexação dos preços, pariu a superinflação, a estatização da dívida externa e desorganizou a economia internamente com o modelo de ajuste exportador.

Nessa fase, o Brasil acabou se distanciando do mundo desenvolvido, perdendo oportunidades de incorporar os avanços que decorreram do curso da Terceira Revolução Industrial e Tecnológica[34]. Ademais, por força das políticas neoliberais implantadas a partir da última década do século passado, o país se inseriu passiva e subordinadamente na globalização, abandonando a possibilidade da integração soberana nas cadeias globais de valor.

Com isso, o país passou a conviver precocemente com o fenômeno da desindustrialização, ao mesmo tempo que viu uma maior internacionalização do seu parque produtivo e dependência do setor primário exportador. Embora tenha conseguido estabilizar o sistema de preços desde 1994, a estagnação não foi rompida, e o Brasil se tornou prisioneiro cada vez mais da aplicação de altas taxas de juros internas para atrair capital necessário ao pagamento do déficit comercial de manufaturas, alimentado pela própria valorização da moeda nacional.

A inversão implementada pelos governos pós-neoliberais a partir dos anos 2000 não conseguiu frear o curso da transição na estrutura da sociedade brasileira, embora tenha trazido novas possibilidades de inclusão social, especialmente dos segmentos populacionais situados na base da pirâmide social. Tudo isso, contudo, gerou reações e contrarreações capazes de promover um impasse histórico em torno da polarização instaurada pelo golpe político de 2016, que destituiu o governo democraticamente eleito e repôs novamente as políticas de corte neoliberal.

Em síntese, o país registrou, no período de quarenta anos que separa os anos 1980 e 2020, duas décadas perdidas em sua economia (1980 e 2010).

Nesse cenário diverso, cabe apontar os principais traços que marcam o curso da sociedade atual frente às duas principais transições estruturais anteriormente experimentadas pelo Brasil. Ou seja, as passagens do velho agrarismo escravista para o modo dominante de produção capitalista nos anos 1880 e da sociedade agrária para a urbana e industrial na década de 1930.

---

(34) Mais detalhes em Wilson Cano, *Soberania e política econômica na América Latina*, Campinas: Unicamp/Unesp, 1999; Edmar L. Bacha e Miguel R. Mendoza, *Recessão ou crescimento: o FMI e Banco Mundial na América Latina*, Rio de Janeiro: Paz e Terra, 1987.

Além disso, serão descritas as caraterísticas mais importantes constatadas na atual transição estrutural da sociedade industrial para a de serviços. Para tanto, a análise empírica parte da sistematização dos dados oficiais fornecidos pelo Instituto Brasileiro de Geografia e Estatística (IBGE), como censos demográficos, pesquisas nacionais de amostras por domicílios e contas nacionais.

***

O passado nas transições estruturais da sociedade brasileira

No Brasil, tanto a dominância do modo de produção capitalista como a passagem para a sociedade urbana e industrial foram marcadas por importantes especificidades em relação às experiências observadas nos países de capitalismo avançado. Em geral, o processo de transição na estrutura das sociedades de capitalismo avançado registrou distintas ondas de industrialização antecedidas pela herança dos regimes de produção feudal, diferente do verificado no Brasil.

Mesmo assim, pode-se constatar que, nos casos de Alemanha, Japão e Itália, encontram-se, em certa medida, alguns elementos que se aproximam – guardada a devida proporção – das transições estruturais na sociedade brasileira. Diferentemente da Inglaterra e dos Estados Unidos, por exemplo, ganhou relevância nos três países selecionados a construção de Lenin[35] a respeito da denominada via prussiana, caracterizada pela instalação da industrialização capitalista em meio ao predomínio do poder local dos grandes proprietários rurais assentados em seus latifúndios.

Da mesma forma, é importante observar a ausência histórica da clássica revolução democrático-burguesa. Por consequência, tem-se a projeção da ação estatal enquanto papel dinamizador econômico concomitante com a coordenação mais afinada das forças de mercado.

Nesse sentido, Gramsci[36] considerou que, para o caso italiano, a transformação estrutural se faria a partir de uma revolução passiva, quando as velhas elites agrárias manteriam o controle sobre as classes subalternas, acolhendo – somente em algumas oportunidades históricas – determina-

---

(35) Ver Vladimir I. Lenin, *O programa agrário da social-democracia na primeira revolução russa de 1905-1907*, São Paulo: Ed. Ciências Humanas, 1980.
(36) Ver Antonio Gramsci, *O Risorgimento: notas sobre a história da Itália*, Rio de Janeiro: Civilização Brasileira, 2002.

dos anseios oriundos da base da sociedade. Tratar-se-ia de transição estrutural conformada por coalização entre as elites agrária, comercial e industrial contra o restante da população, demarcando, segundo Poulantzas[37], o processo de revolução pelo alto.

De todo modo, a recusa de transformações essenciais por parte dos latifundiários em relação à propriedade da terra e ao controle da população rural reproduziu crescimento econômico e modernização no padrão de consumo enquanto mediação conservadora em parte das transições estruturais. Exemplo disso parece ter ocorrido no século XIX, quando uma parcela da nobreza constituída por grandes latifundiários nos estados alemães (*junker*) conseguiu manter a perspectiva do passado reprodutor do presente em transformação pela industrialização sem alterar a condição de propriedade oriunda da antiga sociedade agrária.

Nesse sentido, a modernização no centro capitalista mundial foi provocada pela força econômica da industrialização reprodutora do conservadorismo da estrutura política, que, diferentemente das experiências de transições de naturezas revolucionárias e democráticas (Inglaterra, França e Estados Unidos), conseguiu manter-se quase intacta. Assim, houve uma espécie de transição estrutural demarcada pela modernização de natureza conservadora, mediada por acordo político da oligarquia rural com a ascendente burguesia capitalista, que decorre do peso do passado estendido sobre o presente e o futuro[38].

Também para o caso japonês, a decomposição do regime feudal transcorreu aprofundada pelas reformas conservadoras da Restauração Meiji, que, ao final do século XIX, permitiu preservar parte importante dos interesses da antiga nobreza. Da mesma forma, as classes dominantes tradicionais não compartilharam da tributação para o financiamento da industrialização, enquanto a liberação da servidão associada à proletarização do campesinato foi acompanhada da preservação das rendas feudais na forma de pensões pagas pelo Estado[39].

---

(37) Ver Nicos Poulantzas, *Poder político e classes sociais*, São Paulo: Martins Fontes, 1986.
(38) Ver Barrington Moore Jr., *Los orígenes sociales de la dictadura y de la democracia*, Barcelona: Península, 2002; Reinhard Bendix, *Construção nacional e cidadania*, São Paulo: Edusp, 1996.
(39) Ver Carlos Alonso Barbosa de Oliveira, *Processo de industrialização: do capitalismo original ao atrasado*, São Paulo: Editora Unesp, 2002.

Nessa circunstância, a ascensão do modo de produção capitalista impôs à transição estrutural das sociedades enraizadas por elementos de dominação assentados na ação política do Estado um sentido distinto daquele observado nas formas revolucionárias democrático-burguesas protagonizadas por contida ação estatal. O caso inglês, por exemplo, indicou como a superação dos interesses agrários pertencentes ao antigo regime feudal de produção concedeu à burguesia industrial autonomia necessária para condicionar o Estado moderno a seus próprios interesses.

Mas, nos casos nacionais de revolução passiva ou também identificada como via prussiana, o processo de modernização capitalista ascendeu de forma conservadora, preservando parcela dos interesses dos antigos proprietários rurais. A burguesia industrial se desenvolveu sem forças suficientes para a ruptura com o passado do agrarismo, dependendo da atuação estatal.

Guardada a devida proporção e o distanciamento histórico necessário, percebe-se como a experiência brasileira contém importantes elementos de proximidade com situações de transições estruturais verificadas em algumas sociedades de capitalismo avançado. Pela transição da sociedade agrária escravista para a capitalista ocorrida no final do século XIX, o Brasil assistiu à conversão do trabalho forçado para o mercado de trabalho sem rompimento da propriedade da terra e das relações de subordinação plena da ocupação no campo[40].

Assim, a força do agrarismo se manteve preservada, tendo a imigração branca e amarela substituído o trabalho escravo com a exclusão de negros e miscigenados do mercado de trabalho em formação na época. O resultado foi o alijamento, logo na partida constitutiva da nova sociedade de concorrência capitalista, de cerca de dois terços da população ao final do século XIX.

Mesmo com o avanço econômico no campo e o abandono do trabalho escravo, o assalariamento no país cresceu, embora condicionado pela ampla presença de segmentos inorgânicos à moderna sociedade capitalista. Até a década de 1950, por exemplo, quando os assalariados começaram a ganhar maior dimensão urbana, o trabalho no campo seguiu validando formas precárias de arrendamentos, além de manter o trabalho de meei-

---

(40) Ver Elisa Maria Pereira Reis, "Elites agrárias, state-building e autoritarismo", *Dados*, Rio de Janeiro: 1982, v. 25, n. 3, pp. 331-48; Luiz W. Vianna, "Caminhos e descaminhos da revolução passiva à brasileira", *Dados*, Rio de Janeiro: 1996, v. 39, n. 3.

ros, parceiros, posseiros, boias-frias, sem-terra, entre outras medidas de dominação violenta e dependente do apadrinhamento, do compadrio e do clientelismo da antiga oligarquia agrária[41].

Da mesma forma, a fronteira agrícola num país de dimensão continental serviu de prevalência governamental para a subordinação das massas no meio rural, enquanto o deslocamento demográfico do campo para as cidades beneficiou a industrialização com baixo custo da força de trabalho no meio urbano. Assim, a nascente burguesia industrial, avessa ao risco econômico e à democracia política, associou-se à aristocracia agrária na modernização conservadora.

Sem reformas clássicas do capitalismo contemporâneo (fundiária, tributária e social), o Brasil seguiu o modo predominante dos governos autoritários desde a antiga sociedade agrária. Mesmo durante a passagem para a sociedade urbana e industrial, conformou-se uma economia de baixos salários assentada em brutal excedente de força de trabalho gerado pelo amplo êxodo rural[42].

Destaca-se que, desde a abolição da escravatura, o movimento político que levou ao fim da Monarquia (1822-1889), permitindo a ascensão da República em 1889, aconteceu fundado na ordem jurídica de igualdade meramente formal dos indivíduos. Diante dos recorrentes obstáculos ao regime democrático, a sociedade cindida prevaleceu obstaculizada pelo acesso à terra, ao capital, ao trabalho e à própria inclusão social.

Dessa forma, o avanço do processo de subdesenvolvimento se mostrou compatível com o contido crescimento econômico e com a modernização pontual no padrão de consumo das classes abastadas do agrarismo. Sob a liderança dos proprietários rurais que permaneceram monopolizando o poder político nacional, a direção inicial do capitalismo seguiu a sua perspectiva agrarista[43].

Na segunda transição estrutural, com a passagem para a sociedade urbana e industrial a partir da década de 1930, o processo de modernização conservadora foi ainda mais intenso, uma espécie de fuga para a frente[44]. Isso

---

(41) Ver Álvaro de Vita, *Sociologia da sociedade brasileira*, São Paulo: Ática, 1989.
(42) Ver Otávio Velho, *Capitalismo autoritário e campesinato*, São Paulo: Difel, 1975; Francisco de Oliveira, *Crítica à razão dualista*, São Paulo: Vozes, 1981; Sonia Regina de Mendonça, *O ruralismo brasileiro (1888-1931)*, São Paulo: Hucitec, 1997.
(43) Ver Ignácio Rangel, *Questão agrária, industrialização e crise urbana no Brasil*, Porto Alegre: Editora da UFRGS, 2000; Alberto Guimarães, *Quatro séculos de latifúndio*. Rio de Janeiro: Paz e Terra, 1977; Fernando A. Azevedo, *As ligas camponesas*, Rio de Janeiro: Paz e Terra, 1982.

se deu porque a dinâmica das classes emergentes se desviou dos requisitos de uma clássica revolução burguesa, fruto do processo de recomposição das estruturas de poder entre a oligarquia agrarista e a burguesia industrial[45]. A conciliação das classes dominantes manteve associado o modelo burguês recente de dominação com os requisitos do antigo padrão autocrático e conservador da oligarquia. O Estado, por conta disso, tornou-se uma instituição fundamental ao desenvolvimento do capitalismo industrial, porém avesso à participação democrática da população.

Dessa forma, o processo de modernização acelerou o êxodo rural e ampliou o fundo público que permitiu financiar o cume da pirâmide social através dos monopóllos sociais a beneficiar privilegiados pelo sistema que produzia mais ricos do que riqueza justamente distribuída. Sem a realização das reformas clássicas do capitalismo contemporâneo, como a agrária, a tributária e a social, a consolidação da sociedade urbana e industrial no Brasil transcorreu eivada por diversas anomalias, a começar pelo bloqueio a qualquer modernização possível no meio rural. No plano dos direitos sociais e trabalhistas, a Consolidação das Leis do Trabalho (CLT) somente ocorreu por força do Estado Novo (1937-1945), capaz de incorporar parcela dos trabalhadores regidos pelo emprego formal nas cidades.

De acordo com o censo demográfico de 1940, por exemplo, a cada dez trabalhadores, apenas um vivia nas cidades. Ou seja, a CLT de 1943 foi constituída para algo que praticamente não existia na época, o trabalho assalariado urbano, uma vez que cerca de 90% da classe trabalhadora estava no meio rural; esta somente passou a ser incorporada parcial e gradualmente a partir de 1963, com a aprovação do Estatuto do Trabalhador Rural.

Menos de meio século depois de instalada a CLT, o contingente de trabalhadores incorporados ao regime de proteção social e trabalhista permitido pela lei não alcançava dois terços dos ocupados. A inclusão do assalariamento protegido permitiu incorporar apenas uma parte da sociedade urbana e industrial ao movimento do crescimento econômico e da modernização do padrão de consumo.

---

(44) Ver José Luís Fiori, *O voo da coruja*, Rio de Janeiro: Editora da UFRJ, 1995.
(45) Ver Florestan Fernandes, *A revolução burguesa no Brasil: ensaio de interpretação sociológica*. São Paulo: Globo, 1996; Jacob Gorender, *A burguesia brasileira*, São Paulo: Brasiliense, 1981.

Sem uma reforma agrária que democratizasse a posse da terra, uma parcela crescente dos trabalhadores rurais se deslocou para as cidades, mesmo sem planejamento urbano adequado para absorvê-los. Isso acabou significando a transferência da pobreza rural para as cidades e a prevalência da segregação social no meio urbano. Concomitante com a força da especulação imobiliária, as administrações municipais favoreceram, muitas vezes em conluios com proprietários de terras, a expansão urbana periférica.

Em síntese, constituiu-se uma sociedade urbana e industrial assentada na exclusão social e na segregação territorial, com enorme parcela da população sem acesso à propriedade de terra e imóveis, a moradias adequadas e aos serviços essenciais (saneamento básico, coleta de resíduos, segurança e outros)[46].

Quando ainda abrigavam menos de um terço da população brasileira, as cidades eram identificadas nos anos 1940 como oportunidades de modernidade em relação ao atraso representado pela tradicional dominância agrarista. Menos de meio século depois, ao absorver mais de 80% de todos os habitantes, as cidades se transformaram no lócus da violência, pobreza, desemprego, poluição, mobilidade restrita, desmoronamentos, enchentes, entre outros.

Percebe-se, dessa forma, o quanto o processo de modernização urbano e industrial se mostrou parcial e conservador, embora inicialmente apresentado como uma via possível de independência cidadã, após séculos de autoritarismo, atraso e dominação da produção agrário-exportadora e de mando agrarista.

Também no que se refere ao plano da estrutura da sociedade urbana e industrial a partir de 1930, a mobilidade social estendida terminou deslocada das políticas de promoção e proteção social. A princípio porque o fundo público constituído pela elevação da carga tributária dependeu fortemente do gravame dos rendimentos da população mais pobre, uma vez que os ricos permaneceram praticamente isentos de maior contribuição fiscal.

Ademais da injustiça tributária praticada na formação e evolução do fundo público, decorrente da sobrevivência do sistema tributário regressivo a tributar a base da pirâmide social, o gasto público avançou, em boa medida, servindo mais aos segmentos privilegiados da população. Embora fundamental para que a transição da estrutura da sociedade urbana e

---

(46) Sobre isso, ver Ermínia Maricato, *Brasil, cidades*, Petrópolis: Vozes, 2001; Nelson Saule Jr. e Raquel Rolnik, *Estatuto da cidade: novas perspectivas para a reforma urbana*. São Paulo: Pólis, 2001.

industrial se mostrasse superior à antiga e longeva sociedade agrária, o Estado moderno criado pela Revolução de 1930 marcou posição ativa para determinadas frações das classes sociais.

Isso se tornou possível com a força dos verdadeiros monopólios sociais montados favoravelmente para a ascensão privilegiada dos segmentos das classes médias e alta no Brasil. Para tanto, áreas da educação superior, do financiamento público a bens de consumo de maior valor unitário (habitação, automóvel e outros), das isenções e subsídios fiscais não deixaram de reproduzir antigas características do patrimonialismo estatal. Nesse aspecto, a prevalência da ação de estamentos/corporações/tecnocracias contribuiu para o favorecimento continuado em prol do aprofundamento da exclusão social durante a segunda transição estrutural no Brasil[47].

***

Características da transição atual

Na década de 1980, que parecia consolidar a sociedade urbana e industrial em curso desde a Revolução de 1930 na periferia do capitalismo mundial, o Brasil sofreu importante inflexão econômica, social, política e cultural. O resultado disso foi sendo revelado gradualmente pelas características da transição estrutural da nova sociedade de serviços.

Tal como no passado, a alteração na infraestrutura econômica impactou a estrutura de classes e frações sociais, repercutindo na superestrutura da sociedade, especialmente no Estado, na Igreja e em instituições de representação de interesses, como os partidos, sindicatos, entre outras. Na década de 1880, por exemplo, o esgotamento do trabalho escravo consolidou o predomínio do modo de produção capitalista em curso desde a instalação do direito de propriedade pela lei das terras, em 1850.

Na sequência, veio a imediata queda do Estado absolutista e, com isso, o fim da sustentação financeira pelo uso do fundo público da família real, da nobreza e da Igreja católica. O novo Estado mínimo estabelecido pela criação da República rompeu com a estrutura bipartidária até então exis-

---

(47) Wilnes Henriques, *Capitalismo selvagem*, Campinas: IE/Unicamp, 1999; Claudio Salm e Luiz Carlos E. Silva, *Industrialização e integração do mercado de trabalho brasileiro*, Rio de Janeiro: UFRJ/IEI, 1987; Wanderley Guilherme dos Santos, *Cidadania e justiça: a política social na ordem brasileira*, Rio de Janeiro: Campus, 1979.

tente e oficializou a existência dos sindicatos de ofício para uma classe trabalhadora em formação.

Na década de 1930, a exaustão do modelo econômico primário exportador revelado pela Grande Depressão de 1929 inviabilizou a continuidade da República Velha (1889-1930). Ao mesmo tempo, expôs a pequenez do Estado mínimo diante das exigências do desenvolvimento do capitalismo urbano e industrial.

Assim, a passagem para a sociedade urbana e industrial foi acompanhada por mudanças substanciais na estrutura de classes e frações sociais, bem como pela instalação do Estado moderno, necessária ao projeto de industrialização nacional. A rápida expansão econômica que veio junto com a modernização do padrão de consumo ocorreu concentrada no tempo, em apenas cinco décadas.

A ausência de reformas civilizatórias do capitalismo demarcou sua natureza selvagem e excludente, sobretudo nas duas experiências autoritárias do país, protagonizadas pelo Estado Novo (1937-1945) e pela ditadura civil-militar. Diante da contenção democrática, as instituições de representação de interesses foram asfixiadas, demarcando uma sociedade urbana e industrial autoritária, violenta e excludente, não obstante a expressiva mobilidade social impulsionada em pleno subdesenvolvimento na periferia do capitalismo mundial.

É nesse mesmo sentido que o curso atual da desindustrialização precoce demarca a transição antecipada para a sociedade de serviços. Sem que a totalidade dos brasileiros estivesse incluída plenamente no padrão de consumo urbano e industrial, o esgotamento da industrialização foi acompanhado da desestruturação do trabalho assalariado e protegido e do esvaziamento das instituições de representação de interesses, inclusive da Igreja católica. Novos sujeitos sociais passaram a emergir.

Pode-se notar que, em quatro décadas, iniciadas em 1980, a população brasileira cresceu 1,4% como média anual, o que significou um ritmo 48,3% menor em relação ao verificado entre 1960 e 1980 (2,7% ao ano, em média). Mesmo assim, 95,2 milhões a mais de pessoas passaram a habitar nas cidades contra a redução de quase 8 milhões de pessoas vivendo no campo em 2018, em comparação ao ano de 1980.

Na ausência de vitalidade econômica ao longo do período de quase quarenta anos, que registrou inclusive duas décadas perdidas (1980 e

2010), a dinâmica do mercado de trabalho sofreu modificações importantes. Enquanto a taxa de assalariamento refluiu, decaindo levemente o seu peso relativo de 63% da força de trabalho para 59%, aumentou significativamente a precarização da força de trabalho, com a contenção da classe média assalariada e da classe trabalhadora industrial, bem como o avançado desemprego aberto.

Entre 1980 e 2020, por exemplo, menos de 53% do total de postos de trabalho gerados (51,4 milhões de ocupações) foram de responsabilidade do emprego assalariado, sendo 50% do total protagonizado pela informalidade nas relações de trabalho. Além disso, para cada grupo de cem brasileiros que ingressaram no mundo do trabalho no mesmo período considerado, 75 conseguiram alguma forma de trabalho e 25 ficaram desempregados.

Ademais, percebe-se como o Brasil continuou sendo uma economia assentada nos baixos rendimentos, compatíveis com a situação de pobreza mesmo entre os ocupados associados ao trabalho precário e informal. Entre os anos de 1981 e 2004, por exemplo, a taxa de ocupados pobres subiu 5%, decrescendo, contudo, em 10,4% no período de 2004 até 2014. Mas a partir de 2015 voltou novamente a aumentar em 9,6% até o ano de 2019.

Ao se comparar a evolução da estrutura familiar entre os anos de 1981 e 2014, por exemplo, observam-se também as principais modificações em termos de mobilidade ascendente ocorridas na base da pirâmide social, com a queda significativa entre as parcelas consideradas miseráveis e pobres. Contribuiu para isso, por exemplo, a expansão das ocupações de baixo rendimento, vinculada fundamentalmente ao movimento da terciarização antecipada da economia nacional frente ao vácuo da desindustrialização precoce[48].

Tanto assim que as três principais ocupações no Brasil hoje são representadas pelos serviços domésticos, pelo trabalho em plataforma (Uber, iFood e outros) e em atividades de segurança pública e privada. Trata-se, na realidade, de atividades praticamente desvinculadas da dinâmica do sistema produtivo, mas sim ocupações dependentes de famílias com maior rendimento, em geral compatível com o movimento de ampliação da concentração da renda.

---

(48) A respeito disso, ver Marcio Pochmann, *Brasil sem industrialização: a herança renunciada*, Ponta Grossa: Editora UEPG, 2016.

Enquanto em 2014, por exemplo, os miseráveis e pobres respondiam por menos de 29% das famílias, em 1981 concentravam 42% do total. Nesse mesmo período, a parcela classificada como classe média e alta passou de 21,4% para 23,1% no total das famílias, acompanhada da ampliação dos segmentos situados na condição de pobres intermediários, que saltaram de 36,1% para 44,5%.

Além disso, nota-se a queda acelerada na taxa de analfabetismo em 73%, simultaneamente à universalização do acesso ao ensino fundamental, bem como a significativa elevação na taxa de cobertura dos ensinos médio (101%) e superior (456%). Da mesma forma, vê-se o aprofundamento da tendência de homogeneização do padrão dos bens duráveis de consumo possibilitados pelo acesso à luz elétrica, como geladeira, TV e outros.

Diferentemente do período de 1960 a 1980, cujo elevado crescimento econômico foi acompanhado do crescimento em 40% da Carga Tributária Bruta (CTB) e dos investimentos públicos em 82,5%, as décadas de 1980 e 2010 apresentaram outra trajetória. Ainda entre as décadas de 1960 e 1970, o gasto com juros da dívida pública em relação ao PIB subiu 3,5 vezes, o gasto social, 2,1 vezes, e as despesas com pessoal do Estado, 6,8%.

Nos quarenta anos que separam 1980 de 2020, a CTB cresceu menos de 38%, os investimentos públicos decresceram quase 80% e a economia permaneceu com a semiestagnação da renda *per capita*. Ao mesmo tempo, o gasto social em proporção ao PIB foi multiplicado por 2,5 vezes, as despesas do Estado com pessoal cresceram 54% e o comprometimento do orçamento com o pagamento dos serviços da dívida pública foi multiplicado por 5 vezes.

Outro aspecto que distingue as características presentes na transformação estrutural da sociedade de serviços refere-se à contribuição desigual no financiamento das políticas públicas. Embora o sistema tributário siga sendo extremamente regressivo, pois são os pobres que proporcionalmente à renda contribuem mais, percebe-se mudança importante na comparação entre os períodos de 1960 a 2018.

Na sociedade urbana e industrial, a desigualdade parecia ser mais intensa, pois quem recebia até dois salários mínimos mensais repassava, em média, cerca de 37% do seu rendimento ao Estado no ano de 1975. Aqueles com mais de dez salários mínimos mensais tinham a carga tributária bruta 48,1% menor (20,1%).

Na sociedade dos serviços, os detentores de renda de até dois salários mínimos mensais responderam, em 2009, por 32,1% da tributação (13,9% a menos que em 1975). Para o segmento na faixa de dez salários mínimos ou mais de rendimento, a carga tributária era 34,3% inferior (21,1%).

Por fim, destaca-se também o quanto a atual mudança estrutural na sociedade brasileira tem sido caracterizada pelo crescimento da insegurança pública. A expansão da criminalidade repercute direta e indiretamente na qualidade e no custo de vida do conjunto da população, muda a arquitetura das cidades e interfere no cenário econômico e social das pessoas e suas localidades.

Os prejuízos financeiros às pessoas, empresas e aos governos e a sensação da insegurança gerada pela difusão de vítimas da violência e sua propagação quase que contínua para todos pelos meios de comunicação estabelecem a base instrumental pela qual emerge o partido da segurança. De maneira geral, desde a década de 1960, quando a maior parte da população brasileira passou a residir nas cidades, o aparecimento e a expansão da violência constituíram gradualmente novas perspectivas para a sociedade brasileira.

Mas foi a partir dos anos 1990, com a consolidação da passagem antecipada para a sociedade de serviços, que o país passou a adotar modalidades de gestão compatíveis com a explosão da insegurança social. Com isso, a mudança no modo de vida foi progressivamente permeada por descrédito, desconfiança, medo e desprezo em relação ao Estado, às instituições de representação e à Igreja católica. Em síntese, notou-se a emergência de uma cultura pós-industrial extremamente sensível à segurança entre os brasileiros e o avanço das igrejas neopentecostais.

Em consequência, a prevalência da modalidade de gestão da insegurança social está assentada em três aspectos principais. O primeiro fundamenta-se na lógica do aparato repressivo expresso pela política pública do superencarceramento e pela seletividade social do sistema criminal brasileiro a operar como uma espécie de "aspirador social".

No entanto, a repressão e a criminalização crescente dos pobres mostraram-se sem efetividade sobre os indicadores dos registros criminais. De 90 mil presos em 1990, o Brasil saltou para mais de 820 mil detentos atualmente em 1.456 estabelecimentos prisionais, constituindo a terceira maior população carcerária do mundo.

Além de deter quase 42% sem condenação, a população carcerária registra quase dois terços com menos de 30 anos, 80% com até o ensino fundamental completo, 63% não brancos, todos submetidos a uma espécie de campo de concentração dos descartados, sob o domínio de facções criminosas e seus processos de formação de quadros.

O segundo aspecto constitui a formação de segmento privado especializado na produção de armamento e equipamentos de segurança, bem como a prestação de serviços generalizados de proteção e vigilância privada. Com mais de 2 mil empresas organizadas para atender à demanda de segurança pública e privada, o Brasil detém um dos mercados mais lucrativos do mundo, sem contabilizar trabalhadores e empreendimentos clandestinos e ilegais de segurança privada.

O terceiro aspecto refere-se à prática do policiamento formal e informal e do sistema de produção de bens e serviços de segurança sobre o modo de vida na sociedade de serviços a ocupar uma massa de trabalhadores. Ao se contabilizar o contingente de agentes empregados no setor público vinculados ao tema da segurança (Forças Armadas, policiais militares, agentes carcerários e policiais civis nos âmbitos federal, estadual e municipal), chega-se a mais de 2,2 milhões de brasileiros.

No setor privado, a quantidade de ocupados envolvida direta e indiretamente com atividades de segurança privada (trabalhadores em empresas de armamentos, sistemas eletrônicos corporativos e de prestação de vigilância e proteção armada) aproxima-se de 3,5 milhões de brasileiros. Ou seja, o terceiro maior empregador nacional.

Assim, em termos de ocupados diretos e indiretos, a segurança pública e privada alcança o universo de mais de 5 milhões de brasileiros, podendo equivaler a cerca de 20 milhões de pessoas de proximidade familiar ou próximo de 15% dos eleitores do país. Por encontrarem-se crescentemente conectados a redes sociais seletivas, convergentes com a formação e disciplina policial, e contarem ainda com uma sistêmica e contínua presença na programação midiática, fundamentam-se e operam cada vez mais no formato de partido da segurança a mover massas humanas e eleitorais na sociedade de serviços.

Algumas das características mencionadas não definem o fim da História. Há tendências que podem ser confirmadas, outras, não, à medida que sujeitos históricos se apresentem capazes de construir seus próprios caminhos, orientados pela consolidação da liderança econômica, social e ambiental neste primeiro quarto do século XXI.

Considerações finais

Conforme apurado nas páginas anteriores, o conjunto das mudanças em curso no Brasil desde a virada para o século XXI aponta para o fim da sociedade urbana e industrial. O sentido geral de uma nova transição estrutural avança antecipadamente para a sociedade de serviços em face da precocidade da desindustrialização.

Assim, a estrutura social herdada do auge do sistema industrial na década de 1980 fica para trás. Enquanto parcela crescente da classe média assalariada termina sendo substituída por uma massa de proprietários de pequenos negócios, a outrora pujante classe trabalhadora industrial cedeu lugar a uma multidão de empreendedores precarizados dos serviços, em grande medida associados pela dinâmica da concentração da renda.

Da mesma forma, tem-se a consolidação de uma classe de padrão global com acumulação de riqueza que, somada, encontra-se acima do conjunto dos rendimentos da população restante. Tudo isso é resultado da combinação da reprimarização da pauta de exportação com a dominância financeira da economia e a terciarização das ocupações.

Percebe-se, portanto, que, prestes a completar duzentos anos de sua independência, o Brasil vem se apresentando cada vez mais diferente, inclusive em termos populacionais. Se nas duas décadas finais do século passado o país havia registrado o maior salto populacional, com aumento de 44% no número de habitantes, as duas décadas iniciais do século XXI registram crescimento demográfico de somente 22%, exatamente a metade.

Com isso, vê-se a desaceleração incremental na população brasileira, com crescimento previsto de apenas 7,5% para as décadas de 2020 a 2040. Entre os anos de 2040 e 2060, o país deverá experimentar algo até então inédito, com decréscimo do tamanho absoluto de sua população próximo de 5%, segundo estimativas do IBGE.

Outro aspecto importante encontra-se na continuidade da queda na proporção de homens em relação às mulheres. Até 1988, por exemplo, os homens eram a maioria da população (71,94 milhões ante 71,91 milhões de mulheres), quando passaram a ser minoritários, como no ano 2000, com a quantidade de mulheres superior à de homens em 1,1 milhão. Em 2060, projeta-se haver quase 6 milhões a mais de mulheres em relação ao contingente masculino.

Em grande medida, esse conjunto de alterações demográficas resulta da queda na taxa de fecundidade, sobretudo com a queda na quantidade de filhos por mulheres. Em 2018, por exemplo, a mulher em idade reprodutiva tinha, em média, 1,7 filhos, abaixo da taxa de reposição estimada em 2,2 crianças por mulher. Para o ano de 2034, a taxa de fecundidade deve se estabilizar em 1,5 filhos por mulher.

Se compararmos a taxa de fecundidade de 2018 com a do ano 2000 (2,39 filhos por mulher), a queda no número de filhos por mulher foi de 28,9%, e se levarmos em conta a do ano de 1980 (4,12 filhos por mulher), a redução foi de 58,7%. Enquanto as mulheres de 15 a 19 anos constituem o único segmento etário que elevou a taxa de fecundidade (de 0,08 filhos por mulher para 0,09), os demais grupos etários reduziram a quantidade de filhos, com queda de 42,8% na faixa de 25 a 29 anos e de 50% de 30 a 34 anos.

Por outro lado, destaca-se a expansão da esperança de vida ao nascer. Entre 1980 e 2000, por exemplo, a expectativa de vida saltou de 62,6 anos para 69,9 anos, o que representou um acréscimo de 7,3 anos em média, ou seja, aumento acumulado de 11,1% em vinte anos.

Em 2018, a esperança de vida alcançou 76,3 anos em média (6,4 anos a mais que em 2000), e para o ano de 2060 espera-se alcançar 81,2 anos. Comparativamente com o ano de 1980, a população brasileira em 2060 poderá ter, em média, 18,6 anos a mais de esperança de vida ao nascer.

O envelhecimento da população brasileira vem acompanhado da redução absoluta e relativa do segmento de menor idade no conjunto da população. No ano de 1986, por exemplo, eram 18,5 milhões de crianças com idade entre 0 e 4 anos, número que terminou sendo reduzido para 17,3 milhões em 2000 e para 14,8 milhões em 2018. No ano de 2060, a faixa etária de 0 a 4 anos poderá ser de apenas 10,8 milhões, o que equivalerá a 4,7% da população total ante 7,1% de 2018.

Por isso, ao se considerar a evolução da população com 60 anos e mais, percebe-se a profunda mudança na composição etária dos brasileiros. Se no ano de 1980 era de 5,9% a participação relativa do segmento etário de 60 anos e mais no total da população, no ano 2000 passou para 8,6%, até alcançar 13,4% no ano de 2018. Para o ano de 2060, o IBGE estima que 32,2% dos brasileiros terão 60 anos e mais.

Assim, o que se vê é uma significativa transição estrutural da sociedade em várias dimensões. Suas características fundamentais decorrem das transformações mais amplas na infraestrutura econômica que impactam a estrutura de classes e frações sociais e geram consequências profundas na superestrutura representada pelo Estado, pelas regras de convivência e pelas instituições de representação de interesses da nova sociedade de serviços.

Por isso, nos capítulos a seguir, nos preocupamos em abordar diferentes dimensões da transição atual na sociedade brasileira.

***

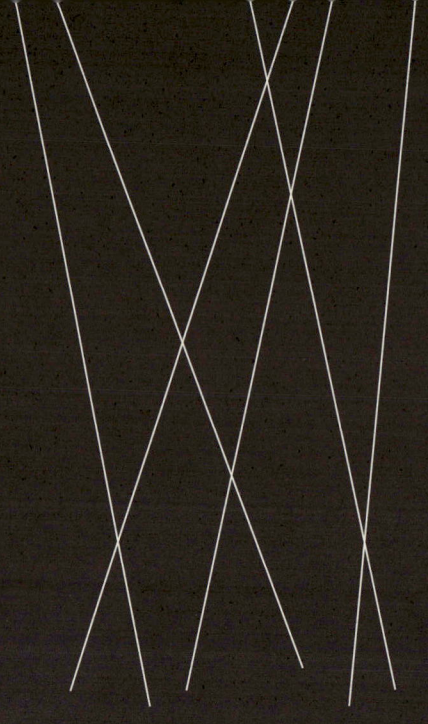

2. Transição de sociedade, ciclos econômicos e desigualdade territorial

A **virada para o século XXI** veio acompanhada por profunda mudança protagonizada antecipadamente pela passagem para a sociedade de serviços no Brasil. Isso porque o país tem registrado precocemente o movimento da desindustrialização do seu parque produtivo sem que a totalidade de sua população já tivesse sido plenamente inserida na sociedade urbana e industrial.

De um lado, isso ocorreu porque a consolidação incompleta da sociedade urbana e industrial que está ficando para trás havia sido fruto de especificidades demarcadas por significativa heterogeneidade na estrutura produtiva manufatureira concentrada regionalmente e por brutal desigualdade no padrão de consumo da população. Dessa forma, a parcela da população que não conseguiu ser plenamente incluída na sociedade urbana e industrial possivelmente seguirá arrastada nos próximos anos, com grande dificuldade de acesso aos bens manufaturados, cada vez menos produzidos no país, pois dependentes de importação.

De outro lado, porque o presente ingresso na nova sociedade de serviços não decorre da passagem prévia, sustentada e homogênea pela sociedade industrial. Isso porque um contingente significativo de brasileiros, precariamente incorporado ou mesmo alijado da sociedade industrial, teve que reproduzir indistintamente a combinação forçada do atraso do velho agrarismo com o moderno da urbanidade, configurando estruturalmente o processo do subdesenvolvimento no país.

Isso parece indicar que, neste primeiro quartel do século XXI, a transição para a sociedade de serviços transcorre distintamente daquela verificada na década de 1930, quando o ingresso na sociedade urbana e industrial terminou por manter como centro dinâmico o estado de São Paulo. Deve-se destacar, para isso, que desde a Revolução de 1930 a passagem para a moderna sociedade industrial foi moldada a partir da estrutura produtiva profundamente desigual existente no interior do território nacional, herdada do antigo agrarismo colonial.

Assim, a configuração geográfica predominante no conjunto das regiões do país se aproximava à de um "arquipélago de ilhas econômicas" em decorrência da diversidade dos ciclos econômicos voltados ao exterior. O sentido da colonização por exploração introduzida pela marcante presença portuguesa (1500-1822) seguiu sendo reproduzido, mesmo após a independência nacional, com a fase do Império (1822-1889) e a República Velha (1889-1930), até o seu final imposto pela Revolução de 1930.

A partir da década de 1930, o avanço da sociedade urbana e industrial terminou convergindo para a integração econômica no conjunto do território nacional, ainda que marcado por concentração regional reproduzida pelo processo de industrialização entre as décadas de 1930 e de 1980. Nesse período, a sociedade urbana e industrial se constituiu caracterizada por três dinâmicas territoriais distintas.

A primeira, referente ao espaço territorial privilegiado pela condição de centro dinâmico da industrialização, que coube quase que exclusivamente ao estado de São Paulo. Na sequência, o espaço geográfico referente às regiões Sul (S) e Sudeste (SE), conformado por seis estados (RS, SC, PR, RJ, MG e ES), menos São Paulo, e responsável pela dinâmica da expansão retardatária na industrialização nacional. Por fim, a terceira dinâmica no espaço territorial nas regiões Norte (N), Nordeste (NE) e Centro-Oeste (CO), que compreendem 19 estados (AC, AM, AP, PA, TO, RO, RR, MA, PI, CE, RN, PE, PB, SE, AL, BA, MT, MS e GO) e o Distrito Federal (DF), submetidos à periferização do processo de industrialização no Brasil.

As distintas dinâmicas territoriais num país de dimensão continental revelaram diferenças temporais importantes em termos de ingresso e consolidação no modo de vida na sociedade urbana e industrial. Dessa forma, ao final do século XX, o país registrava ainda contingente de brasileiros em diferentes regiões do território nacional conectado parcialmente ou até mesmo desconectado que passou a ter que conviver com a precocidade da desindustrialização.

Em relação a isso, o ingresso passivo e subordinado na globalização a partir da década de 1990 se mostrou determinante para a antecipação da passagem para a sociedade de serviços. Os seus efeitos rapidamente passaram a se pronunciar sobre as dinâmicas territoriais herdadas do ciclo anterior da industrialização nacional.

Durante o primeiro quartel do século XXI, constata-se que a desindustrialização precoce afetou, sobretudo, o estado de São Paulo, antigo centro dinâmico do sistema produtivo nacional. Em relação ao grupo dos seis estados localizados nas regiões Sul e Sudeste que conseguiram – ainda que retardatariamente – avançar na industrialização, estes também registraram nas últimas quatro décadas regressões industriais importantes, porém menos intensas que em São Paulo.

No que diz respeito à periferização do processo de industrialização no espaço do território nacional, constatou-se, todavia, que nas vinte unidades federativas das regiões pertencentes ao Norte, Nordeste e Centro-Oeste ocorreram avanços significativos nos setores industrial, agropecuário e serviços. Tudo isso concomitante com o movimento geral da desindustrialização, sobretudo em São Paulo e nos estados retardatários de produção manufatureira nas regiões Sul e Sudeste.

Com a sociedade de serviços, percebe-se o surgimento de novas dinâmicas territoriais. As evidências empíricas apontam para certa reconfiguração dos diferentes espaços da nação, bem como o questionamento crescente em relação ao antigo centro dinâmico instalado no centro-sul, especialmente no estado de São Paulo.

É esse cenário de precocidade da desindustrialização e aceleração antecipada da sociedade de serviços que as páginas a seguir tratam de analisar. Antes, porém, considera-se brevemente tanto o passado que originou a desigualdade territorial como a sua própria reprodução no tempo.

Herança territorial do "arquipélago de ilhas econômicas" na sociedade agrária

Por mais de quatro séculos, a dinâmica de exploração produtiva voltada quase à exclusividade da exportação de produtos primários imprimiu no Brasil a conformação territorial de uma espécie de "arquipélago de ilhas econômicas", composto por regiões geográficas que operavam praticamente sem integração nacional. A sucessão de diversos ciclos econômicos ao longo da antiga sociedade agrária terminou constituindo aglomerados populacionais em determinados espaços territoriais que respondiam à lógica de acampamentos decorrentes do sentido geral da colonização por exploração estabelecida originalmente pelos portugueses.

Ao mesmo tempo, a frágil integração inter-regional durante os ciclos econômicos refletiu certa forma interna de colonialismo, representado pela correlação de forças frente à concentração econômica e de poderes político e administrativo. Na região Nordeste, inicialmente com os ciclos do pau-brasil e do açúcar, a centralização territorial de parcela do excedente econômico metropolitano favoreceu, entre 1549 e 1763, por exemplo, Salvador, na Bahia, enquanto posição de capital administrativa e política do Brasil colonial por 214 anos.

Após a sua ascensão, o complexo açucareiro – que tinha no Nordeste o centro dinâmico de produção e relacionamento com o exterior, concentrando parcela significativa da população da época – entra em decadência frente à ausência de atividades econômicas permanentes, salvo a agricultura de subsistência. A atrofia econômica regional terminou sendo sucedida por outro ciclo de exportação de produtos, o que impulsionou o surgimento de novo centro econômico dinâmico, mais complexo na articulação com o resto do território e no aproveitamento de recursos preexistentes e subutilizados pelo ciclo de exploração anterior.

No século XVII, por exemplo, parte da região entre o centro e o oeste do país (Minas Gerais, Mato Grosso e Goiás) assumiu maior protagonismo econômico e político. Mesmo que submetida a uma espécie de enclave econômico com o exterior, a região mineradora desenvolveu certa articulação interna, como no caso da conexão com o Sul pela demanda da pecuária e com o Nordeste pela atração de braços para o trabalho.

Tanto assim que justificou, inclusive, o deslocamento da capital originalmente instalada no litoral da região nordestina (Salvador) para o litoral do centro territorial da colônia. Por 197 anos, a capital do território foi sediada pelo Rio de Janeiro (1763 a 1960), confirmada mesmo com a decadência do ciclo do ouro e a ascensão do novo ciclo do café ao longo da região Sudeste, em pleno século XIX.

Mesmo com a independência nacional, passando pelas experiências do Império (1822-1889) e da República Velha (1889-1930), o sentido do "arquipélago de ilhas econômicas" não foi significativamente alterado. Apesar do abandono do modo de produção pré-capitalista, assentado no uso do trabalho escravo por quase quatro séculos, a passagem para a economia capitalista, a partir do final da década de 1880, transcorreu acompanhada pela base do antigo agrarismo exportador.

No ciclo econômico do café, que tinha deslocado o centro econômico dinâmico para a província paulista, a natureza da acumulação capitalista estimulou a diversificação produtiva, cuja emergência do trabalho assalariado favoreceu o mercado interno e as articulações com regiões detentoras de distintos níveis de renda. Além da integração comercial e produtiva, o ciclo exportador de café possibilitou o importante crescimento da empresa industrial. Das 650 empresas industriais registradas em 1889, o Brasil passou para 3.258, em 1907, e 13.336, em 1920, sendo um terço delas instaladas em São Paulo.

De maneira geral, no início, o comportamento industrial não se apresentou autônomo, respondendo às condições mais gerais da produção primário-exportadora. No estado de São Paulo, por exemplo, a indústria nascente dependeu fundamentalmente da dinâmica do complexo cafeeiro.

Gráfico 1 - Brasil: índice de evolução da renda interna gerada durante os ciclos econômicos e a centralidade dinâmica regional (em %)

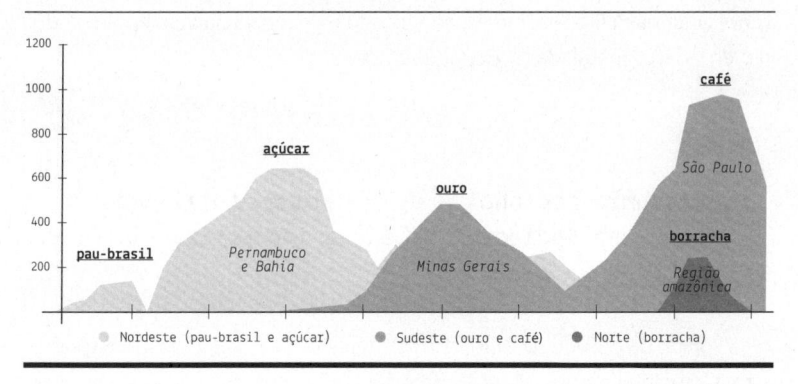

Fonte: Marcio Pochmann, *Desigualdades econômicas no Brasil*, São Paulo: Ideias & Artes, 2015, p. 75

Diferentemente da decadência dos ciclos econômicos anteriores, que produzia a involução, com retorno à economia de subsistência, o esgotamento das exportações cafeeiras gerado pela Grande Depressão de 1929 não levou ao deslocamento de São Paulo enquanto centro econômico dinâmico. Isso porque o processo de industrialização instalado a partir da Revolução de 1930 fundamentou-se tanto na substituição das importações como na expansão do mercado interno, colocando fim aos antigos ciclos de auge e crise e frágil integração territorial resultante do "arquipélago de ilhas econômicas" até então predominante.

Dessa forma, a economia nacional começou a ser constituída, após mais de quatro séculos de experiências assentadas nos ciclos de produção para o exterior, praticamente autônomos, de ascensão, decadência e involução para economias de subsistência. A constituição do Estado moderno patrocinou a transição do antigo agrarismo para a industrialização e a urbanização, e a economia nacional instalou-se a partir de São Paulo, antigo centro dinâmico da economia cafeeira que passou a integrar as diversas e desiguais regiões estabelecidas ao longo do território de dimensão continental.

Desde então, o problema da brutal desigualdade regional herdado do sistema anterior de ciclos de produção para o exterior se tornou evidente, revelando que não poderia ser resolvido espontaneamente. Para tanto, a política federativa, a agenda estatal e o marco da concentração dos poderes e recursos no desenvolvimento do mercado interno pressupunham renovação das elites regionais, superando a primazia da velha política dos governadores instalada na República Velha.

Economia nacional e desigualdade territorial na sociedade urbana e industrial

A partir da década de 1930, com os avanços do projeto de industrialização nacional, uma nova sociedade urbana se constituiu rápida e desordenadamente em substituição ao longevo e primitivo agrarismo. Com isso, o passado expresso pela realidade de quase enclaves regionais herdados do sistema de produção para exportação foi sendo movido pela trajetória de integração inter-regional estabelecida pela dinâmica da industrialização e urbanização nacional.

Pela industrialização substitutiva de importações e a centralidade do mercado interno, o antigo espaço territorial constituído por vários enclaves regionais converteu-se numa economia integrada no território nacional. Para tanto, São Paulo seguiu sendo o centro dinâmico do processo de acumulação de capital, mesmo com a decadência do ciclo da economia cafeeira.

Apesar do elevado grau de desigualdade produzido pelo passado dos ciclos econômicos de produtos primários para exportação, o resultado terminou sendo o declínio relativo da concentração da renda em poucas regiões. Em 1900, por exemplo, Minas Gerais, Rio de Janeiro, São Paulo, Bahia e Pernambuco respondiam por quase 90% da renda gerada pelo antigo modelo primário-exportador em todo o país.

Com o ingresso na nova sociedade urbana e industrial e, concomitantemente, a consolidação de uma economia de dimensão e integração nacional, a rota da desigualdade regional sofreu importante inflexão, com a queda em um quinto da participação na renda do país dos estados de Minas Gerais, Rio de Janeiro, São Paulo, Bahia e Pernambuco. O mesmo movimento também teve repercussão em termos populacionais.

Pelo projeto de industrialização, o curso da economia nacional foi consideravelmente estimulado pela orientação da política econômica (câmbio, crédito, tributação, investimentos e gasto público) favorável ao processo de articulação do mercado interno (integração tributária, tarifária, produtiva, comercial, de mão de obra e outros). Em grande medida, o processo de substituição de importação dos produtos manufaturados pela produção interna fez com que os estados da federação passassem a adquirir bens industriais fundamentalmente produzidos na região Sudeste, sobretudo em São Paulo, o centro econômico dinâmico nacional.

Ao mesmo tempo que São Paulo seguiu na posição de centro dinâmico da industrialização, outros seis estados da federação (Rio de Janeiro, Minas Gerais, Rio Grande do Sul, Paraná, Santa Catarina e Espírito Santo) também avançaram consideravelmente na produção de manufatura, ainda que de forma retardatária. Nos demais estados da federação pertencentes às regiões Norte, Centro-Oeste e Nordeste prevaleceram importantes dificuldades para se industrializar, embora o sonho das classes dirigentes locais fosse seguir o exemplo do subdesenvolvimento paulista do rápido crescimento econômico com a modernização no padrão de consumo.

Gráfico 2 - Brasil: evolução da participação relativa na renda nacional de conjunto selecionado de estados (BA, PE, RJ, MG e SP) em anos determinados (em %)

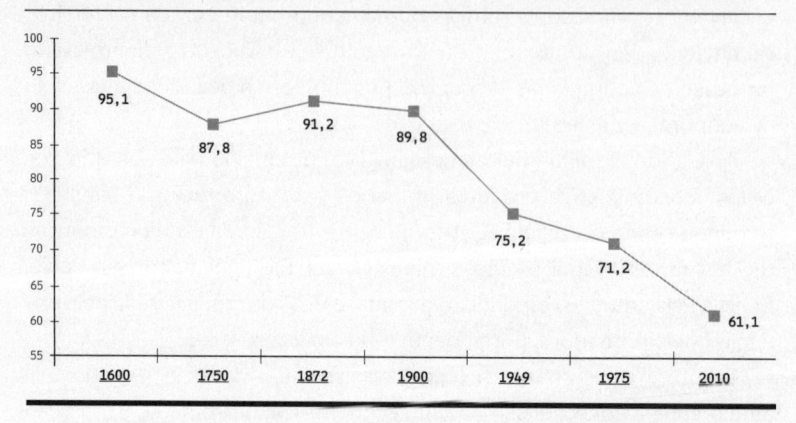

Ano	Valor
1600	95,1
1750	87,8
1872	91,2
1900	89,8
1949	75,2
1975	71,2
2010	61,1

Fonte: Marcio Pochmann, *Desigualdades econômicas no Brasil*, São Paulo: Ideias & Artes, 2015, p. 87

Dessa forma, a transição do antigo agrarismo para a sociedade urbana e industrial transcorreu diferenciadamente no interior do território nacional. Concomitante com o intenso fenômeno migratório, o Brasil conseguiu, em apenas três décadas (1930 a 1960), transferir a maior parte da população residente no meio rural para a condição de vida urbana.

Em consequência dessa violência no rápido e brutal deslocamento da população do campo para as cidades, o país assistiu à formação de imensas periferias empobrecidas nas áreas metropolitanas, sobretudo onde se apresentava a modernidade da sociedade urbana e industrial. Exemplificação disso decorreu da significativa concentração industrial em São Paulo e, em menor escala, nos demais estados que conseguiam avançar na produção manufatureira, apontando que a modernidade capitalista urbana foi permeada pela pobreza e pelo atraso da herança da sociedade agrária.

Tudo isso, certamente, deve-se à ausência no Brasil das chamadas reformas clássicas do capitalismo contemporâneo. Sem a realização da reforma agrária, tributária e social, o modelo de urbanização perseguido foi o da profunda exclusão social e da apartação geográfica entre pobres e ricos no interior do território nacional, sobretudo nas cidades.

Gráfico 3 - Brasil: evolução da participação relativa no PIB nacional de São Paulo, de seis estados (MG, RJ, RS, PR, SC e ES) e dos demais vinte estados pertencentes às regiões Norte, Nordeste e Centro-Oeste em anos selecionados (em %)

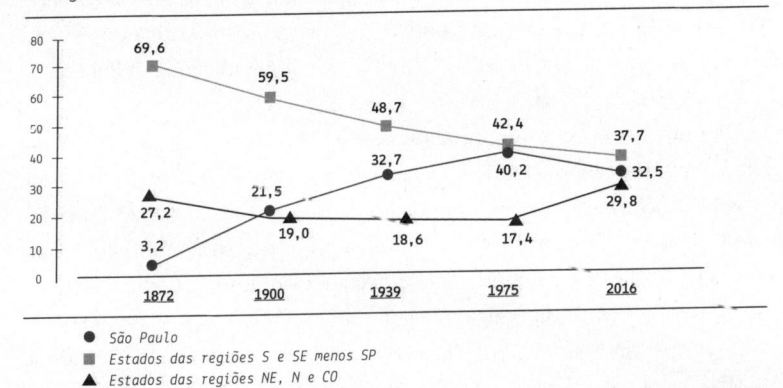

	1872	1900	1939	1975	2016
São Paulo	3,2	19,0	32,7	40,2	37,7
Estados das regiões S e SE menos SP	69,6	59,5	48,7	42,4	32,5
Estados das regiões NE, N e CO	27,2	21,5	18,6	17,4	29,8

● São Paulo
■ Estados das regiões S e SE menos SP
▲ Estados das regiões NE, N e CO

Fonte: IBGE (elaboração própria)

Gráfico 4 - Brasil: evolução da participação relativa na população nacional de São Paulo, de seis estados (MG, RJ, RS, PR, SC e ES) e dos demais vinte estados pertencentes às regiões Norte, Nordeste e Centro-Oeste em anos selecionados (em %)

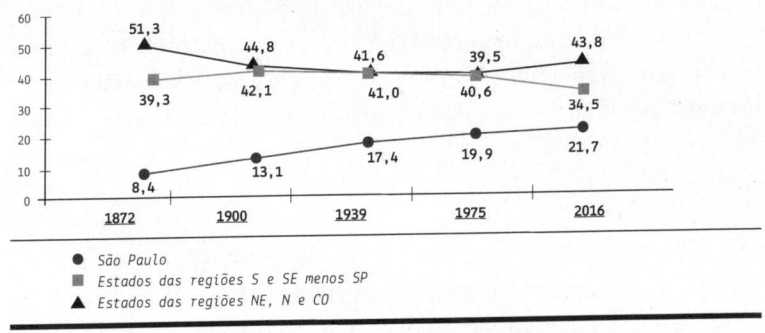

	1872	1900	1939	1975	2016
São Paulo	8,4	13,1	17,4	19,9	21,7
Estados das regiões S e SE menos SP	39,3	42,1	41,0	40,6	34,5
Estados das regiões NE, N e CO	51,3	44,8	41,6	39,5	43,8

● São Paulo
■ Estados das regiões S e SE menos SP
▲ Estados das regiões NE, N e CO

Fonte: IBGE (elaboração própria)

Constata-se, portanto, que a herança do antigo desenvolvimento agrarista não foi completamente rompida, permitindo que fossem registradas no país três distintas temporalidades na passagem para a sociedade urbana e industrial. De um lado, tem-se a crescente importância relativa do estado de São Paulo enquanto centro dinâmico da industrialização e fronteira da nova sociedade urbana em constituição. No período de 103 anos, por exemplo, a participação relativa no Produto Interno Bruto (PIB) de São Paulo foi multiplicada por quase 13 vezes, passando de 3,2%, em 1872, para 40,2%, em 1975. Para o mesmo período, a participação relativa do estado de São Paulo no total da população brasileira foi multiplicada por 2,4 vezes, saltando de 8,4%, em 1872, para 19,9%, em 1975.

De outro lado, tem-se a retaguarda do velho agrarismo, conformada pelo conjunto de vinte estados pertencentes às regiões Norte, Nordeste e Centro-Oeste, que assumiu a condição de periferia na sociedade urbana e industrial em construção desde São Paulo. No período de 103 anos que separa 1872 e 1975, o conjunto dos vinte estados que se tornaram relativamente periféricos da dinâmica paulista durante a passagem para a sociedade urbana e industrial perdeu participação relativa tanto no PIB nacional, de 36% (caindo de 27,2% para 17,4%), como no total da população, em 23% (de 51,3% para 39,5%).

De maneira intermediária ao centro dinâmico e à periferia da sociedade urbana industrial construída, destacou-se o grupo dos seis estados situados nas regiões Sul e Sudeste (sem São Paulo), que conseguiu se industrializar ainda que de modo retardatário e em sequência articulada com o estado de São Paulo. Apesar da expansão na produção industrial, esse mesmo grupo de estados perdeu forte importância relativa no PIB (-39,1%) frente ao enfraquecimento das atividades primário-exportadoras, mantendo relativamente estabilizada a participação de sua população no total dos brasileiros entre os anos de 1872 e 1975.

Reconfiguração territorial pela desindustrialização precoce e passagem antecipada para a sociedade de serviços

A década de 1970 assume referência especial no sentido geral de que a sociedade urbana e industrial se configurou no território nacional por meio de três conjuntos distintos de dinâmicas regionais. De certa forma, o problema das desigualdades regionais herdado do sistema de produção primária para exportação da antiga sociedade agrária não foi superado espontaneamente, o que desencadeou, a partir do final dos anos 1950, ações governamentais voltadas à desconcentração produtiva nas regiões Sul e Sudeste. Exemplos disso foram a criação da Superintendência do Desenvolvimento do Nordeste (Sudene) na capital do estado de Pernambuco, Recife, em 1959, a transferência da capital federal do Rio de Janeiro para Brasília, na região Centro-Oeste, em 1960, e a instalação de uma zona franca em Manaus, capital do estado do Amazonas, na região Norte, em 1967, ademais de significativas operações de estímulo financeiro e de infraestrutura no território nacional, cujos resultados alteraram, em parte, a geografia concentrada da sociedade urbana e industrial.

Com o segundo Plano Nacional de Desenvolvimento (II PND) na segunda metade da década de 1970, o curso da industrialização sofreu influências da opção governamental pela descentralização territorial movida pela desconcentração dos investimentos produtivos. Assim, o sentido da crescente participação relativa da produção de manufatura tanto no centro dinâmico paulista como nos seis estados das regiões Sul e Sudeste sofreu importante inflexão, acompanhado da leve expansão industrial no grupo das vinte unidades federativas situado nas regiões Norte, Nordeste e Centro-Oeste.

Mas, a partir dos anos 1990, com o ingresso passivo e subordinado na globalização, entre outras medidas governamentais que terminaram por desestimular a produção de manufatura, o Brasil passou a registrar precocemente os sinais de desindustrialização. De um lado, o ambiente internacional prevalecente de governos neoliberais em diversos países ocidentais, sobretudo nos que eram mais industrializados, favoreceu o deslocamento da produção de manufatura para as nações orientais, sobretudo a China, acompanhado, em parte, pelo salto tecnológico e conformação das grandes corporações transnacionais com matriz nos países ricos.

De outro, o contexto interno de governos comprometidos com o neoliberalismo consagrou o receituário contra a industrialização nacional, impulsionado pela nefasta combinação de elevadíssimas taxas de juros reais com a supervalorizada taxa de câmbio. Diante do custo financeiro interno impeditivo à competição isonômica e à hipervalorização da moeda nacional, o sentido geral da economia brasileira foi o de substituir produtos manufaturados nacionais por importados e orientar a transição dos ganhos produtivos para os financeiros.

O deslocamento de parte das plantas industriais intensivas em mão de obra e em recursos naturais do centro dinâmico e estados retardatários da industrialização brasileira para outras unidades da federação apontou outra configuração nas dinâmicas territoriais. Também o processo interno de "guerra fiscal" terminou contribuindo para o movimento da desconcentração industrial das regiões Sul e Sudeste, consecutivamente pelo direcionamento do investimento em novas fábricas nas regiões periféricas da industrialização.

Nem mesmo nos anos 2000, com importantes políticas de soerguimento da produção de manufaturas e de descentralização territorial dos investimentos por governos pós-neoliberais, o precoce movimento da desindustrialização foi interrompido. Nesse contexto, parte crescente da produção interna de manufaturas passou a ser substituída por bens importados, ademais da aquisição externa crescente de insumos para a produção industrial.

Dessa forma, a presença de bens industriais na composição das exportações brasileiras seguiu decaindo significativamente desde a década de 1990. Entre os anos de 1985 e 2016, por exemplo, houve queda na participação relativa tanto da indústria de transformação no PIB nacional, em 50,5%, como a de bens industriais no total das exportações, em 22,1%, ao passo que o conteúdo dos insumos industriais importados na produção nacional de manufatura foi multiplicado por 7,5 vezes.

Gráfico 5 - Brasil: evolução da participação relativa da indústria de transformação no PIB nacional, dos bens industriais no total das exportações e dos insumos importados na produção industrial em anos selecionados (em %)

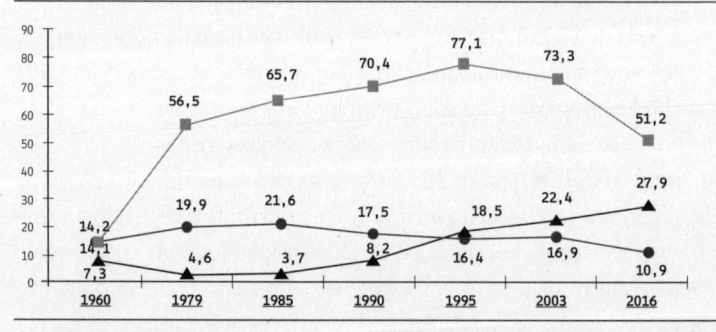

Ano	% da indústria de transformação do PIB	% de bens industriais no total das exportações	% dos insumos importados no total utilizado na produção industrial
1960	14,2	7,3	—
1979	14,1	56,5	4,6
1985	19,9	65,7	3,7
1990	21,6	70,4	8,2
1995	17,5	77,1	16,4
2003	18,5	73,3	16,9
2016	10,9	51,2	27,9 / 22,4

Fonte: IBGE (elaboração própria)

Ademais da significativa queda constatada da indústria em relação ao PIB nacional, registra-se também mudança significativa na própria composição da produção industrial. Entre os anos de 1985 e 2016, por exemplo, somente a indústria de eletricidade, gás, água, esgoto e gestão de resíduos aumentou a sua participação, multiplicada por 4,6 vezes em relação à evolução do produto industrial.

No mesmo período, os demais segmentos industriais perderam participação relativa, como a construção (-6,1%), a indústria de transformação (-21%) e a indústria de extrativismo (-33,8%), como se vê no Gráfico 6. A alteração na composição do produto industrial transcorrida a partir do final do século passado indica tanto o esvaziamento das indústrias mais complexas tecnologicamente e com maior geração de valor agregado como a expansão de indústrias mais intensivas em recursos naturais e de mão de obra.

Gráfico 6 – Brasil: evolução da composição setorial da produção industrial em anos selecionados (em %)

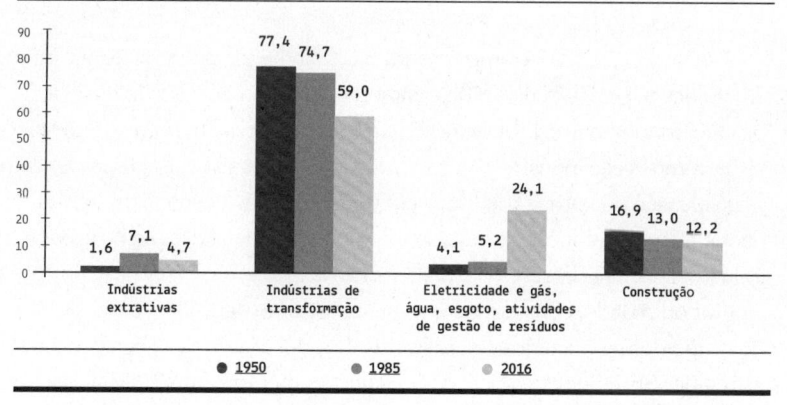

	Indústrias extrativas	Indústrias de transformação	Eletricidade e gás, água, esgoto, atividades de gestão de resíduos	Construção
1950	1,6	77,4	4,1	16,9
1985	7,1	74,7	5,2	13,0
2016	4,7	59,0	24,1	12,2

Fonte: IBGE (elaboração própria)

Além disso, observa-se que o processo de centralização e concentração do capital ocorreu acompanhado de ampla privatização do setor produtivo estatal e de extensivas fusões e aquisições no setor privado nacional, ambos dominados pela presença do capital estrangeiro. Assim, a desindustrialização precoce no Brasil foi demarcada pela ampla internacionalização do parque produtivo nacional, com o deslocamento de empresários brasileiros para nichos de atividades não industriais.

Gráfico 7 - Brasil: evolução da participação relativa no PIB industrial nacional de São Paulo, dos seis estados (MG, RJ, RS, PR, SC e ES) e dos demais vinte estados das regiões Norte, Nordeste e Centro-Oeste em anos selecionados (em %)

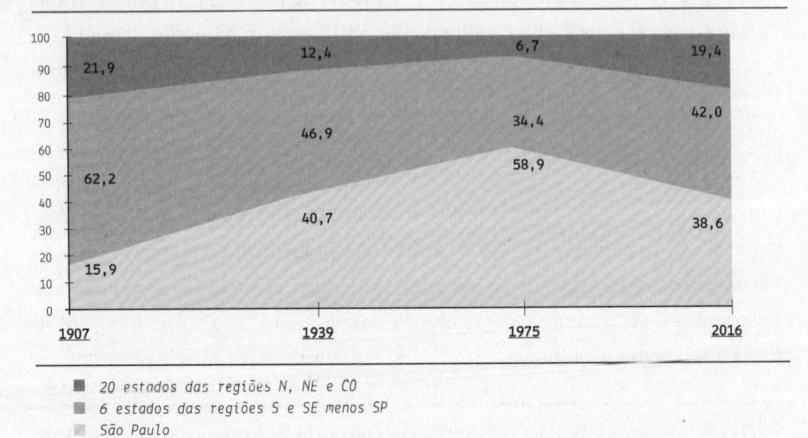

	1907	1939	1975	2016
20 estados das regiões N, NE e CO	21,9	12,4	6,7	19,4
6 estados das regiões S e SE menos SP	15,9	46,9	34,4	42,0
São Paulo	62,2	40,7	58,9	38,6

■ 20 estados das regiões N, NE e CO
■ 6 estados das regiões S e SE menos SP
■ São Paulo

Fonte: IBGE (elaboração própria)

Em síntese, o precoce movimento da desindustrialização nacional instalado desde a década de 1990 se caracterizou tanto pela queda relativa da produção industrial no PIB nacional quanto pela especialização do que restava da composição industrial. Ao mesmo tempo, constatou-se a dispersão e a simplificação do parque produtivo em transformação ao longo do território nacional, com a redução na participação do estado de São Paulo no produto industrial nacional em 34,5% entre os anos de 1975 e 2016.

Por outro lado, constata-se que, para o mesmo período, o peso relativo do grupo dos seis estados retardatários da industrialização e pertencentes às regiões Sul e Sudeste (menos São Paulo) aumentou em 22,1% na produção industrial nacional. Mas foi o conjunto das vinte unidades federativas participantes das regiões Norte, Nordeste e Centro-Oeste, que correspondia à antiga condição de periferia da industrialização nacional, o responsável pelo salto de 189,6% de sua participação na produção industrial do país verificado entre os anos de 1975 e 2016.

Em função disso, a repartição do produto industrial nos três segmentos geográficos distintos no território nacional sofreu significativa alteração. Entre os anos de 1975 e 2016, por exemplo, enquanto o estado de São Paulo reduziu a sua participação relativa no produto industrial nacional de 58,9%

para 38,6%, o grupo dos seis estados localizados nas regiões Sul e Sudeste (excluindo SP) aumentou de 34,4% para 42%, e o conjunto das vinte unidades da federação pertencentes às regiões Norte, Nordeste e Centro-Oeste elevou de 6,7% para 19,4%, como se vê também no Gráfico 7.

No primeiro quartel do século XXI, o sentido geral da desindustrialização nacional tem sido mais evidente no estado de São Paulo do que em outras regiões do país. Assim, o antigo núcleo dinâmico da sociedade urbana e industrial sofre inegável esvaziamento na produção de manufatura, ainda mais acentuado pelo deslocamento das atividades produtivas para outros estados da federação, sobretudo aqueles pertencentes às regiões Norte, Nordeste e Sudeste.

De modo geral, constata-se que, com a desindustrialização precoce, houve a antecipação da passagem para a sociedade de serviços repleta de especificidades no território nacional[49]. A começar pelo fato de o enfraquecimento da produção industrial transcorrer mais intensamente no estado de São Paulo e simultaneamente à expansão dos segmentos agropecuário e de serviços, e até mesmo do setor secundário, em algumas unidades federativas que até pouco tempo atrás eram identificadas como periféricas ao desenvolvimento da sociedade urbana e industrial.

Nas últimas quatro décadas, por exemplo, o PIB registrou expansão média anual de 2,3%, enquanto o setor agropecuário avançou 3,4%, seguido do setor de serviços em 2,5% e da indústria em 1,5%. Em função disso, a composição setorial do PIB sofreu importantes alterações.

Desde a década de 1930, com o início da passagem para a sociedade urbana e industrial, a economia brasileira tinha como principal dinamismo a expansão do setor manufatureiro. Por conta disso, a composição do PIB registrou entre 1950 e 1980 o crescimento da participação do setor industrial de 24,2% para 40,1%, enquanto a agropecuária reduziu de 24,3% para 10,1%, e o setor de serviços também registrou leve queda de 51,5% para 49,8%.

---

(49) Por desindustrialização precoce entende-se a redução da importância relativa da produção industrial sem que a totalidade da população tenha acesso satisfatório aos bens manufaturados. A desindustrialização madura transcorre quando a elevação do nível médio de renda da população se direciona para os serviços, uma vez que o acesso a bens manufaturados encontra-se plenamente satisfeito por todos. Ver mais em Marcio Pochmann, *Brasil sem industrialização: a herança renunciada*, Ponta Grossa: Ed. UEPG, 2016.

Gráfico 8 – Brasil: evolução média anual em períodos selecionados do PIB total e da Agropecuária, Indústria e Serviços (em %)

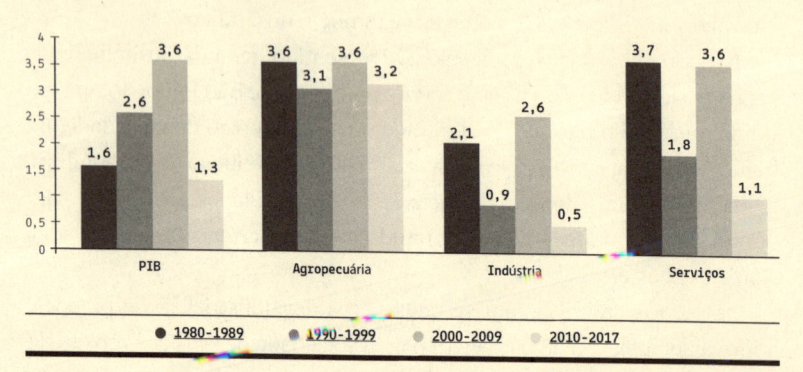

PIB: 1,6 / 2,6 / 3,6 / 1,3
Agropecuária: 3,6 / 3,1 / 3,6 / 3,2
Indústria: 2,1 / 0,9 / 2,6 / 0,5
Serviços: 3,7 / 1,8 / 3,6 / 1,1

● 1980-1989 ● 1990-1999 ● 2000-2009 ● 2010-2017

Fonte: IBGE (elaboração própria)

Gráfico 9 – Brasil: evolução da composição setorial do PIB em anos selecionados (em %)

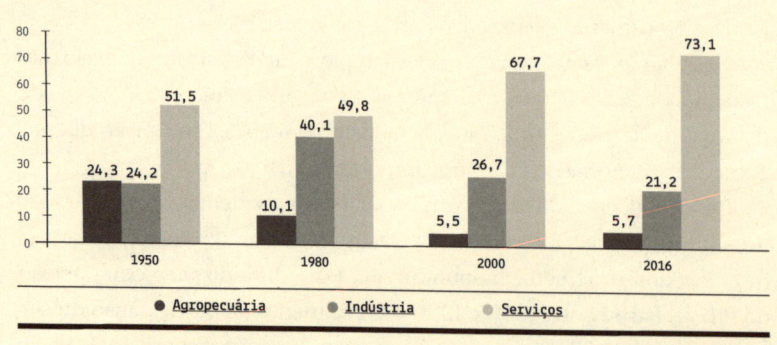

1950: 24,3 / 24,2 / 51,5
1980: 10,1 / 40,1 / 49,8
2000: 5,5 / 26,7 / 67,7
2016: 5,7 / 21,2 / 73,1

● Agropecuária ● Indústria ● Serviços

Fonte: IBGE (elaboração própria)

Nos últimos vinte anos do século passado, somente o setor de serviços aumentou sua participação no PIB, enquanto a indústria e a agropecuária perderam posições relativas. Entre os anos 2000 e 2016, o setor de serviços continuou crescendo em relação ao PIB, com a agropecuária mantendo-se relativamente estabilizada e a indústria em processo de queda significativa.

Na segunda década do século XXI, o setor de serviços aproxima-se de representar quase quatro quintos do PIB nacional, com os setores da agropecuária e da indústria assumindo participação relativamente ínfima no total da produção nacional. Cabe considerar, nesse sentido, o comportamento dos serviços, especialmente em sua composição setorial.

Gráfico 10 – Brasil: evolução da composição setorial do PIB dos serviços em anos selecionados (em %)

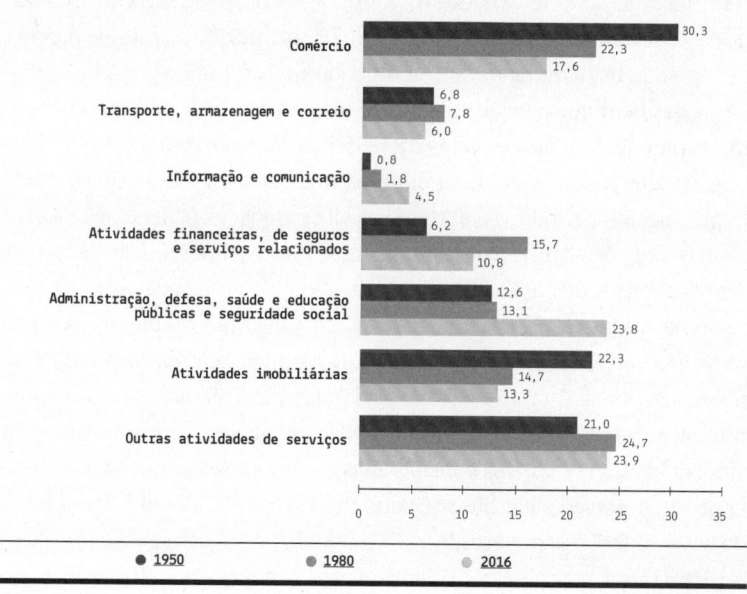

Setor	1950	1980	2016
Comércio	30,3	22,3	17,6
Transporte, armazenagem e correio	6,8	7,8	6,0
Informação e comunicação	0,8	1,8	4,5
Atividades financeiras, de seguros e serviços relacionados	6,2	15,7	10,8
Administração, defesa, saúde e educação públicas e seguridade social	12,6	13,1	23,8
Atividades imobiliárias	22,3	14,7	13,3
Outras atividades de serviços	21,0	24,7	23,9

Fonte: IBGE (elaboração própria)

À medida que a sociedade urbana e industrial foi avançando no Brasil, o setor de serviços foi se tornando mais complexo, posto que na década de 1950, por exemplo, as atividades dominantes concentravam-se no comércio e no ramo imobiliário. Com o movimento de desindustrialização, o setor de serviços ampliou sua complexidade e dimensão, especialmente pela expansão das funções de administração pública, educação e saúde, bem como de informação e comunicação.

Apesar da queda importante nas atividades relativas ao comércio e imobiliárias, o setor terciário da economia manteve significativa heterogeneidade entre serviços modernos e tradicionais. De certa forma, os serviços mais modernos cresceram no rastro da presença industrial, tendo em vista que o esvaziamento da produção de manufatura possibilitou também o próprio inchamento dos serviços tradicionais.

No estado de São Paulo, por exemplo, a sua participação relativa no PIB dos serviços do país decaiu de 35,6% para 34,3% entre 1995 e 2016, assim como no conjunto dos seis estados localizados nas regiões Sul e Sudeste ela decaiu de 37,3% para 36,3%. Somente o conjunto das vinte unidades da federação pertencentes às regiões Norte, Nordeste e Centro-Oeste conseguiu aumentar sua participação relativa no total dos serviços, de 27,1% para 29,4% no mesmo período.

Ao se considerar ainda o desempenho do setor agropecuário, percebe-se também que o estado de São Paulo perdeu participação relativa de 13,2% para 12,5% entre os anos de 1995 e 2016, assim como o grupo dos seis estados das regiões Sul e Sudeste, que decaiu de 43,7% para 41,3%. Para o mesmo período, o conjunto das vinte unidades da federação localizado nas regiões Norte, Nordeste e Centro-Oeste aumentou de 43,1% para 46,2% a sua participação relativa no total do PIB da agropecuária.

Todas essas mudanças mais recentes na distribuição da produção no território nacional indicam novidades na centralidade da dinâmica econômica regional. Com o estado de São Paulo mais afetado pela desindustrialização, enquanto o ingresso na sociedade de serviços aponta para as vinte unidades federativas consideradas até então periféricas ao desenvolvimento da sociedade urbana e industrial, cabe melhor conhecer o que há de novo no federalismo brasileiro.

Para tanto, busca-se considerar as principais especificidades observadas no território nacional frente ao movimento geral de terciarização da economia brasileira. Nesse sentido, a análise a seguir foca a experiência recente dos mesmos três agrupamentos do conjunto dos estados brasileiros.

***

Ascensão das unidades federativas consideradas periféricas na transição antecipada para a sociedade de serviços

A conformação das mudanças no panorama regional do país desde a virada para o século XXI, conforme descrito anteriormente, encontra-se associada a pelo menos duas razões principais. De um lado, tem-se a reconfiguração do processo de expansão econômica, que combina tanto a contração da industrialização e os avanços na primarização das atividades produtivas nas áreas geográficas mais avançadas da sociedade urbana e industrial como o aprofundamento da descentralização dos investimentos públicos e privados e o protagonismo da fronteira da produção de *commodities* nas regiões até então apontadas como periféricas da produção manufatureira nacional.

De outro lado, a renovação das práticas governamentais impulsionadas pela marcha democrática desde o final do século passado tem permitido desconstituir longevos arranjos familiares e antigas oligarquias políticas regionais. A emergência de novas elites econômicas e políticas locais concede uma espécie de salto histórico a revelar a acelerada passagem da antiga condição de retaguarda do agrarismo primitivo para a vanguarda do ingresso na sociedade de serviços, sem que tenha sido necessário ultrapassar plenamente a sociedade urbana e industrial.

Quando se considera, por exemplo, o conjunto das vinte unidades federativas pertencentes às três grandes regiões geográficas do Norte, Nordeste e Centro-Oeste do país, que juntas respondem por mais de 82% do território nacional e quase 44% do total dos brasileiros e menos de 30% do PIB, constata-se a força das transformações mais recentes no panorama regional. Isso porque essa parte do Brasil identificada como periferia geográfica da sociedade urbana e industrial detém quase 52% da população assistida por benefícios sociais do país, 48% das transferências obrigatoriamente realizadas com recursos públicos e 35,1% do total de créditos realizados pelos bancos públicos federais (BNDES, BB, CEF, Basa, BND) em 2014.

Gráfico 11 - Brasil: participação das vinte unidades federativas pertencentes às regiões Norte, Nordeste e Centro-Oeste no total do PIB, da população, do território, da população assistida por benefícios públicos, das operações de créditos dos bancos públicos e das transferências obrigatórias de recursos públicos (em %, 2014)

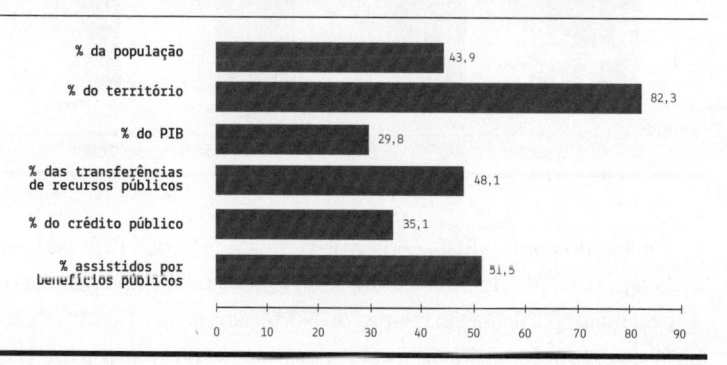

% da população	43,9
% do território	82,3
% do PIB	29,8
% das transferências de recursos públicos	48,1
% do crédito público	35,1
% assistidos por benefícios públicos	51,5

Fonte: IBGE e TCU (elaboração própria)

Essas mesmas três grandes regiões geográficas (Norte, Nordeste e Centro-Oeste), que se encontravam secularmente paralisadas em relação a suas estruturas econômicas herdadas da antiga sociedade agrária, passaram, desde a década de 1980, a se reposicionar no cenário nacional, distinguindo-se da tradicional dinâmica econômica, social e política rebaixada ao longo do tempo. De acordo com registros históricos, a participação das regiões Norte, Nordeste e Centro-Oeste no PIB nacional era, em 1872, de 27,2%, praticamente idêntica à situação verificada no ano de 1985 (25,7%).

Com o abandono da escravidão e o ingresso na economia capitalista a partir dos anos 1880, decresceu a participação relativa do conjunto dessas três regiões geográficas no PIB: de 27,2% para 19% na década de 1970. A partir de então, passaram a reagir, recuperando importância relativa na produção nacional justamente com a precocidade do avanço da desindustrialização, sobretudo no estado de São Paulo, que havia liderado anteriormente a dinâmica econômica durante os ciclos do café (parte da sociedade agrária entre 1880 e 1920) e da manufatura (sociedade urbana industrial entre 1930 e 1980).

Gráfico 12 – Evolução da participação relativa na população total e no PIB total e composição setorial do grupo de vinte unidades da federação pertencentes às regiões Norte, Nordeste e Centro-Oeste entre 1985 e 2016 (em %)

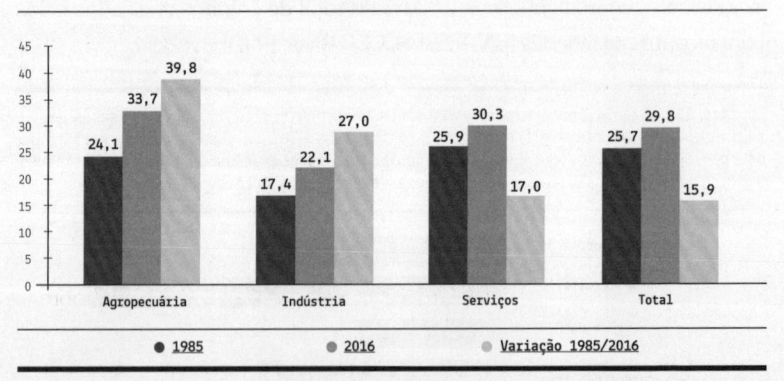

	Agropecuária	Indústria	Serviços	Total
1985	24,1	17,4	25,9	25,7
2016	33,7	22,1	30,3	29,8
Variação 1985/2016	39,8	27,0	17,0	15,9

Fonte: IBGE (elaboração própria)

De acordo com o IBGE, conforme vemos no Gráfico 12, o crescimento da agropecuária de 39,8% entre 1985 e 2016 foi o principal responsável pela maior participação relativa do Norte, Nordeste e Centro-Oeste, de 15,9% na produção nacional, seguida dos avanços na indústria (27%) e nos serviços (17%). No mesmo período, o aumento acumulado do PIB *per capita* foi significativamente mais expressivo nas regiões Norte, Nordeste e Centro-Oeste (35,8%), especialmente quando comparado com o estado de São Paulo (23,4%), o antigo centro dinâmico da industrialização, e os seis estados de industrialização retardatária (25,8%), como mostra o Gráfico 13.

Pela queda no nível de atividade entre 2015 e 2016, decorrente da gravíssima recessão nacional, o recuo se apresentou relativamente equilibrado entre as distintas agregações regionais do país. A queda acumulada ficou no intervalo da queda de 6,3% a 7,1% para os três agrupamentos dos estados da federação.

A sustentação do maior ritmo de expansão do PIB *per capita* das três grandes regiões geográficas, acompanhada da respectiva elevação da participação relativa no PIB nacional, encontra também amparo no comportamento de outros indicadores vitais. Destaca-se, por exemplo, o protagonismo presente no comércio externo e na recepção de investimentos estrangeiros.

No período referente aos anos de 1995 e 2015, por exemplo, o conjunto das regiões Norte, Nordeste e Centro-Oeste cresceu o seu peso relativo no comércio externo brasileiro em 63,5%, enquanto o recebimento de Investimentos Diretos do Exterior subiu acumuladamente 189,1%. Ao mesmo tempo, a participação relativa das três regiões na arrecadação do ICMS nacional subiu mais de 37% no mesmo período.

Diante da melhora econômica, as três regiões conjuntamente acolheram, em consequência, importante expansão do emprego formal, com elevação de 31% entre 1995 e 2014. Os demais estados das regiões consideradas anteriormente as mais dinâmicas do país durante o ciclo da industrialização apresentaram comportamentos distintos.

Enquanto São Paulo expandiu acumuladamente entre 1995 e 2014 apenas 16,4% o emprego formal, os demais estados das regiões Sudeste e Sul (menos São Paulo) o aumentaram em quase 37%. Com isso, a taxa de desemprego total permaneceu, no mesmo lapso de tempo, relativamente estabilizada.

No caso do comportamento do desemprego juvenil, alterações importantes foram registradas. Em 2014, por exemplo, o conjunto das três regiões geográficas do Norte, Nordeste e Centro-Oeste respondeu por 38,4% do total nacional do desemprego juvenil, enquanto no ano de 1995 era de 36,1%.

A razão do aumento na participação relativa durante uma fase de desaceleração da taxa nacional de desemprego se deveu ao crescimento do desemprego juvenil de 38,3% nos vinte estados pertencentes às regiões Norte, Nordeste e Centro-Oeste. Além disso, o desemprego juvenil aumentou acumuladamente mais para o conjunto dos estados das regiões Sul e Sudeste.

Gráfico 13 - Brasil: Evolução acumulada do Produto Interno Bruto por habitante no estado de São Paulo, no grupo dos seis estados das regiões Sul e Sudeste e nas vinte unidades da federação pertencentes às regiões Norte, Nordeste e Centro-Oeste entre 1995 e 2016 (em %)

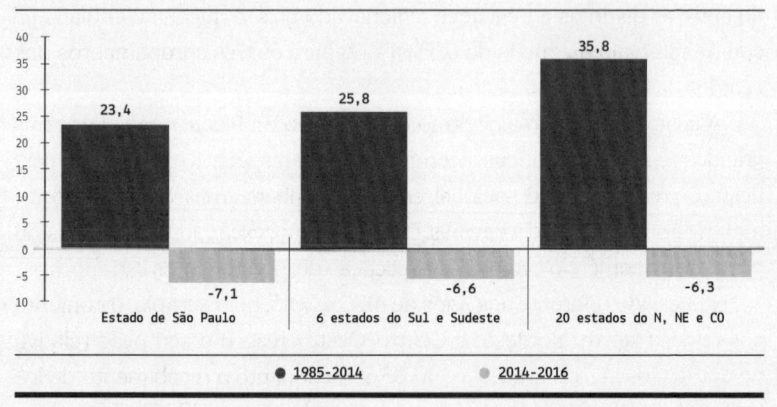

	Estado de São Paulo	6 estados do Sul e Sudeste	20 estados do N, NE e CO
1985-2014	23,4	25,8	35,8
2014-2016	-7,1	-6,6	-6,3

Fonte: IBGE (elaboração própria)

Gráfico 14 - Brasil: evolução da participação das vinte unidades da federação pertencentes às regiões Norte, Nordeste e Centro-Oeste no total da arrecadação do Imposto sobre Circulação de Mercadorias e Serviços (ICMS), do Comércio Externo (CE) e do Investimento Direto do Exterior (IDE) entre 1995 e 2015 (em %)

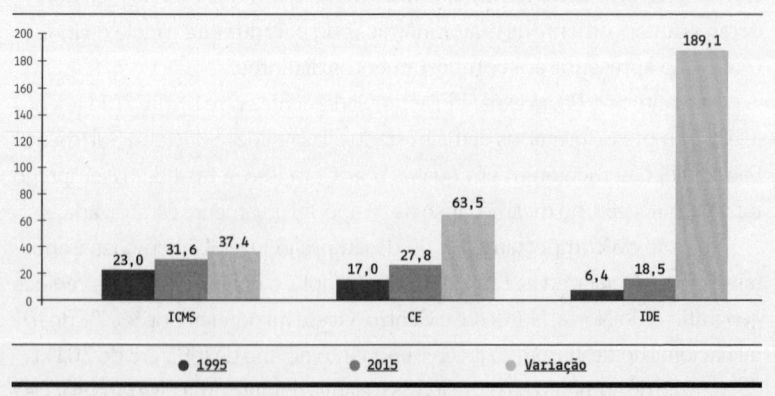

	ICMS	CE	IDE
1995	23,0	17,0	6,4
2015	31,6	27,8	18,5
Variação	37,4	63,5	189,1

Fonte: MDIC/SCE, Bacen e MF/STN (elaboração própria)

Por outro lado, ao se considerar o desempenho do Índice de Desenvolvimento Humano (IDH), produzido pelo Programa das Nações Unidas para o Desenvolvimento (PNUD/ONU), constata-se que as vinte unidades federativas das regiões geográficas do Norte, Nordeste e Centro-Oeste acumularam expressiva melhora entre os anos de 1991 e 2015: uma expansão no IDH de 70,2%. Nesse mesmo período, os seis estados das regiões Sul e Sudeste (menos São Paulo) elevaram o IDH em 50,1% e o estado de São Paulo, em 41,7%.

Gráfico 15 - Brasil: evolução do Índice de Desenvolvimento Humano no estado de São Paulo, no grupo de seis estados do Sul e do Sudeste e nas vinte unidades da federação pertencentes ao Norte, Nordeste e Centro-Oeste entre 1991 e 2015 (em %)

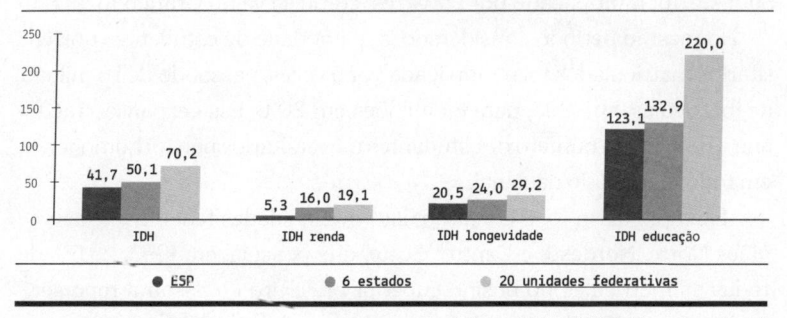

	IDH	IDH renda	IDH longevidade	IDH educação
ESP	41,7	5,3	20,5	123,1
6 estados	50,1	16,0	24,0	132,9
20 unidades federativas	70,2	19,1	29,2	220,0

Fonte: IBGE e PNUD (elaboração própria)

A principal razão a explicar o crescimento maior no IDH nas regiões consideradas periféricas durante o ciclo da industrialização nacional se deve ao desempenho do IDH educacional, com melhora em 220%, seguido do IDH longevidade (29,2%) e do IDH renda (19,1%). No conjunto dos estados das regiões Sul e Sudeste, as variações acumuladas entre 1991 e 2015 foram menores nos três componentes do IDH (renda, educação e longevidade).

Quando são analisadas as informações referentes à educação, percebem-se os motivos pelos quais o IDH educacional nas regiões Norte, Nordeste e Centro-Oeste apresentou significativa melhora. O exemplo disso pode ser observado em relação à evolução tanto das matrículas no ensino superior como na distribuição dos estudantes universitários pelas unidades federativas e grandes regiões geográficas do país.

No ano de 1993, a taxa bruta de matrículas no ensino superior do conjunto das vinte unidades federativas pertencentes às regiões Norte, Nordeste e Centro-Oeste equivalia a apenas 44% da taxa bruta de matrículas no ensino superior do estado de São Paulo, o antigo centro dinâmico da expansão econômica da sociedade urbana e industrial. Menos de um quarto de século depois, com a passagem para a sociedade de serviços, a taxa bruta de matrículas no ensino superior nas regiões Norte, Nordeste e Centro-Oeste passou a ser 77% da registrada em São Paulo.

Entre 1993 e 2016, por exemplo, foi multiplicada por 4,2 vezes no conjunto dos estados do Norte, Nordeste e Centro-Oeste. Para o estado de São Paulo, a taxa de matrícula bruta do ensino superior foi multiplicada por 2,4 vezes, e, no conjunto dos demais estados das regiões Sul e Sudeste, foi multiplicado por 2,7 vezes, como se vê no Gráfico 16.

No mesmo período considerado, a quantidade de estudantes universitários matriculados foi multiplicada por 5 vezes, passando de 1,6 milhão de matrículas, em 1993, para 8,1 milhões em 2016. Essa expansão média anual de 7,3% no número de estudantes universitários não foi homogênea em todo o território nacional.

Exemplo disso foi o conjunto das vinte unidades federativas das regiões Norte, Nordeste e Centro-Oeste, que possuía, em 1993, 29,5% de todas as matrículas no ensino superior brasileiro e passou a representar, em 2016, 42,4% do total dos estudantes universitários do país, com elevação de 43,7%. Nesse mesmo período, as demais regiões perderam participação relativa no total de matrículas do ensino superior brasileiro.

No caso do estado de São Paulo, a presença de graduandos universitários do país diminuiu em 22,3% (de 28,7%, em 1993, para 22,3%, em 2016). No conjunto dos demais estados das regiões Sul e Sudeste, a queda foi de 15,5% (de 41,8%, em 1993, para 35,3%, em 2016).

Ademais de importantes ganhos no ensino superior brasileiro, ressaltam-se também os avanços significativos registrados tanto na infraestrutura científica como nas empresas que inovaram e no pessoal ocupado nas atividades técnico-científicas no país. Entre os anos de 1993 e 2016, por exemplo, o conjunto das vinte unidades federativas que pertence às regiões Norte, Nordeste e Centro-Oeste teve um salto em sua participação relativa no total dos grupos de pesquisa – segundo levantamento realizado pelo CNPq, do Ministério de Ciência e Tecnologia do governo federal – de menos de 16% para quase 35%.

Gráfico 16 - Brasil: evolução da taxa bruta de matrículas no ensino superior* no estado de São Paulo, no grupo de seis estados das regiões Sul e Sudeste (menos SP) e nas vinte unidades da federação pertencentes às regiões Norte, Nordeste e Centro-Oeste em anos selecionados (em %)

* Relação entre os estudantes do ensino superior e o total da população com 18 a 22 anos de idade.

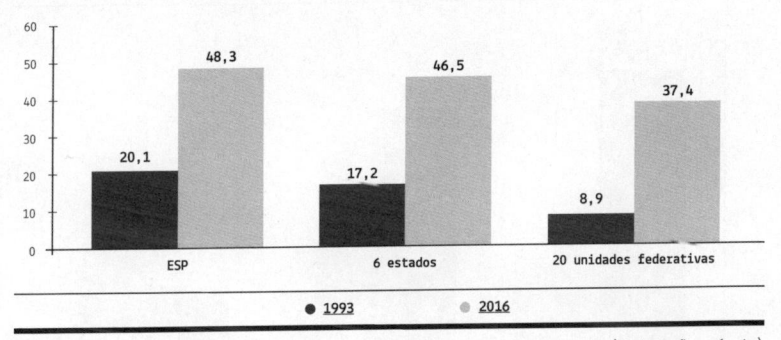

	ESP	6 estados	20 unidades federativas
1993	20,1	17,2	8,9
2016	48,3	46,5	37,4

Fonte: IBGE/PNAD e ME/Inep/CES (elaboração própria)

Gráfico 17 - Brasil: evolução da composição das matrículas no ensino superior* no estado de São Paulo, no grupo de seis estados das regiões Sul e Sudeste (menos SP) e nas vinte unidades da federação pertencentes às regiões Norte, Nordeste e Centro-Oeste em anos selecionados (em %)

* Relação entre os estudantes do ensino superior e o total da população com 18 a 22 anos de idade.

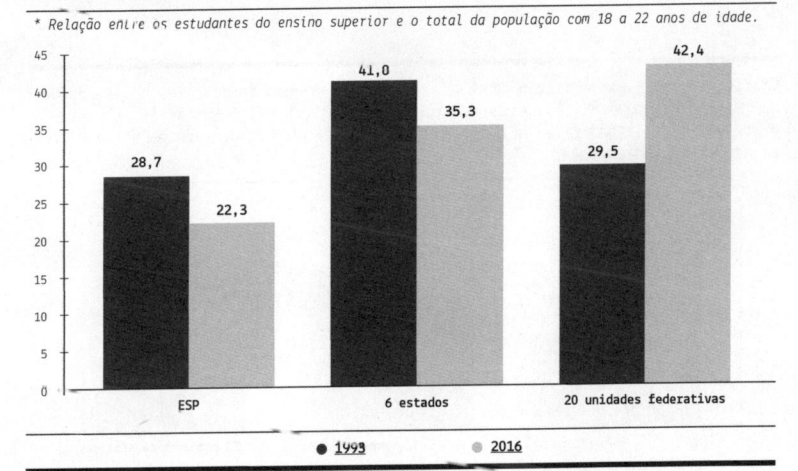

	ESP	6 estados	20 unidades federativas
1993	28,7	41,0	29,5
2016	22,3	35,3	42,4

Fonte: IBGE/PNAD e ME/Inep/CES (elaboração própria)

Gráfico 18 - Brasil: evolução da composição dos grupos de pesquisa no estado de São Paulo, no grupo de seis estados das regiões Sul e Sudeste (menos SP) e nas vinte unidades da federação pertencentes às regiões Norte, Nordeste e Centro-Oeste em anos selecionados (em %)

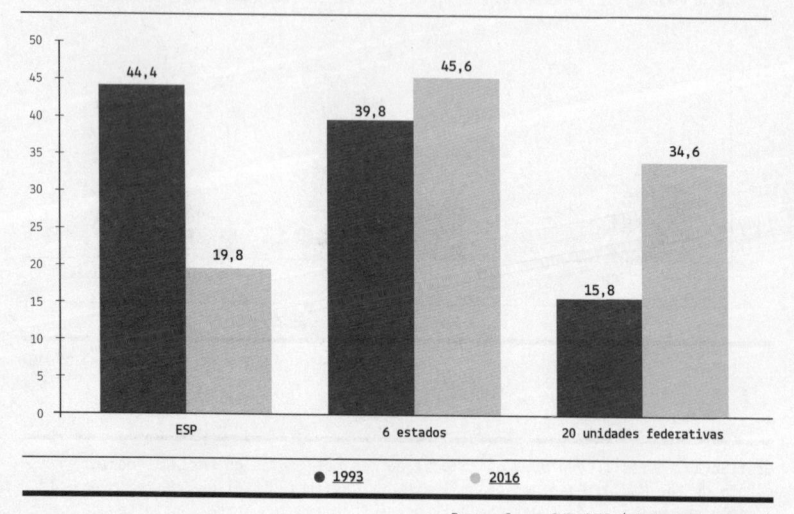

	ESP	6 estados	20 unidades federativas
1993	44,4	39,8	15,8
2016	19,8	45,6	34,6

Fonte: Censo CNPq/MCT (elaboração própria)

Gráfico 19 - Brasil: evolução da distribuição do conjunto de doutores no estado de São Paulo, no grupo de seis estados das regiões Sul e Sudeste (menos SP) e nas vinte unidades da federação pertencentes às regiões Norte, Nordeste e Centro-Oeste em anos selecionados (em %)

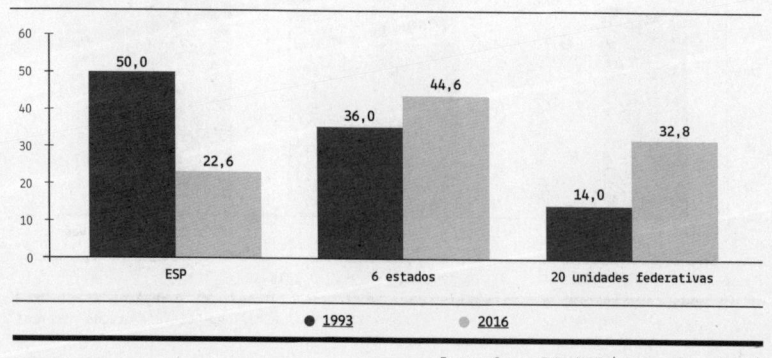

	ESP	6 estados	20 unidades federativas
1993	50,0	36,0	14,0
2016	22,6	44,6	32,8

Fonte: Censo CNPq/MCT (elaboração própria)

Gráfico 20 - Brasil: evolução da distribuição das empresas em atividades profissionais, científicas e técnicas no estado de São Paulo, no grupo de seis estados das regiões Sul e Sudeste (menos SP) e nas vinte unidades da federação pertencentes às regiões Norte, Nordeste e Centro-Oeste em anos selecionados (em %)

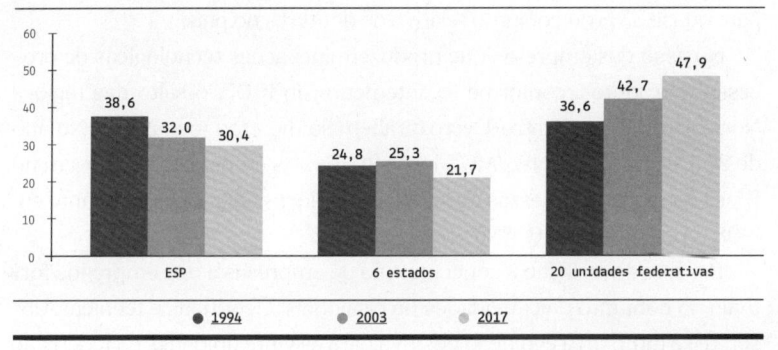

	ESP	6 estados	20 unidades federativas
1994	38,6	24,8	36,6
2003	32,0	25,3	42,7
2017	30,4	21,7	47,9

Fonte: Censo/ MT-RAIS (elaboração própria)

Gráfico 21 - Brasil: evolução da distribuição dos empregos formais nas atividades profissionais, científicas e técnicas no estado de São Paulo, no grupo de seis estados das regiões Sul e Sudeste (menos SP) e nas vinte unidades da federação pertencentes às regiões Norte, Nordeste e Centro-Oeste em anos selecionados (em %)

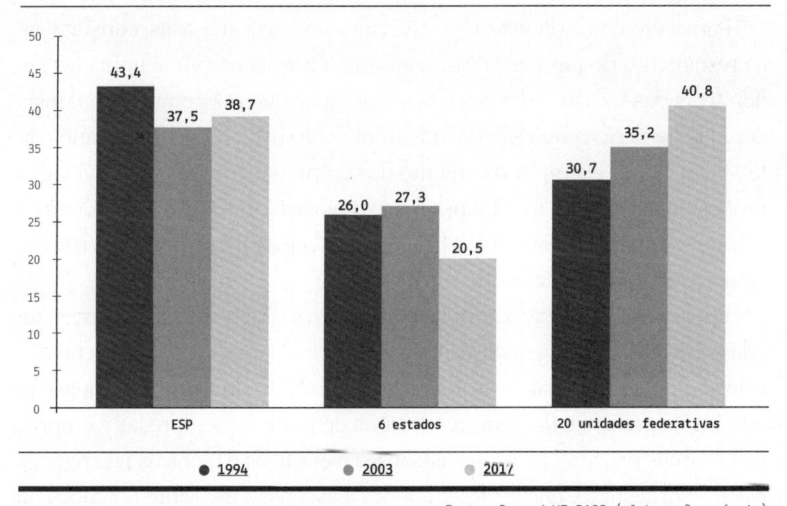

	ESP	6 estados	20 unidades federativas
1994	43,4	26,0	30,7
2003	37,5	27,3	35,2
2017	38,7	20,5	40,8

Fonte: Censo/ MT-RAIS (elaboração própria)

Da mesma forma, o crescimento relativo na quantidade de doutores residentes nos estados das regiões Norte, Nordeste e Centro-Oeste em relação ao total do país foi expressivo. Como mostra o Gráfico 19, entre os anos de 1993 e 2016, por exemplo, as três regiões juntas passaram de 14% para quase 33% no conjunto relativo de doutores no país.

No caso das empresas que produzem inovações tecnológicas de processo e produtos, conforme levantamento do IBGE, o salto das regiões Norte, Nordeste e Centro-Oeste também se mostrou inequívoco. No ano de 2011, segundo o CNPq/MCT, havia 20,5% das empresas que inovam no Brasil concentradas nessas mesmas três regiões geográficas, enquanto em 1998 representavam 16,3% do total nacional.

Por fim, em relação à concentração de empresas e dos empregos formais no conjunto das atividades profissionais, científicas e técnicas, observa-se também a evolução positiva para as vinte unidades da federação correspondentes às regiões Norte, Nordeste e Centro-Oeste neste início do século XXI. Na distribuição das empresas em atividades profissionais, científicas e técnicas, a participação relativa das três regiões (N, NE e CO) no total do país apresentou elevação de 30,9% entre 1994 e 2017, passando de 36,6%, em 1994, para 47,9%, em 2017, segundo dados do Ministério do Trabalho.

Para além das empresas nas atividades acima destacadas, constata-se o crescimento do peso relativo do emprego formal nas vinte unidades federativas das três grandes regiões geográficas que até então eram consideradas periféricas no ciclo da industrialização nacional. Entre os anos de 1994 e 2017, por exemplo, o conjunto dos empregos formais nas atividades profissionais, científicas e técnicas nas regiões Norte, Nordeste e Centro-Oeste saltou de 30,7%, em 1994, para 40,8%, em 2017, significando o crescimento acumulado de 32,9%.

Em resumo, nota-se a correlação positiva e direta entre os avanços no campo da ciência, tecnologia e inovação e as mudanças provocadas no desenvolvimento regional neste início do século XXI. A importante ampliação relativa da presença de doutores, grupos de pesquisa, empresas e empregos formais nas atividades profissionais, científicas e técnicas nas regiões Norte, Nordeste e Centro-Oeste aponta a ascensão das vinte unidades da federação nessa fase de transição para a sociedade de serviços no Brasil.

Considerações finais

O curso da configuração territorial durante o período da industrialização nacional não conseguiu alterar significativamente a herança da desigualdade regional gerada na sociedade agrária até a década de 1920 no Brasil. A defasagem temporal na instalação e no desenvolvimento da sociedade urbana e industrial entre as décadas de 1930 e 1980 nos diferentes estados da federação produziu a forte concentração industrial nas regiões Sul e Sudeste, sobretudo em São Paulo.

Com a desindustrialização precocemente instalada a partir da última década do século passado, a regressão relativa na produção de manufatura nacional se fez mais sentir justamente onde ela se encontrava geograficamente mais concentrada. Em contrapartida, o conjunto dos estados pertencentes às regiões Norte, Nordeste e Centro-Oeste, outrora consideradas periferias do desenvolvimento urbano e industrial, registrou avanços consideráveis.

Com a reprodução do subdesenvolvimento assentado no crescimento econômico com modernização do padrão de consumo, o Brasil revelou a prevalência das enormes desigualdades territoriais. Em pleno avanço antecipado da sociedade de serviços, regiões atrasadas reduzem relativamente a distância que as separava do que anteriormente era identificado como centro econômico dinâmico urbano e industrial, atualmente em decadência.

***

3. Padrões de urbanização e capitalismo periférico

Neste primeiro quarto do século XXI, o conjunto da população mundial encontra-se vivendo majoritariamente nas cidades. Ou seja, a condição territorial do planeta assumiu predominantemente o modo de vida urbano, que pressiona simultaneamente por ecossistema sustentável e inclusivo de toda a humanidade.

Isso significa que as cidades estão ainda mais desafiadas pela perspectiva futura da incorporação de quase 3 bilhões de pessoas adicionais ao número atualmente vigente, sobretudo nos países de capitalismo periférico. A prevalência do modo de vida urbana que ocorre pela primeira vez na trajetória humana tende a se aprofundar ainda mais nos próximos anos.

Diante da continuidade do deslocamento humano no território, as infraestruturas urbanas (habitações, água, eletricidade, saneamento e mobilidade) atualmente existentes seguirão cada vez mais desafiadas no espaço territorial das cidades, sobretudo nos doze países que concentram quase dois terços da população mundial. Em relação à situação residencial, por exemplo, algo em torno de 250 milhões de novas unidades habitacionais deverão ser construídas em associação à demanda por empreendimentos em infraestrutura urbana e serviços públicos.

Considerando ainda a força do atual salto tecnológico e os limites da sustentabilidade ambiental, o modo de vida nas cidades deveria ser profundamente repensado. Além disso, o avanço da globalização neoliberal conduzido sem regramento público pelas grandes corporações transnacionais assentadas em torno das cadeias globais de valor tem implicado concentrar em poucas cidades a riqueza, a renda e o poder.

Atualmente, por exemplo, o centro dinâmico do capitalismo global está situado no espaço territorial de apenas seiscentas cidades, que respondem em conjunto por cerca de dois terços de todo o Produto Interno Bruto mundial, enquanto a parte restante se divide nas cidades de escassa atividade econômica ou mesmo estagnadas e até abandonadas por várias razões.

Tudo isso está se movendo diante das tecnologias de conexão e integração flexível e inclusiva nas cidades a requerer planejamento urbano. É o que se vê no caso da transição demográfica que demanda novas abordagens transdisciplinares no modo de vida urbano, como na mobilidade, na atenção à saúde, na sociabilidade e outras.

É nesse contexto da vida urbana que o presente capítulo busca focalizar os principais desafios do desenvolvimento no território dos municípios brasileiros em plena produção e reprodução das condições periféricas do capitalismo global. Para tanto, trata-se, inicialmente, de compreender a dimensão urbana no desenvolvimento do próprio capitalismo para, na sequência, identificar padrões de urbanização e as especificidades brasileiras.

Capitalismo e urbanização

A definição de urbanismo encontra-se associada ao modo coletivo de vida em cidades, do latim *urbs*. Por isso, a dimensão quantitativa da concentração humana no espaço territorial comum tem sido adotada como parâmetro de referência da existência própria de relações econômicas, políticas, sociais e culturais.

Mas também a dimensão político-administrativa tem importância no estabelecimento próprio para a definição do modo de vida urbano, independentemente do parâmetro populacional. Enquanto em países como Canadá, França e Grécia, por exemplo, a definição de urbano atende ao critério demográfico, pois consideram cidade apenas aquele espaço geográfico com população superior a mil, 2 mil e 10 mil pessoas, respectivamente, no Brasil destaca-se o critério político-administrativo adotado para definir município.

De todo modo, a separação do urbano em relação ao rural não atende apenas às noções de organização distinta do espaço ocupado pela humanidade. Isso porque o espaço constitui a base pela qual se estabelecem os processos econômicos e sociais portadores de distintos modos de vida e cultura.

O fato de o rural ser definido por espaço privilegiado da agricultura, enquanto o urbano consagra o predomínio das atividades industriais e de serviços, não exime considerar a sociabilidade também distinta. Nas sociedades agrárias, a identificação com a natureza, a importância relativa dos idosos por sua experiência e conhecimento acumulados no tempo e certo isolamento intracomunidades imposto pela baixa densidade populacional fortaleceram a noção da vida urbana em ampla oposição às condições de vida no campo.

Assim, a definição de urbano se estruturou geralmente em conformidade com o que estaria fora da dimensão agrária. Nesse sentido, a ampliação generalizada da urbanização poderia representar o próprio desaparecimento do rural[50].

Essa perspectiva, contudo, terminou sendo afetada pelas novas abordagens a respeito da reestruturação econômica e social frente à emergência das cidades de serviços a partir do último quartel do século XX. Por conta disso, tanto as noções de urbano como de rural passaram a ser questionadas.

O agrário, por exemplo, até então espaço da agropecuária e da mineração, transformou-se com a expansão de novas atividades econômicas de natureza e dimensão rural. As atuais análises sobre o território que contemplam a globalização desde o final do século passado, a modernização avançada na agropecuária e a difusão das novas tecnologias de informação e comunicação no meio rural revelaram espaços multifuncionais e pluriativos disseminados por bens e serviços que anteriormente eram considerados urbanos.

O contraste do passado agrário em relação ao conceito moderno de urbano, com as cidades associadas à racionalização das relações sociais e às oportunidades do avanço da vida intelectual, foi sendo gradualmente esvaziado. A perspectiva ecológica e o comprometimento do espaço urbano referente ao zoneamento disciplinado pelas funcionalidades do trabalho, habitação, educação, saúde, recreação e outras fizeram desmoronar a tradicional diferenciação entre os modos de vida urbano e rural, com a convivência de situações econômicas, sociais e culturais urbanas e não urbanas[51].

---

(50) Essa perspectiva pode ser encontrada em Henri Lefebvre, La Production de l'espace, Paris: Antropos, 1974; Louis Wirth, "O urbanismo como modo de vida", em: Carlos Fortuna (org.), Cidade, cultura e globalização, Oeiras: Celta, 1997, pp. 45-66; Placide Rambaud, Societé rurale et urbanization, Paris: Seuil, 1969; Max Weber, Economia e sociedade, Brasília: UnB, 2004; Georg Simmel, "The Metropolis and Mental Life", em: Georg Simmel, On Individuality and Social Forms, Chicago, UCP, 1971, pp. 324-39.
(51) Mais detalhes em João Ferrão e Raul Lopes, "Understanding Peripheral Rural Areas as Context for Economic Development", em: Lois Labrianidis (org.), The Future of Europe's Rural Peripheries, Hampshire: Ashgate, 2004, pp. 31-61; Marcel Jollivet (org.), Vers un rural postindustrial, Paris: L'Harmattan, 1997; Bernard Kayser, La

Ao mesmo tempo, o tipo de desenvolvimento urbano perseguido terminou por comprometer a própria sustentabilidade ambiental, misturando água limpa com dejetos industriais e esgoto doméstico e sanitário. O crescimento da poluição e o desperdício generalizado pelo modo coletivo de vida nas cidades, ambos determinados em grande medida pelo mercado, foram tornando escasso o recurso natural que era abundante, acompanhado de calamidades naturais, enchentes, secas e epidemias, cujo resultado foi a própria insustentabilidade da urbanização.

Do ponto de vista histórico, encontram-se registros de cidades muito antigas que remontam a 6 mil anos atrás, como nos casos daquelas situadas nos vales dos rios Tigre e Eufrates, na Mesopotâmia e no Egito. Mas foi somente após o fim da Idade Média, com a emergência dominadora do modo de produção capitalista a partir do século XVIII, que as cidades passaram a assumir crescente protagonismo político, econômico, social e cultural na definição do modo de vida urbano, crescentemente incorporando maiores parcelas da população.

Com a Primeira Revolução Industrial e Tecnológica, originalmente protagonizada na Inglaterra desde a metade do século XVIII, o modo de vida urbano começou a ganhar primazia. Naquela época, as pessoas que viviam em cidades mal alcançavam 3% do total.

Diversas razões contribuíram para o avanço no deslocamento da população rural para as cidades, como, por exemplo, a nova organização da produção industrial. Embora não fosse um fenômeno associado exclusivamente à industrialização, a urbanização se desenvolveu rapidamente sob a era da produção e do trabalho manufatureiros.

A cidade de Londres, por exemplo, destacou-se por ser antecipadamente uma cidade grande antes do século XVIII; porém, com a industrialização, o processo do deslocamento populacional deu saltos inegáveis.

Isso porque a produção industrial assentou-se nas cidades, exigindo a concentração no território do capital e da força de trabalho, trazendo em consequência o deslocamento humano, a elevação na expectativa

---

Renaissance rurale, Paris: Armand Colin, 1990; Terry Marsden et al., *Constructing the Countryside*, London: UCL, 1993; Nicole Mathieu, "La Notion de rural et les rapports ville-campagne en France", *Économie rurale*, Paris, 1998, n. 247, pp. 11-20; OCDE, *Redefining "Urban": A New Way to Measure Metropolitan Areas*, Paris: OCDE, 2012.

de vida e a expansão populacional. Tudo isso vai constituir o sistema urbano profundamente transformador das antigas sociedades agrárias, estabelecendo processo transformador das cidades antes pertencentes ao agrarismo.

Com a industrialização, as cidades tiveram que se reformular para dar conta do crescente fluxo de pessoas a terem disponibilizadas suas forças de trabalho para o emprego capitalista na produção de bens e serviços. Por isso, ao final do século XIX, cerca de 15% da população mundial já estava estabelecida em cidades.

Nesse sentido, o processo de industrialização se converteu na principal força capitalista na dinâmica da urbanização. Durante a Segunda Revolução Industrial e Tecnológica, protagonizada especialmente pela Alemanha e pelos Estados Unidos, a progressividade do contingente populacional vivendo cada vez mais nas cidades se apresentou de forma inédita até então.

Em 1950, por exemplo, quase 30% da população mundial encontrava-se vivendo nas cidades, sendo quase 45% desse universo residindo em 900 cidades com mais de 100 mil habitantes (13,1% da população mundial). No ano de 1800, somente 50 cidades no mundo continham mais de 100 mil habitantes, o que representava 1,7% da população mundial, ou seja, quase dois terços da população considerada urbana.

No ano de 2020, próximo de 55% do total da população do planeta detinha o modo de vida urbano, sendo um quinto da população mundial pertencente às cidades com 100 mil habitantes e quase 10% residentes em cidades com até meio milhão de habitantes. Para o ano de 2050, a projeção da Organização das Nações Unidas (ONU) aponta para quase 70% da população mundial vivendo nas cidades, sendo um sexto da humanidade concentrada nas cidades com 100 mil e mais habitantes.

De acordo com os mapas do mundo que permitem fixar o grau de concentração da população urbana, percebe-se a continuidade da trajetória da população de residir em cidades de menor porte. De acordo com a ONU, a maior parte da transformação do meio rural para o urbano ocorrerá nas cidades menores, bem como nos países não ricos.

Mesmo assim, constata-se que, de cerca de 50 cidades com mais de meio milhão de habitantes em 1980, o mundo contabilizou, em 2010, a existência de 134 cidades na mesma faixa populacional, podendo ainda chegar a 250 cidades em 2025. Esse movimento próprio das sociedades urbanas e industriais de constituição de grandes cidades, percebido como metropolização da densidade demográfica, passou a ser arrefecido com a transição para as sociedades de serviços.

Gráfico 22 - Evolução da população rural e urbana no mundo (em bilhão)

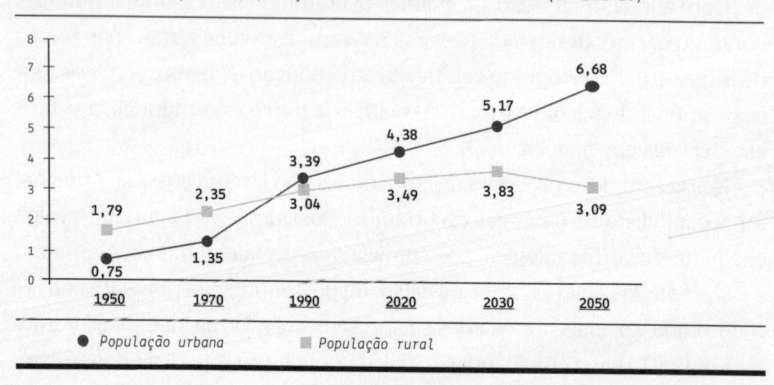

- População urbana
- População rural

Fonte: ONU

Gráfico 23 - Evolução da população urbana mundial em países ricos e não ricos (em bilhão)

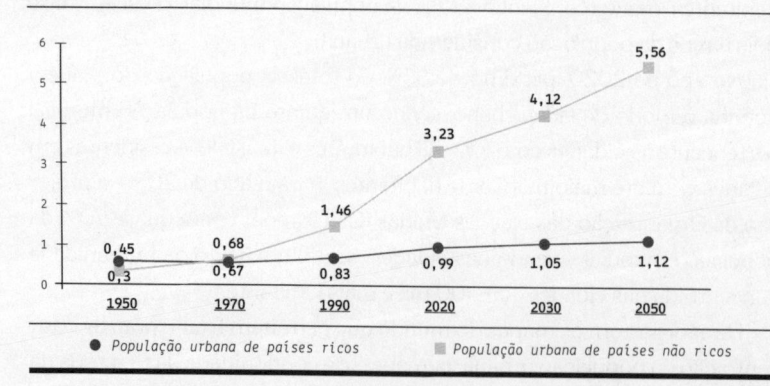

- População urbana de países ricos
- População urbana de países não ricos

Fonte: ONU

Em grande medida, o salto na taxa de urbanização capitalista foi o resultado principal do processo de industrialização, cuja demanda pelo deslocamento de grande parcela da população nas áreas rurais direcionou-se à oferta de mão de obra para atender a produção e a circulação de bens e serviços. Tudo isso não significa dizer que não haverá espaço para a continuidade da existência das megacidades.

A projeção da ONU para o ano de 2030 indica que cerca de 9% da população mundial pertencerá a uma megacidade, ou seja, serão 41 megacidades com 10 milhões e mais de habitantes. Desse total, 29 pertencerão à Ásia e 8 à América. Essa trajetória diverge do passado recente, quando eram os países ricos que expressavam os principais movimentos demográficos do mundo.

Em 1950, quando cerca de 30% da população do mundo concentrava-se nas cidades, somente havia duas megacidades (Nova York, com 12,3 milhões de habitantes, e Tóquio, com 11,3 milhões de habitantes). Mas, a partir da década de 1970, as megacidades existentes no mundo (Bombaim, Buenos Aires, Calcutá, Chicago, Cidade do México, Cairo, Los Angeles--Long Beach-Santa Ana, Londres, Moscou, Paris, Rio de Janeiro, São Paulo, Xangai e Seul) deixaram de se concentrar nos países ricos.

A aceleração da urbanização nos países não ricos resultava do ritmo da industrialização que acontecia concentrada no tempo, talvez por isso desordenada e segregadora. Sem planejamento urbano adequado, as cidades demonstraram não estar preparadas para receber significativo deslocamento populacional, cujo resultado foi a segregação territorial, com a urbanização periférica de cortiços e favelas que acolheram enorme massa humana com precário atendimento de serviços públicos e infraestrutura.

No processo mais recente de urbanização dos países não ricos, a manifestação tardia da industrialização demandou crescente oferta de mão de obra nas cidades, enquanto a concentração fundiária e a mecanização no meio rural estimularam a migração campo-cidade. Percebe-se, assim, que até a primeira metade do século passado a população urbana mundial estava assentada nos países capitalistas de industrialização avançada, cujas economias eram fundamentalmente agrárias.

Foi na década de 1950 que o processo de industrialização começou a ganhar maior dimensão em alguns países subdesenvolvidos. O êxodo rural se configurou como um dos maiores movimentos de deslocamento humano em massa do campo para as cidades provocado pela expansão capitalista.

Por outro lado, a desindustrialização começou a fazer parte do cotidiano de países desenvolvidos, antecipando a passagem para a sociedade de serviços. Com a globalização desde os anos 1980, as grandes cidades sofreram importantes impactos que alteraram o sentido da trajetória da urbanização no mundo.

Assim, a abordagem tradicional sobre padrões de urbanização no desenvolvimento capitalista deve contemplar as mudanças mais recentes com o avanço dos serviços e a digitalização das economias. A identificação de suas principais manifestações e alterações visa contribuir para o entendimento dos problemas das cidades, bem como suas possíveis superações.

Cidades e padrões de urbanização capitalista

A conversão do uso das terras agrícolas em urbanas marca a humanidade, sobretudo com o advento do capitalismo transformado em modo dominante de produção e acumulação desde o século XVIII no mundo. Ao mesmo tempo, o progressivo movimento de valorização das terras urbanas foi acompanhado de intensas disputas sociais e políticas por apropriações no espaço territorial, o que apontou para a formação de estruturas de organização e funcionamento das cidades industriais que superaram as antigas cidades agrárias.

Com o uso do solo tornado fundamental para o desenvolvimento urbano, sobretudo com a industrialização, o setor terciário da economia também se expandiu no interior das cidades. A partir do entorno da área central das antigas cidades agrárias, expandiram-se espaços residenciais da população que se deslocou do campo para a cidade, sobressaindo-se a força da divisão funcional e suas consequências, como a segregação social no próprio território das classes sociais.

Isso porque foi nas cidades que se concretizou a repartição dos espaços físicos diferenciados em decorrência da existência de distintas classes sociais determinadas pelo modo de produção capitalista. Embora nas cidades agrárias existissem agregações sociais diferenciadas, a divisão mais nítida explicita-se com a emergência da urbanização do território promovida pela industrialização.

A partir do final do século XX, com o movimento de desindustrialização, madura ou precoce, dependendo da realidade de cada país, ganha expressão a novidade das cidades pós-industriais ou de serviços enquanto resultado da transição de sociedades industriais para as de serviços. Dessa forma, o espaço urbano sofreu outro processo de configuração como pressuposto de superação daquela que outrora tinha funcionado na primitiva sociedade agrária e posteriormente da industrial.

Nesse cenário em transformação, a abordagem sobre o tema de padrões de urbanização contribui para o entendimento melhor da disparidade de situações que acompanha a trajetória das cidades no mundo. Embora diferenciados, os padrões de urbanização capitalista guardam relações com lógicas individuais e coletivas e com regulação privada ou pública do mercado de terras agrícolas e urbanas.

É por isso que o mercado imobiliário se mostrou ao longo do tempo decisivo no condicionamento da urbanização capitalista e, por consequência, na definição das espacialidades nas cidades. Assim, as transformações graduais ou abruptas pelas quais a estrutura espacial das cidades tem passado podem revelar o grau de segregação socioespacial que resulta da forma e do ritmo de ocupação da terra urbana por diferentes classes e frações de classe sociais.

Na perspectiva teórica do modelo estático topocêntrico, a trajetória da urbanização se conduziria a partir do ponto central das cidades em função das melhores oportunidades de negócios e ocupação da força de trabalho, responsável tanto pela atração populacional quanto pela elevação do gasto com moradia[52]. Além disso, as condições macroeconômicas e políticas também interfeririam sobre o movimento de concentração espacial da população nas cidades, bem como na conversão das terras agrárias em urbanas.

Na perspectiva teórica da dinâmica da urbanização, a estrutura espacial seria apresentada pelo sentido das forças centrífuga ou centrípeta, a atrair ou impelir o movimento de ocupação do solo para diferentes funcionalidades de valorização da posse da terra[53]. Nessa modalidade de análise sobre

---

(52) Sobre isso, ver mais em William Alonso, *Location and Land Use: Toward a General Theory of Land Rent*, Cambridge: HUP, 1964; Richard F. Muth, *Cities and Housing*, Chicago: CUP, 1969; Peter Mieszkowski e Edwin S. Mills, "The Causes of Metropolitan Suburbanization", *Journal of Economics Perspectives*, Nashville, 1993, v. 7, n. 3, pp. 135-47.
(53) Mais detalhes em Paul Krugman, "Space: The Final Frontier", *Journal of Economic Perspectives*, Nashville, 1998, v. 12, n. 2, pp. 161-74; Masahisa Fujita et al., *The Spatial Economy: Cities, Regions, and International Trade*, Cambridge: MIT Press, 1999; Alex Anas et al., "Urban Spatial Structure", *Journal of Economic Literature*, Nashville, 1998, v. 36, n. 3, pp. 1426-64.

a expansão urbana e suas implicações sobre a polarização desigualadora no território, procura-se abordar as causas e consequências das aglomerações humanas nas cidades.

Em geral, a abordagem referente à expansão urbana distingue o modelo de cidades concentradas (alta densidade demográfica) na Europa do modelo de cidades estendidas (baixa densidade demográfica). O primeiro tenderia à oferta de moradias com dimensões contidas, próximas de acesso a bens e serviços e de fácil mobilidade coletiva, enquanto o segundo seria demarcado por residências amplas e associadas ao uso do transporte individual, pois distantes do acesso a bens e serviços.

Com isso, o avanço da urbanização se constituiria na formação de áreas suburbanas, geralmente vinculadas ao movimento da especulação da terra. No modelo de cidades concentradas, a especulação imobiliária seguiria restrições impostas pela maior presença da regulação pública. No modelo de cidades estendidas, a massificação da suburbanização expressaria a frágil regulação pública diante da especulação imobiliária[54].

É a partir desse enfoque que se buscaria identificar os padrões distintos de urbanização capitalista. Para se analisar a constituição de estruturas urbanas em países, considera-se a conformação da centralidade, entornos e contornos das cidades. Ademais, a predominância humana nas cidades impôs condicionamentos à vida urbana muito distintos dos prevalecentes nos habitantes do meio rural.

Assim, a sociedade urbana se constituiu profundamente distinta da antiga sociedade agrária. Por estarem associadas à industrialização e às revoluções tecnológicas, as cidades industriais absorveram parcelas crescentes de populações advindas do meio rural que fundamentaram o desenvolvimento de sociedades urbanas.

Nesse sentido, as antigas cidades tenderam a transformar suas estruturas originais por conta da espacialização gerada pelo avanço da urbanização

---

(54) Parte mais bem desenvolvida em Henry George, *Progresso e pobreza*, Rio de Janeiro: E. Aurora, 1970; Robert O. Harvey e W. A. V. Clark, "The Nature and Economics of Urban Sprawl", *Land Economics*, Nashville, fev.1965, v. 41, n. 1, pp. 1-9; Roy W. Bahl, "A Land Speculation Model: the Role of the Property Tax As a Constraint to Urban Sprawl", *Journal of Regional Science*, New York, 1968, v. 8, n. 2, pp. 199-208; R. W. Archer, "Land Speculation and Scattered Development: Failures in the Urban Fringe Land Market", *Urban Studies*, London, 1973, n. 10, p. 367-72; Marion Clawson, "Urban Sprawl and Speculation in Suburban Land", *Land Economics*, Nashville: 1962, v. 38, n. 2, pp. 99-111.

territorial[55]. De forma pioneira, o salto da urbanização inglesa transcorreu entrelaçado com a industrialização originária na metade do século XVIII.

Em 1800, por exemplo, a Inglaterra registrava um quinto de toda a sua população residindo em cidades com mais de 10 mil habitantes, tendo a sua capital, Londres, 1,1 milhão de pessoas residentes. Um século depois, em 1900, quatro quintos dos ingleses moravam em cidades com mais de 10 mil habitantes, tendo a cidade de Londres contabilizado 7 milhões de habitantes.

Na sequência da industrialização originária na Inglaterra instalada pela Primeira Revolução Industrial na metade do século XVIII, outros países na Europa, além de Japão e Estados Unidos, também foram constituindo seus processos de urbanização. Mas isso ocorreu na esteira do padrão de industrialização retardatária, embalada que foi pela Segunda Revolução Industrial e Tecnológica ao final do século XIX[56].

Nessas novas circunstâncias, a passagem da sociedade agrária para a urbana e industrial transcorreu posteriormente à verificada na Inglaterra. No ano de 1800, por exemplo, somente um décimo dos estadunidenses residia em comunidades urbanas com mais de 2,5 mil habitantes, tendo a cidade de Nova York registrado apenas 60 mil habitantes. Cem anos depois, os Estados Unidos contabilizaram três quartos de sua população morando em áreas urbanas, e somente na cidade de Nova York residiam 4,8 milhões de habitantes.

Na França, cujo êxodo rural se apresentou relativamente lento e menos intenso se comparado a outros países de industrialização retardatária como Alemanha e Estados Unidos, a população urbana somente se tornou superior à rural a partir da década de 1930. Após o auge agrário, com 27 milhões de moradores no campo na metade do século XIX, o contingente

---

(55) Sobre isso, ver mais em Maria Encarnação B. Sposito, *Capitalismo e urbanização*, São Paulo: Contexto, 1989; Ana Fani A. Carlos, *A cidade*, São Paulo: Contexto, 1992; Manuel Castells, *A questão urbana*, Rio de Janeiro: Paz e Terra, 1983; David Clark, *Introdução à geografia urbana*. São Paulo: Difel, 1985; Milton Santos, *Manual de geografia urbana*, São Paulo: Edusp, 2008; Edward L. Glaeser *et al.*, "Why Do the Poor Live in Cities?", *Harvard Institute of Economic Research*, Discussion Paper. n. 1891, 2000.
(56) Sobre isso, ver Carlos Alonso B. de Oliveira, *Processo de industrialização: do capitalismo originario ao atrasado*, Sao Paulo: Unesp, 2003; Anthony Giddens, *Sociologia*, Porto Alegre: Artmed, 2005; Henri Lefebvre, *O direito à cidade*, São Paulo: Moraes, 1991; William Alonso, *Location and Land Use: Toward a general theory of land rent*, op. cit.; Henri Lefebvre, *De lo rural a lo urbano*, Barcelona: Ediciones Península, 1973; Marcel Roncayolo, *La ciudad*. Barcelona: Paidós, 1988.

de franceses foi se deslocando gradualmente para as cidades, para oito décadas depois tornar-se majoritariamente urbano.

Anteriormente localizadas próximas do fluxo de águas, por dependerem do motor a vapor, as indústrias também passaram a ocupar as cidades, e foram progressivamente deslocadas de áreas centrais para subúrbios com mais áreas livres e descongestionadas. Com isso, viram-se mudanças profundas no caráter social, econômico, político e cultural das cidades.

Em grande parte, a demanda de trabalhadores assalariados nas cidades pelas indústrias e os experimentos de cercamentos da terra e da própria mecanização no meio agrário contribuíram decisivamente para a concentração da classe trabalhadora nas cidades e a busca por melhores condições de vida. Assim, o setor primário da economia (agropecuária e mineração), outrora detentor das ocupações agrárias, perdeu participação absoluta e relativa frente à rápida expansão dos empregos urbanos nos setores secundário (indústria de transformação e construção civil) e terciário (comércio e serviços).

Tabela 1 - Evolução da estrutura ocupacional em países selecionados
(em % da ocupação total)

PAÍSES	Agricultura				Indústria				Serviços			
	1870	1920	1960	2010	1870	1920	1960	2010	1870	1920	1960	2010
Alemanha	49,5	33,5	13,8	1,3	28,7	38,9	48,2	26,9	21,8	27,6	38,0	71,8
EUA	50,0	28,9	8,0	2,4	24,4	32,9	32,3	17,8	25,6	38,2	59,7	79,8
França	49,2	43,6	21,4	3,8	27,8	29,7	36,2	24,3	23,0	26,7	42,4	71,9
Inglaterra	22,7	14,2	4,1	1,5	42,3	42,2	47,8	18,8	35,0	43,6	48,1	79,7
Japão	72,6	56,4	30,2	3,4	11,5	19,6	28,5	24,4	15,9	24,0	41,3	72,2

Fonte: OCDE, World Bank e Maddison, 2002

Em termos sociais, percebe-se como o conjunto das transformações nas condições de vida urbana terminou por ampliar a expectativa média de vida ao longo do tempo, tornando o consumo populacional fundamental para sustentar a elevação do ritmo de produção. Mas, no início, os trabalhadores estavam submetidos a condições de superexploração no trabalho e a péssimo padrão de vida.

Ademais de elevadíssimas jornadas de trabalho, de até 80 horas semanais, salários de subsistência e exposição a epidemias de distintos tipos, as condições de moradia eram trágicas, sem transportes coletivos adequados e suficientes. Na época, a expectativa média de vida era relativamente baixa, não se diferenciando consideravelmente da prevalecente no meio rural.

No caso do processo de urbanização nos Estados Unidos, o fluxo de imigrantes de outros países coincidiu com o deslocamento interno de pessoas do meio rural para as cidades. Além disso, as cidades se converteram também em centros de concentração dos poderes financeiro e industrial, alterando hábitos e comportamentos diante da nova sociedade urbana e industrial.

Com isso, as cidades sofreram as consequências do inchamento populacional, acompanhado pela expansão da desigualdade e da pobreza urbana. Nas grandes cidades estadunidenses, por exemplo, a centralização da parcela de pobres e desempregados sem moradia se apresentou tanto quanto em Paris ou Londres, que já registravam áreas urbanas consideráveis de ocupados empobrecidos e carentes de serviços básicos para a sobrevivência (água encanada, pavimentação de vias, eletricidade, transportes coletivos).

Nesse sentido, o acirramento das lutas sociais nas grandes cidades em torno das demandas da sociedade moderna para garantir o direito a moradia, transporte e infraestrutura marca parte importante do desenvolvimento urbano no capitalismo. Também os conflitos entre capital e trabalho se ampliaram por força da concentração e da superexploração da mão de obra nos estabelecimentos empresariais em profusão.

Pelas reformas urbanas, as antigas cidades agrárias de traços ainda medievais e barrocas, como na Europa, transitaram para modernas cidades industriais. Na França, por exemplo, a reforma urbana implementada em 1853, cinco anos após a Revolução de 1848, remodelou profundamente a Paris medieval.

Naquela oportunidade, a reforma urbana conduzida por Haussmann durante o segundo Império terminou por alterar profundamente a estrutura e a paisagem de Paris. Com a expansão da industrialização, a urbanização transformou intensamente as cidades a partir do século XIX, bem como impôs constantes intervenções públicas que procuraram romper com o liberalismo dominador da especulação imobiliária privada.

A Alemanha, por exemplo, protagonizou planos de ocupação do solo urbano em várias localidades segundo funções específicas e regulações públicas de convivência coletiva. Nas cidades francesas, espanholas, inglesas e austríacas, também ganharam importância os aspectos decorativos, de embelezamento e monumentalidade, como os bulevares em Paris, a Regent Street em Londres, a *ensanche* de Barcelona e a Ringstrasse em Viena. Para além do destaque do monumental na superfície urbana, a arquitetura assumiu a simbologia do poder, da estética e da expressão do orgulho cívico como tentativa de enfrentar a feiura e a desordem nas cidades dominadas pela especulação imobiliária.

Dessa maneira, as reformas urbanas trataram de reconfigurar as antigas cidades expostas ao aumento expressivo e descontrolado dos fluxos migratórios, acompanhado por epidemias e revoltas sociais. A modernização nas cidades constituiu a base pela qual o desenvolvimento urbano buscou elevar a qualidade de vida, por meio da expansão organizada das habitações e dos sistemas de infraestrutura na oferta pública de iluminação, saneamento, gás, telefonia, transportes e outros.

Tudo isso impactou profundamente a estruturação da sociedade que não existia ainda sem a presença física no território, cuja organização social a partir dos centros urbanos implicou características marcantes no modo de vida nas cidades industriais. De certa forma, houve a convergência de sentido "higienizador" de áreas centrais ocupadas por pobres (miséria, epidemias) com o desfazimento de cortiços e a imposição da reestruturação das vias de mobilidade, além do saneamento dos espaços públicos e de novas residências e prédios públicos conforme visão predominante das elites, com seus projetos de ordem e organização interna da modernidade nas cidades.

Em quase sete décadas (1850-1914), o processo de modernização das cidades convergiu para dois padrões distintos (cidade estendida, com muitos subúrbios, e cidade concentrada, com ampla reforma do centro). O primeiro padrão está relacionado às cidades anglo-saxônicas que estenderam a moradia em direção aos subúrbios, inclusive segmentos mais ricos da população residindo fora da área central[57].

---

(57) O termo "subúrbio" corresponde à parcela do processo de urbanização que não pertence à área central das cidades. Nas economias ricas, o subúrbio atende aos segmentos de maior renda, dispondo da totalidade da infraestrutura, dos equipamentos urbanos e dos serviços públicos. Nos países pobres, em geral, o subúrbio concentra os segmentos

O segundo padrão pode ser verificado em cidades europeias que privilegiaram o centro urbano integrado por múltiplas atividades, abrigando inclusive sedes de instituições, edifícios públicos e moradias assistidas por transporte coletivo decente. De certa forma, a diferenciação nos padrões de urbanização resultou de opções políticas e administrativas dos governos, que privilegiaram o deslocamento para o subúrbio com liberdade de expansão para novas localidades distantes da área central (padrão de cidades estendidas) ou a regulação pública para remodelação e reorganização de infraestrutura, equipamentos e serviços públicos no antigo centro das cidades a fim de atender a elevação da densidade demográfica e de contemplar com ampla multifuncionalidade as atividades socioeconômicas.

Diante das antigas cidades agrárias herdeiras de estruturas medievais, as intervenções governamentais propuseram atender aos novos requisitos da urbanização industrial – ou seja, exigências de classe da burguesia que, ao superar a antiga aristocracia agrarista, estabeleceu planos de cidades para o seu próprio aproveitamento, enfrentando a desordem e higienizando o território frente às massas de empobrecidos e às epidemias.

Com isso, o modo de vida urbano seguiu a referência de modernidade influenciada pelas pretensões da cidade burguesa. A sua transformação na forma, na imagem e na estrutura urbana revelou a força da especulação imobiliária, do setor da construção e dos serviços em busca de lucro crescente[58].

O passado do industrialismo no capitalismo liberal do século XIX, construtor do processo urbano marcado por cidades deterioradas, imundas e congestionadas, a operar com multidões de pobres vivendo em locais sem esgoto, recolhimento de lixo e expostos à proliferação de bactérias, infecções e pestes de todo tipo (tifo e bubônica), começou a ficar para trás.

---

de baixa renda, na maioria das vezes sem contar adequadamente com infraestrutura, equipamentos urbanos e serviços públicos. Para mais detalhes, ver Michael Wagenaar, "Conquest of the Center or Flight to the Suburbs? Divergent Metropolitan Strategies in Europe, 1850-1914", Journal of Urban History, London, 1992, v. 19, n. 1, pp. 60-83; David Harvey, A justiça social e a cidade, São Paulo: Hucitec, 1980; Donald J. Olsen, The City as a Work of Art: London, Paris, Vienna, New Haven; London: Yale University Press, 1986; Leonardo Benévolo, História da cidade, São Paulo: Perspectiva, 1983; Lewis Mumford, A cidade na história, São Paulo: Martins Fontes, 1998.
(58) Sobre isso, ver Marshall Berman, Tudo que é sólido desmancha no ar: a aventura da modernidade, São Paulo: Companhia das Letras, 1986; Peter Hall, Ciudades del mañana, Barcelona: Serbal, 1996; Eric Hobsbawm, A era do capital, 1848-1875, São Paulo: Paz e Terra, 1996; Friedrich Engels, A situação da classe trabalhadora na Inglaterra, São Paulo: Global, 1985.

Da mesma forma, a liberdade das iniciativas privadas passou a sofrer limitações de parte da administração pública em torno dos anseios burgueses de modificar o espaço caótico originado das cidades industriais.

No século XX, a tendência da urbanização ganhou novo impulso com a desestruturação dos impérios e suas colônias e a consolidação, após o fim da Segunda Guerra Mundial, do sistema interestatal. Superado o orgulho cívico presente até então, a reconstrução das cidades europeias no segundo pós-guerra favoreceu a estética e a estrutura urbanas estabelecidas por leis que permitiram intervir nos espaços construídos e reconstruídos a partir da definição dos projetos de infraestrutura e serviços públicos.

Acontece que a herança das grandes cidades nos países de industrialização avançada fazia concentrar multidões de empobrecidos e desempregados sem moradia nas áreas urbanas centrais. Diante dos sinais de esgotamento dessas áreas centrais, a expansão dos subúrbios se mostrou uma alternativa diante da expansão populacional, seja em cidades europeias no entreguerras, seja nas cidades estadunidenses no segundo pós-guerra.

Pelo deslocamento populacional para os subúrbios das grandes cidades, o componente diferenciador da renda e etnia/raça tornou-se ainda mais relevante. Com isso, criou-se um dilema em relação ao atendimento das demandas dos centros urbanos em ampliação e os subúrbios identificados pelas necessidades de infraestrutura, equipamentos e serviços públicos.

Na reconstrução dos centros urbanos após a Segunda Guerra Mundial, o processo de urbanização foi ampliado pela oferta de serviços bem sofisticados, ademais da infraestrutura e dos equipamentos urbanos, contemplando a metropolização e as megalópoles, bem como as novas cidades-satélites[59].

Neste começo do século XXI, as cidades encontram-se questionadas pela ordem mundial conduzida por grandes corporações transnacionais. A denominação de cidades mundiais parece buscar chamar a atenção para os desafios de consolidação de uma nova rede urbana, capaz de consagrar a estrutura de operacionalização das cadeias globais de valor.

---

(59) Mais detalhes em Henri Lefebvre, A revolução urbana, Belo Horizonte: EDUFMG, 2004; Marcel Roncayolo e Thierry Paquot (org.), Villes et civilizations urbaine XVII-I-XX siècle, Paris: Larousse, 1992; Saskia Sassen, As cidades na economia mundial, São Paulo: Studio Nobel, 1998; Idem, The Global City, Princeton: PUP, 2001; Manuel Castells, The Informational City, Oxford: Basil Blackwell, 1989.

Mas as cidades não respondem somente aos requisitos das unidades de produção, circulação e consumo. Também reflete no território a complexidade da convivência humana em dimensão social e cultural, assim como a densidade e o deslocamento demográfico coincidem com os constrangimentos da mobilidade, afetando comportamentos e valores sociais e políticos contemporâneos.

Ainda que a urbanização seja uma trajetória de escala mundial, sua expansão não se apresentou homogênea entre os países. Enquanto as economias industrializadas levaram cerca de um século, tendo algumas alcançado a dominância urbana ainda no século XIX, a parte restante dos países somente passou a transitar da sociedade agrária para a urbana e industrial na segunda metade do século XX.

Naquela época, a urbanização nos países subdesenvolvidos ganhou magnitude, sem que houvesse sido instalada a industrialização. Em 1960, por exemplo, seis das dez maiores concentrações urbanas do mundo localizavam-se nos Estados Unidos, na Europa e no Japão. Nos dias de hoje, oito em cada dez maiores concentrações urbanas do mundo pertencem aos países da África e da Ásia. Isso porque foram as regiões que conseguiram expandir tardiamente a industrialização no século XX, completa ou incompletamente. Assim, assumiram maior centralidade frente aos desafios da urbanização, tendo em vista o pertencimento à parcela integrante da periferia do capitalismo mundial, conforme trata-se a seguir, especialmente para o caso dos municípios brasileiros.

Urbanização no capitalismo periférico

Desde que se tornou dominante, o modo de produção capitalista caracterizou-se por seu desenvolvimento profundamente desigual, marcado por hierarquia constituída a partir de um centro geográfico dinâmico assentado no tripé da capacidade de produção e difusão tecnológica, da moeda de curso internacional e do amplo poder militar das armas. Na ausência de um ou de todos os componentes do tripé do centro dinâmico, restou a condição periférica e dependente, conformadora do atraso do subdesenvolvimento.

Toda a hierarquia dominadora da desigualdade do desenvolvimento capitalista sofreu alterações no centro dinâmico desde o século XVIII, com a Primeira Revolução Industrial e Tecnológica instalada na Inglaterra, capaz de viabilizar a industrialização originária e, na sequência, com a industrialização retardatária ampliada entre regiões com a Segunda Revolução Industrial e Tecnológica, fundamentalmente assentada na Alemanha e nos Estados Unidos na parte final do século XIX.

Com isso, o processo de urbanização que acompanhou o movimento de industrialização, enquanto passagem da antiga sociedade agrária para a industrial, atingiu, até o início do século XX, cerca de um quarto da população mundial, sobretudo aquela localizada no hemisfério norte do planeta. Desde a década de 1950, a urbanização com características distintas daquelas observadas nos países desenvolvidos passou a avançar rapidamente para outras partes do mundo.

Com o desenlace da industrialização tardia ao longo do século passado, o circuito periférico dos países desenvolvidos constitutivos do centro dinâmico do capitalismo mundial foi transitando do antigo agrarismo para a sociedade urbana e industrial. De maneira geral, trouxe consigo as marcas do subdesenvolvimento, com padrão de urbanização distinto dos países desenvolvidos – a começar pelo fato de que o deslocamento absoluto e relativo do setor primário da economia (agropecuária e mineração) não significou a expansão majoritária das ocupações do setor secundário (indústria de transformação e construção civil), ao contrário do verificado nos países desenvolvidos. Assim, os países subdesenvolvidos constituíram cidades industriais com o inchamento significativo de atividades econômicas e ocupacionais no setor terciário, responsável pela absorção da população sobrante às pretensões iniciais de constituição da sociedade salarial.

Nesse sentido, uma espécie de circuito inferior da economia se apresentou funcional e não dual ao circuito superior da economia capitalista. Sob as condições precárias do trabalho informal, parcela da população urbana se reproduziu na autoconstrução e na ilegalidade das ocupações periféricas nas grandes cidades, bem como se apresentou funcional à oferta de serviços baratos ao segmento de maior renda, como serviços domésticos, de segurança privada, além de ocupações como motorista, governanta, piscineiro, passeador de cães, jardineiro, cortador de grama, entre outros.

Também diferentemente dos países desenvolvidos, cuja urbanização transcorreu de forma lenta e gradativa, de certa forma compatível com a instalação de infraestruturas e serviços públicos, a periferia do capitalismo rapidamente acumulou grandes fluxos migratórios nas cidades, sem que estivessem preparadas para a acelerada expansão urbana. O resultado do ritmo da industrialização, completa ou incompleta, em um curto espaço de tempo foi a formação urbana desordenada e marcada por significativa segregação social.

A constituição de cidades industriais com espaços urbanos muito desiguais explicitou a contida oferta de água encanada, rede de esgoto, pavimentação de vias, sistema de transporte, entre outros serviços e equipamentos públicos (educação, saúde, assistência, segurança). Uma das características desse padrão de urbanização foi o surgimento de subúrbios, para além da carência da infraestrutura básica, e a formação de enormes depósitos habitacionais da classe trabalhadora, ao contrário dos países desenvolvidos, com subúrbios associados às residências do segmento de alta renda.

Nesse sentido, as cidades industriais constituídas nos países subdesenvolvidos expandiram áreas periféricas, em geral direcionadas à população de baixa renda, com acesso gradual e contido à oferta de infraestrutura urbana e de serviços públicos. Ao contrário disso, a área central da cidade, concentradora de residências pertencentes ao segmento de alta renda, contava com ampla difusão na oferta de infraestrutura, equipamentos e serviços públicos.

Além disso, as áreas centrais terminaram localizando as maiores e melhores ofertas de trabalho, integradas ao dinamismo econômico, contando também com a presença de maior segurança e mobilidade urbana. Por outro lado, as áreas periféricas, sem dispor de equivalente dinamismo econômico, assistiam à proliferação de ocupações e subocupações informais e do desemprego, geralmente submetido ao contexto da violência e da pobreza.

O aprofundamento do curso da desindustrialização madura e precoce em vários países do Ocidente foi simultâneo ao deslocamento da industrialização para as nações do Oriente do planeta, com urbanização acelerada nas economias subdesenvolvidas. Com isso, alterou-se o perfil das cidades com as maiores concentrações urbanas no mundo.

As nações mais populosas, como a China e a Índia, se destacam. Na Índia, por exemplo, a urbanização acontece velozmente. Em dez anos, a população vivendo em cidades passou de 11,4%, em 1991, para 28,5%, em 2001, o que correspondeu a um crescimento médio anual de 0,9%, enquanto em 2019 alcançou 34,5%, podendo chegar a 41% em 2030.

Já a China, que mantinha crescimento relativamente suave na taxa de urbanização do passado, conviveu com forte aceleração desde os anos 1990. Em 1953, por exemplo, a taxa de urbanização chinesa saiu de 13,2% do total da população para 20,9% em 1982, o que significou crescimento médio anual de 1,6% ao ano.

Em 2010, os residentes nas cidades chinesas passaram a representar 48,7% da população, com variação de 4,8% em média ao ano. No ano de 2018, a taxa de urbanização foi de 60% da população chinesa, registrando aumento de 2,6% médio ao ano entre 2010 e 2018.

De maneira geral, os procedimentos de reforma urbana que foram registrados nos países industrializados desde o século XIX apenas tardiamente se tornaram mais evidentes, com a experiência de industrialização nas cidades pertencentes às regiões periféricas do capitalismo mundial no século XX. Nesse sentido, viu-se a presença de políticas públicas inseridas na transição da sociedade agrária para a urbana e industrial.

Para tanto, medidas governamentais fizeram avançar a infraestrutura e os equipamentos urbanos, bem como a difusão de serviços públicos. As reformas urbanas realizadas se mostraram insuficientes para superar a desigualdade herdada da condição de cidades agrárias diante da dominância dos interesses do capital privado e da especulação imobiliária, em geral.

Com isso, as estruturas sociais e suas formas de manifestação espacial revelaram notáveis diferenças em relação ao verificado nas cidades industriais dos países desenvolvidos. Tratou-se de uma espécie de reprodução do subdesenvolvimento nacional na escala citadina, quando as diferenciações funcionais no espaço físico (fábricas, escritórios, residências, favelas, parques etc.) revelaram a existência de vínculos do centro remodelado e enriquecido com a ampliação empobrecida das periferias suburbanizadas.

Em síntese, houve a combinação subdesenvolvida do centro urbano contendo residência de ricos e classe média alta, órgãos públicos, atividades econômicas e ocupacionais e o acesso à infraestrutura e a equipamentos urbanos e serviços públicos (cidades concentradas) com o espalhamento para áreas mais distantes dos pobres, praticamente sem dispor de quase nada (cidades estendidas).

De um lado, o antigo centro das cidades agrárias, transformado pelos traços de modernidade das cidades industriais, assumiu a condição de espaço físico limítrofe da incorporação das classes sociais privilegiadas. De outro, viu-se a expansão territorial para as áreas mistas, com prédios comerciais, industriais e de residências aos segmentos de rendimento intermediário, e sucessivamente até alcançar a periferia cada vez mais distante do centro urbano, constituída por sobrantes empobrecidos, ainda que funcionais à modernidade industrial excludente.

A propagação do padrão de cidades estendidas nos países subdesenvolvidos reconfigurou a organização espacial perante a segregação social estabelecida pela nova divisão funcional no território urbano. Assim, a estrutura das classes sociais conformadas pelo desenvolvimento do capitalismo periférico terminou sendo explicitada no âmbito do espaço das cidades com realidades urbanas muito diferenciadas em termos de infraestrutura e serviços públicos.

Com habitações cada vez mais separadas e distantes dos locais de trabalho, educação, saúde, comércio, entre outras atividades, a mobilidade assumiu crescente centralidade no comprometimento da jornada diária e no orçamento familiar. Embora as cidades agrárias expressassem certa divisão social implícita na distribuição das moradias no território, a separação entre moradia e trabalho e demais atividades não transcorria como observado nas cidades industriais. Tampouco demonstrava a especialização de funcionalidade que a urbanização consolidou[60].

O resultado da dominância do capital privado e da especulação imobiliária foi, em geral, a consolidação de dois espaços físicos diversos no interior da modernidade das cidades decorrentes da passagem para a sociedade urbana e industrial. O centro e os bairros ricos foram valorizados

---

(60) Ver mais em Kempe R. Hope, "Urbanization and Urban Growth in Africa", *Journal of Asian and African Studies*, New York, 1998, n. 33, pp. 345-58; Mingxing Chen et al., "Evolution and Assessment on China's Urbanization 1960-2010: Under-Urbanization or Over-Urbanization?", *Habitat International*, 2013, n. 38, pp. 25-33; Dennis Normile, "China's Living Laboratory in Urbanization", *Science*, 2008, n. 319, pp. 740-43; Gene Chang e Josef C. Brada, "The Paradox of China's Growing Underurbanization", *Economic Systems*, 2006, n. 30, pp. 24-40; Ambe J. Njoh, "Urbanization and Development in Sub-Saharan Africa", *Cities*, 2003, v. 20, n. 3, pp. 167-74.

por reformas urbanas de sentido liberal-conservador, mas contido em determinado espaço da cidade.

A parte restante do território das cidades se converteu em disputa aberta entre terras agrárias e o povo despossuído de tudo. Ao não ter sido acompanhada da constituição de subúrbios planejados por reformas urbanas, a exclusão das áreas centrais da classe trabalhadora empobrecida abriu um novo campo da autoconstrução periférica, carente de políticas públicas e da modernidade da sociedade urbana e industrial.

A respeito disso, e para maior detalhamento, apresentaremos os traços principais do processo de urbanização no Brasil, que, entre as décadas de 1930 e 1980, consagrou a transição da sociedade agrária para a sociedade industrial. No esforço de identificar as mais importantes transformações ocorridas nas cidades, do seu passado agrário, passando pela construção das cidades industriais, até a antecipada transição para as cidades de serviços, desenvolveu-se a análise a seguir.

A experiência brasileira de urbanização periférica

Neste começo da terceira década do século XXI, viver no Brasil é fundamentalmente viver nas cidades que absorvem cerca de 90% do total da população, o que corresponde a uma das maiores taxas de urbanização do mundo. Mesmo sendo o quinto maior país em extensão do planeta, a população urbana concentra-se em menos de 1% do território brasileiro, exposto a significativas desigualdades de vida e trabalho entre as áreas geográficas, estados e municípios.

Entre as grandes regiões da nação, o Sudeste supera as demais com quase 93% de sua população considerada urbana, enquanto o Norte e o Nordeste detêm as menores taxas de urbanização do país (ver mais detalhes na Tabela 2). Ao se considerar o conjunto das unidades federativas, por exemplo, nota-se que Tocantins é o estado com menor densidade urbana, com 1,6 mil habitantes por quilômetro quadrado, ao passo que Alagoas ocupa o primeiro posto de maior densidade urbana, com 4,9 mil habitantes por quilômetro quadrado.

Por outro lado, o estado de Minas Gerais possui a maior quantidade de municípios (853) de toda a federação, enquanto Roraima registra apenas 15 cidades. Também em Minas Gerais localiza-se Serra da Saudade, considerado o menor município em termos populacionais (781 habitantes) do país.

Já São Paulo, a capital dos paulistas, registra 12,2 milhões de habitantes e supera a população de 124 países, sem apresentar a maior densidade urbana nacional. São João do Meriti (o formigueiro das Américas), no Rio de Janeiro, com mais de 13 mil habitantes por quilômetro quadrado, assume o posto de município com maior densidade urbana do Brasil, enquanto o município de Japurá, no estado do Amazonas, com 0,1 habitante por quilômetro quadrado, tem a menor densidade demográfica do país.

Tabela 2 - Brasil: evolução da taxa de urbanização em anos selecionados
(em % da população total)

REGIÃO	1940	1970	1991	2010
Sudeste	39,4	72,7	88,0	92,9
Centro-Oeste	24,1	48,0	81,3	88,8
Sul	27,4	44,3	74,1	84,9
Norte	27,7	45,1	59,1	73,5
Nordeste	23,4	41,8	60,6	73,1
Brasil	31,2	55,9	75,6	83,5

Fonte: IBGE

Além disso, destaca-se a diversidade de extensão territorial dos municípios brasileiros, como no caso de Altamira, no Pará, que é o município de maior área do país, cuja extensão de 159.533 quilômetros quadrados corresponde a 1,9 vezes a área da Escócia, 1,7 vezes a de Portugal e 1,5 vezes a da Islândia. No outro extremo, o município de Santa Cruz de Minas, em Minas Gerais, com 3,6 quilômetros quadrados de extensão, é o menor do país.

Soma-se às multiplicidades de situações em que a população urbana vive nos municípios brasileiros a hierarquia que determinadas cidades assumem em relação às demais. Isso resulta da centralidade que as principais atividades econômicas (agropecuária, indústria e serviços) exercem sobre cada município, bem como do desenvolvimento da infraestrutura constitutiva da rede urbana (saneamento, transporte, energia e outras) e da disponibilidade e qualidade dos equipamentos e serviços públicos (educação, saúde, lazer, entre outros).

Em virtude desses critérios, o conjunto de 5.570 municípios pode ser agrupado atualmente por sua diversidade de influências em (i) metrópoles nacionais/globais: Brasília (política), São Paulo (econômica) e Rio de Janeiro (cultural); (ii) metrópoles regionais: Belém e Manaus (região Norte), Curitiba e Porto Alegre (região Sul) e Recife, Fortaleza e Salvador (região Nordeste); (iii) capitais dos 26 estados da federação; (iv) cidades-polo no interior dos estados; (v) arranjos populacionais que respondem pela extensão territorial de dois ou mais municípios integrados por fluxo de atividades; (vi) concentração urbana decorrente das diferentes escalas dos arranjos populacionais; (vii) municípios de fronteira internacional; e (viii) municípios isolados. Dentro da possibilidade de identificação das categorias de municípios brasileiros, ressalta-se a evolução histórica a explicar a natureza da origem funcional de cada cidade.

Geralmente, a formação histórica de grande parte dos municípios brasileiros relaciona-se ao estabelecimento original do povoado por decorrência de sua localização prévia, como espaço protegido pela natureza, proximidade do mar ou rio, hospedaria, rota ou local de comércio, artesanato ou outro tipo de atividade econômica (agricultura, mineração, feira, gado, administração e outras). Da condição de povoado em ascensão, passa-se ao posto de vila, cujo desenvolvimento em termos de produção agropecuária, comércio, moradia, transportes, força militar e construção, por exemplo, permitiria com excertos de modernidade industrial remodelar o subdesenvolvimento herdado da antiga cidade agrária.

No caso brasileiro, a cidade é, em geral, menor em termos demográficos e econômicos que o município, por não incluir a área e a população rural. O conceito de município encampa tanto a área e a população urbana (prédios, residências, ruas, avenidas, comércio, bancos, prefeitura, serviços, igrejas, lojas e outras) como a rural (agropecuária, campos, florestas, sítios, chácaras, fazendas, entre outros).

Para tratar do processo de urbanização no Brasil, cabe mencionar que até o início do século XIX a condição de Colônia havia imposto um padrão de cidade agrária a operar como enclave associado à dinâmica do comércio exterior. O resultado disso foi a sedimentação ao longo do tempo de subespaços urbanos condizentes com um arquipélago de ilhas no território colonial.

Com a Independência nacional, em 1822, o panorama herdado parece ter sofrido poucas alterações, embora o ciclo cafeeiro a partir da segunda metade do século XIX tenha permitido ao estado de São Paulo se firmar como novo centro dinâmico da hierarquia urbana que começaria a se formar entre as cidades agrárias do país. A internalização da infraestrutura urbana representada por investimentos pontuais em ferrovias, portos e meios de comunicação acompanhou o surgimento de políticas públicas (saneamento, saúde, escolas) durante a República Velha (1889-1930).

Nesse sentido, as cidades agrárias ingressaram na transição da antiga relação da casa-grande com a senzala durante a escravidão nas fazendas para a novidade dos sobrados e mocambos urbanos. Até então era comum os ricos construírem seus sobrados nas cidades, embora nem sempre ocupados com frequência por preferirem a casa-grande nas fazendas ou residirem temporariamente no exterior (Portugal, França e Inglaterra)[61].

Durante o mercantilismo dominante no período colonial (1500-1822) e no Império (1822-1889), com a independência nacional, a posse da terra encontrava-se fundamentalmente circunscrita aos senhores de escravos. Mesmo com a aprovação da Lei das Terras, em 1850, a propriedade da terra – e, portanto, suas consequências, como a moradia – praticamente não se alterou profundamente em relação ao passado.

A exclusão da maioria da população constituída sobretudo por negros, indígenas e miscigenados foi mantida. Nessa situação, a imigração europeia e japonesa entre as décadas de 1850 e 1920 se instalou no país, substituindo o trabalho forçado de negros e indígenas durante a escravidão (1530-1888) pelo mercado de trabalho livre em formação.

A massa da população empobrecida de ex-escravos e miscigenados foi simplesmente excluída justamente quando o modo de produção capitalista se tornou dominante. Assim, a constituição da sociedade da concorrência

---

(61) A notável descrição do declínio do patriarcalismo e da escravidão foi acompanhada pela transformação diferenciada das habitações segundo a classe social. Enquanto a aristocracia agrarista trocou a casa-grande nas fazendas pelos sobrados em áreas urbanas, a parte restante da população empobrecida deixou as senzalas, como no caso dos ex-escravos, e rumou para as precárias e desconfortáveis habitações constituídas na forma de cabana, tapera, casebres de palha e barro (mocambos) em áreas pobres das mesmas áreas urbanas ocupadas pelos ricos. Ver mais: Gilberto Freyre, *Casa-grande & senzala*, op. cit.; Gilberto Freyre, *Sobrados e mucambos*, São Paulo: Global, 2013.

entre os indivíduos livres e soberanos apregoada pelo liberalismo de mercado falhou brutalmente no Brasil.

Tabela 3 - Brasil: evolução da população de capitais de estados em anos selecionados

Cidades	1872	1920	1980	2010
Manaus	29.334	75.704	642.492	1.802.014
Belém	61.997	236.402	949.545	1.393.399
Recife	116.671	238.843	1.240.937	1.537.704
Salvador	129.109	283.422	1.531.242	2.675.656
Rio de Janeiro	274.972	1.157.873	5.183.992	6.320.446
São Paulo	31.385	579.033	8.587.665	11.253.503
Belo Horizonte	—	55.563	1.822.221	2.375.151
Cuiabá	35.987	33.678	219.477	551.098
Curitiba	12.651	78.986	1.052.147	1.751.907
Porto Alegre	43.998	179.263	1.158.709	1.409.351

Fonte: IBGE

Além disso, o perfil das cidades agrárias estabelecidas no litoral e no interior, e não distante das áreas costeiras do mar ou rios, seguiu pouco alterado até o início do século XX. Percebe-se também que a população urbana era relativamente insignificante, embora registrasse expansão importante, tendo passado de 5,9% da população total, em 1872, para 9,4%, em 1900.

O projeto de industrialização nacional instalado pela Revolução de 1930 foi fundamental para o desenvolvimento urbano em novas bases. Em grande medida, as cidades herdadas da sociedade agrária recepcionaram parcela crescente da migração interna, consolidando a prevalência do perfil urbano de proximidade às áreas costeiras de rios e mar, pelo menos até o final da década de 1950, quando o impulso da interiorização e do deslocamento para o oeste do país ganhou certa prioridade governamental.

Para isso, dois fatores se mostraram fundamentais na definição do padrão de urbanização no Brasil. O primeiro relaciona-se ao movimento migratório interno, que rapidamente levou ao deslocamento de multidões de miseráveis despossuídos de terra para cidades despreparadas para a absorção decente e imediata dos migrantes.

O reconhecido êxodo rural que tomou conta do país entre as décadas de 1920 e 1970 transcorreu de forma concentrada no tempo e desorganizadora das cidades industriais. Em apenas três décadas (1930 a 1950), fundamentalmente, o país rapidamente transitou de antiga e longeva sociedade agrária para a urbana e industrial.

O conservadorismo das oligarquias agraristas dirigentes bloqueou o espírito reformista do tenentismo instalado pela Revolução de 1930, por meio da contrarrevolução paulista de 1932. Assim, o capitalismo de industrialização tardia se originou e desenvolveu de forma selvagem, sem regulação apropriada, ao contrário dos países de industrialização avançada.

Na ausência da reforma agrária e urbana, ademais da tributária e social, o salto da urbanização brasileira efetivou-se perifericamente para a maioria da população excluída da centralidade de infraestrutura, equipamentos urbanos e serviços públicos. Foi nesse sentido que ganhou importância o segundo fator responsável pelo padrão de urbanização periférico no país, constituído por quatro ondas de reformas urbanas que, impostas por elites ricas e poderosas, demarcaram o sentido da urbanização periférica nas cidades agrárias, industriais e de serviços no Brasil.

A primeira onda de reformas urbanas aconteceu entre as décadas de 1890 e 1920 nas principais cidades do país. Em grande medida, tinha como referência a experiência europeia de embelezamento, estética e mobilidade coletiva assentada em trens e bondes elétricos, distantes das charretes e carroças do passado, conforme projeto modernizador aplicado em cidades de países industrializados (reforma de Haussmann na cidade de Paris, em 1853)[62].

Nessa primeira onda, também foi perseguido o sentido aproximado das reformas urbanas europeias de higienização e afastamento dos pobres das áreas centrais das cidades, sobretudo nas capitais de estados. As interven-

---

(62) A transformação da cidade com traços medievais para a cidade moderna e industrial, como em Paris, ocorreu sob o impulso da emergência autoritária e conservadora, buscando atender a pelo menos duas razões principais: (i) evitar conflitos revolucionários como os ocorridos entre as décadas de 1820 e 1840 e (ii) enfrentar os riscos de epidemias e a insalubridade com a higienização nas áreas centrais, o que significou o deslocamento de pobres e suas habitações amontoadas em ruas estreitas e sem saneamento. Em poucos anos, por exemplo, Paris contava com 320 mil novas e modernas habitações da mais alta renda substituindo as 120 mil habitações populares destruídas, além de 300 quilômetros de novas e largas vias arborizadas, com parques públicos e sistema de transporte ferroviário do centro ao interior da cidade. Ver David Harvey, *Paris, capital da modernidade*, São Paulo: Boitempo, 2015; Andrew Hussey, *A história secreta de Paris*, Barueri: Amarilys, 2011; Colin Jones, *Paris, biografia de uma cidade*, Porto Alegre: L&PM, 2013; DYOS, H. J. *The Study of Urban History*. London: Edward Arnold, 1971.

ções urbanas buscaram remodelar o centro das cidades que desconheciam ainda a industrialização, ao contrário das europeias, cujos projetos de embelezamento, saneamento, telefonia e transporte de bondes elétricos e trens respondiam a plena expansão da sociedade industrial.

Para atender ao processo de urbanização em um país sem industrialização, ao final do século XIX, as iniciativas dos governos nas cidades contaram com a internalização de empresas estrangeiras privadas na oferta de serviços públicos, pelo menos aos segmentos de maior rendimento. Na maioria das vezes, a destituição de bairros de moradia proletária e o desmanche de cortiços e outras formas de habitação no centro urbano serviram para remodelar parcial e pontualmente o centro de cidades assentadas na sociedade agrária[63].

No contexto da virada para o século XX, quando o modo de produção capitalista recém se tornava dominante no país, a tenra urbanização começou a avançar tendo como traço marcante o deslocamento dos pobres para espaços distantes do centro antigo herdado das cidades agrárias. A segregação no território dessas cidades pareceu certo prolongamento do passado de exclusão do trabalho forçado, uma vez que negros e miscigenados estiveram praticamente ausentes dos benefícios da primeira onda de intervenção urbana no Brasil.

A segunda onda de reformas urbanas protagonizadas pelas prefeituras ocorreu como parte constitutiva da modernização nas cidades, basicamente durante a industrialização restringida entre as décadas de 1930 e 1950. Naquela época, as intervenções urbanísticas tiveram maior influência dos Estados Unidos, a partir da reconstituição funcional das cidades associada aos projetos de verticalização em áreas centrais e à substituição do transporte urbano de bondes e trens por grandes eixos de mobilidade rodoviária[64].

---

(63) Para mais detalhes sobre as influências das intervenções urbanas haussmannianas nas cidades brasileiras, ver Jaime Larry Benchimol, *Pereira Passos, um Haussmann tropical*, Rio de Janeiro: SMCTE, 1992; Manuel Castells, *Imperialismo y urbanización en América Latina*, Barcelona: GG, 1973; Berenice Cavalcante, "Beleza, limpeza, ordem e progresso: a questão da higiene na cidade do Rio de Janeiro, final do século XIX", *Revista Rio de Janeiro*, Niterói: 1985, v. 1, n. 1, pp. 95-103; Marcia Dias, *Desenvolvimento urbano e habitação popular em São Paulo — 1870-1914*, São Paulo: Nobel, 1989; Marta R. Batista et al., *Cidades brasileiras: políticas urbanas e dimensão cultural*, São Paulo: IEB/USP, 1998; Ana Lúcia D. Lanna, Uma cidade na transição. Santos: 1870-1913, São Paulo: Hucitec, 1996; Stella Bresciani (org.), *Imagens da cidade séculos XIX e XX*, São Paulo: MZ, 1994; Eloísa P. Pinheiro, *Europa, França e Bahia: difusão e adaptação de modelos urbanos*, Salvador: EDUFBA, 2002; Marilene R. N. Silva, *Negro na rua: a nova face da escravidão*, São Paulo: Hucitec, 1988.

A opção pela liberação concedida pelas prefeituras, no plano urbanístico, para a construção de edifícios de vários andares transformou gradualmente a arquitetura central das grandes cidades brasileiras, nas quais a presença da verticalização era até então desconhecida até mesmo pela experiência europeia de urbanização. Além disso, a influência estadunidense também se generalizou a partir dos anos 1960 por intervenções urbanas direcionadas à construção de grandes vias radiais de conexão rodoviária do centro com bairros, diferentemente do que predominava até então (trens e bondes elétricos).

Com isso, a urbanização terminou aprofundando ainda mais a face da desigualdade no território. Enquanto os segmentos de renda alta e intermediária recebiam financiamentos variados que atendiam o crédito de curto prazo para o consumo de bens duráveis (eletrodomésticos e automóveis) e de longo prazo para a aquisição de apartamento em edifícios ou construção da casa própria, a maioria empobrecida estava desprovida de emprego assalariado formal e deslocada para áreas distantes do centro urbano[65].

---

(64) Robert Moses teve, para alguns, papel de destaque nos Estados Unidos comparável ao de Haussmann na França, tendo em vista as funções diretivas que desempenhou em Nova York entre 1938 e 1964 e os projetos de vias expressas e pontes que devastaram grandes setores consolidados da cidade em favor do automóvel. Buscou também combinar o desenvolvimento rodoviário com a preservação do espaço com parques e o estímulo à recuperação da economia por meio das obras públicas, como nos casos do Lincoln Center, Shea Stadium, hidrelétricas, Jones Beach State Park, pontes e estradas, ademais da preservação de mais de 2,5 milhões de acres de parques no estado de Nova York. Daí a influência no planejamento de muitas cidades em toda a América e fora dela, como no Brasil. Também teve influência na segunda onda de reformas urbanas no Brasil a contribuição de Alfred Donat Agache no planejamento urbano. Sobre isso, ver Lúcia Silva, "A trajetória de Alfred Donat Agache no Brasil", em: Luiz Cesar de Queiroz Ribeiro e Robert Pechman (org.), Cidade, povo e nação: gênese do urbanismo moderno, Rio de Janeiro: Civilização Brasileira, 1996, pp. 397-410; Renato Anelli, "Redes de mobilidade e urbanismo em São Paulo: das radiais/perimetrais do Plano de Avenidas à malha direcionada PUB", Arquitextos, São Paulo: 2007, ano 07; Sandra Mara Ortegosa, "Cidade e memória: do urbanismo 'arrasa quarteirão' à questão do lugar", Arquitextos, São Paulo: 2009, ano 10; Phillipe M. Chatelain, "5 Things in NYC We Can Blame on Robert Moses", disponível em: <untappedcities.com/2013/12/18/5-things-in-nyc-we-can-blame-on-robert-moses/>, acesso em: 2 jun. 2021; Paul Goldberger, "Robert Moses, Master Builder, Is Dead at 92"), The New York Times, 30 jul. 1981, disponível em: <www.nytimes.com/1981/07/30/obituaries/robert-moses-master-builder-is-dead-at-92.html>, acesso em 2 jun. 2021; Marlice N. S. Azevedo e Milena S. Costa, "O urbanismo do início do século XX: a escola francesa de urbanismo e suas repercussões no Brasil: trajetórias de Alfred Agache e Attilio Correa Lima", Urbana, Campinas: 2013, v. 5, n. 2, pp. 64-97.
(65) Sobre a segunda onda das reformas urbanas no Brasil e suas consequências para a urbanização brasileira, ver Paul Singer, Economia política da urbanização, São Paulo: Brasiliense, 1987; Francisco de Oliveira, "O terciário e a divisão social do trabalho", Estudos Cebrap, São Paulo: Cebrap/Vozes, 1979, n. 24. Lucio Kowarick, O capitalismo e marginalidade social na América Latina, Rio de Janeiro: Paz e Terra, 1975; Milton Santos, A urbanização brasileira, São Paulo: Hucitec, 1993; Vilmar E. Faria,

Constituiu-se, assim, uma espécie de circuito inferior da economia, alimentado pela funcionalidade das ocupações informais e por moradias periféricas autoconstruídas pela própria classe trabalhadora urbana. Da totalidade do fluxo migratório do campo para as cidades, a maior parcela não encontrou oportunidade de ascensão nas cidades industriais, restando atividades precárias que a excluía da sociedade urbana e industrial em constituição.

A terceira onda de reformas urbanas consolidou o conjunto das cidades entre as décadas de 1960 e 1980, aprofundando ainda mais a influência estadunidense da intervenção pública no Brasil, pois contou com o apoio dos governos estaduais e federal. Assim, a implantação nas cidades de projetos nacionais de saneamento, comunicações e telecomunicações, transporte coletivo como metrô e trens urbanos, reformulação e ampliação de rodovias, entre outros, contou com financiamento governamental e dos organismos internacionais.

Ao mesmo tempo, o processo de estatização das antigas empresas privadas, em sua maioria operada por firmas estrangeiras, permitiu modernizar e ampliar serviços públicos em novas bases (eletricidade, transporte, comunicações e outras). Para tanto, novas empresas públicas foram constituídas para tratar de infraestrutura, equipamentos urbanos e serviços públicos. Também teve impulso a construção – ainda que contida para a dimensão da demanda interna da população de baixa renda – de projetos imobiliários em geral, inclusive em áreas periféricas nos grandes centros urbanos, especialmente nas regiões metropolitanas.

Além disso, a difusão de investimentos voltados para a circulação mais rápida nas cidades, com a abertura de novas localizações e instalações para grandes estabelecimentos comerciais como hiper e supermercados e centros de compras (*shopping centers*), contribuiu para a ampliação da estrutura concêntrica de aglomerações ao redor da área central, com forte dominância privada do capital e especulação imobiliária.

Essa terceira onda de reformulação nas cidades foi marcada pela presença de governos autoritários e antidemocráticos, que, durante a ditadura civil- -militar entre 1964 e 1985, ampliaram as características elitistas condutoras da urbanização periférica no Brasil. No auge da industrialização pesada verificada entre 1955 e 1980, com a instalação de grandes multinacionais em arti-

---

"Cinquenta anos de urbanização no Brasil: tendências e perspectivas", *Novos Estudos Cebrap*, São Paulo: 1991, n. 29, pp. 98-119.

culação com a expansão de empresas privadas e estatais, o emprego urbano e industrial cresceu rapidamente, impulsionando a parcela da população urbana, que saltou de 44,7%, em 1960, para 75,6%, em 1991, na população total[66]. Com isso, houve o salto urbano que reforçou a condição periférica da moradia da classe trabalhadora, em grande medida instalada pela autoconstrução e sem acesso adequado a infraestrutura, equipamentos urbanos e serviços públicos. A insurgência a que se assistiu nas grandes cidades, a partir da década de 1970, do novo sujeito social composto das populações urbanas periféricas, se mostrou fundamental para colocar na agenda da transição democrática a gravidade do problema das cidades, que seguiam dominadas privadamente pelo capital e pela especulação imobiliária.

Em síntese, as três ondas de reformas pelas quais passaram as cidades brasileiras terminaram por consolidar especificidades significativas no padrão de urbanização periférica na sociedade urbana e industrial marcada pela forte herança do agrarismo. Diferentemente da Europa, que avançou na urbanização concomitante com revoluções tecnológicas e industrializações original e retardatária desde o século XVIII, o Brasil somente impulsionou a urbanização na virada para o século XX.

A urbanização ocorreu em cidades sem a industrialização presente e associada à presença de migrações externas até pelo menos a década de 1920, quando a migração interna do campo para as cidades se tornou crescente na região Sudeste e depois do interior para as capitais de estados. O explosivo aumento populacional transcorreu de forma desorganizada nas cidades, que se viram despreparadas para combinar a industrialização tardia, somente a partir da década de 1930, com o inchamento do setor terciário da economia.

Em função disso, o fluxo do campo para as cidades da migração interna se defrontou com a busca de trabalho impulsionada pela urbanização mais

---

(66) A esse respeito ver Teresa P. do Rio Caldeira, "Enclaves fortificados: a nova segregação urbana", Novos Estudos CEBRAP, São Paulo: 1997, n. 47, pp. 179-192; Geraldo M. Costa, "Exclusão socioespacial na era urbana industrial", Anais do VII ENANPUR, Recife: MDU/UFPE, 1997, v. 2, pp. 1421-36; Ermínia Maricato, A produção capitalista da casa e da cidade no Brasil industrial, São Paulo: Alfa-Ômega, 1982; Fausto Brito e Joseane de Souza, "Expansão urbana nas grandes metrópoles: o significado das migrações intrametropolitanas e da mobilidade pendular na reprodução da pobreza", Revista Perspectiva, São Paulo: Fundação Seade, jan. 2006; Fausto Brito et al., A urbanização recente no Brasil e as aglomerações metropolitanas, Cedeplar/IUSSP, 2002; José Eli da Veiga, Cidades imaginárias: o Brasil é menos urbano do que se calcula, São Paulo: AA, 2003; Maria de Nazareth B. Wanderley, "A emergência de uma nova ruralidade nas sociedades modernas avançadas: o 'rural' como espaço singular e ator coletivo", Estudos Sociedade e Agricultura, Rio de Janeiro: 2000, n. 15, pp. 87-146.

acelerada que o processo de industrialização. As cidades não tinham condições de atender a todos com empregos assentados na dinâmica capitalista da industrialização e urbanização, e a massa sobrante e empobrecida da população que migrou para as cidades passou a exercer informalmente atividades funcionais aos segmentos enriquecidos.

O inchamento no setor terciário da economia por empobrecidos vindos do campo e sem oportunidades nas atividades assalariadas do capitalismo brasileiro levou à formação de relações de trabalho à margem da sociedade salarial, geralmente exercidas por negros e miscigenados. Assim, quanto maior a concentração de renda, mais rapidamente crescia a oferta de trabalho precário junto às famílias ricas através das ocupações de doméstica, segurança, motorista, passeadores de cães, piscineiros, manicure, pedicure, entre uma variedade de atividades de características serviçais.

A ampliação desordenada do setor terciário nas cidades foi fruto da hipertrofia urbana produzida pela expansão selvagem do capitalismo no Brasil. A macrocefalia urbana resultou da ocupação das cidades movida pela industrialização dirigida ao mercado interno, após quatro séculos de cidades agrárias dirigidas pelo comércio externo.

Com isso, as duas consequências principais da urbanização brasileira foram, de um lado, a valorização do centro das cidades e, de outro, o avanço das áreas periféricas empobrecidas, abandonadas e superpovoadas na ilegalidade da posse dos terrenos e na autoconstrução. Em grande medida, a divisão funcional das cidades atendeu aos requisitos técnicos políticos estabelecidos por reformas urbanas dominadas por interesses privados do capital e da especulação imobiliária.

Resumidamente, a estranha combinação das divisões funcional e social no interior das cidades consolidou o padrão de urbanização periférica, assentado na convergência das segregações espacial e socioeconômica.

Dentro do espaço das cidades, o final do século XX no Brasil foi marcado pelos movimentos da desindustrialização precoce e da passagem antecipada para a sociedade de serviços. Nesse contexto específico, a quarta onda de reformas urbanas aconteceu.

Entre as décadas de 1980 e 2010, novas centralidades ganharam inéditas dimensões espaciais simultaneamente à despersonalização dos bairros e o esvaziamento da imagem do território citadino. Também perdeu importância a referência de pertencimento e identidade humana com relação à cidade.

De um lado, isso se deveu à difusão de condomínios residenciais em bairros novos para segmentos enriquecidos e privilegiados pelo processo de financeirização da riqueza e de avanço das tecnologias de informação e comunicação (TICs) na sociedade pós-industrial. Com isso, viu-se o esvaziamento dos antigos centros das cidades industriais, outrora ocupados por sobrados durante a primeira onda de reformas urbanas e, posteriormente, por prédios representativos da verticalização central das cidades, estimulados pela segunda onda de reformas urbanas e pelos grandes investimentos nacionais de modernização da infraestrutura na terceira onda de reformulação urbana.

De certa forma, a passagem antecipada para a sociedade de serviços foi acompanhada pela novidade da "ruralização das elites" enriquecidas, que deslocam seu modo de vida do centro urbano para moradias avantajadas situadas em áreas afastadas dos grandes centros. Pelo salto tecnológico proporcionado pelas TICs, os segmentos de mais alta renda afastaram-se do convívio com crescentes problemas urbanos (congestionamentos, violência, poluição e outros), tendo à disposição o exército de trabalhadores sobrantes da desindustrialização para a prestação de serviços dos simples aos mais complexos.

Por conta da quarta onda de reformas urbanas, prevaleceu a continuidade de rotina dos governantes das cidades dominadas pela força privada do capital e da especulação imobiliária, apesar de avanços formais na regulação pública. Assim, consolidaram-se os espaços integrados de comércio, negócios, trabalho e entretenimento em grandes *shopping centers*, cada vez mais espalhados territorialmente no interior das cidades grandes e médias do país.

Em síntese, as intervenções públicas pertencentes à quarta reforma urbana procuraram recuperar os antigos centros das cidades, embora não tenham se mostrado suficientes para encerrar o monopólio da estrutura concêntrica existente há mais de quatro séculos nas cidades brasileiras.

De outro lado, essa despersonalização dos bairros e a perda de referência de pertencimento às cidades deveu-se ao reconhecimento governamental das lutas desencadeadas desde os anos 1970 pelo novo sujeito social em torno da legalização de terrenos e construções e, sobretudo, de autoconstruções em favelas e áreas empobrecidas distantes dos centros das cidades. Após décadas de avanço da periferização urbana, o levante dos pobres pelo reconhecimento da propriedade fundiária e pela incorporação de infraestrutura, equipamentos urbanos e serviços públicos se traduziu no processo de redemocratização aberto na década de 1980.

Na atual fase de expansão antecipada das cidades de serviços, a tendência da urbanização periférica no país se reafirma com alguns traços inovadores. A começar pelo processo de desmetropolização e expansão das cidades médias, que resulta do deslocamento de parcela da população outrora residente nas metrópoles.

Gráfico 24 - Brasil: evolução da distribuição da população por tamanho dos municípios em anos selecionados (em %)

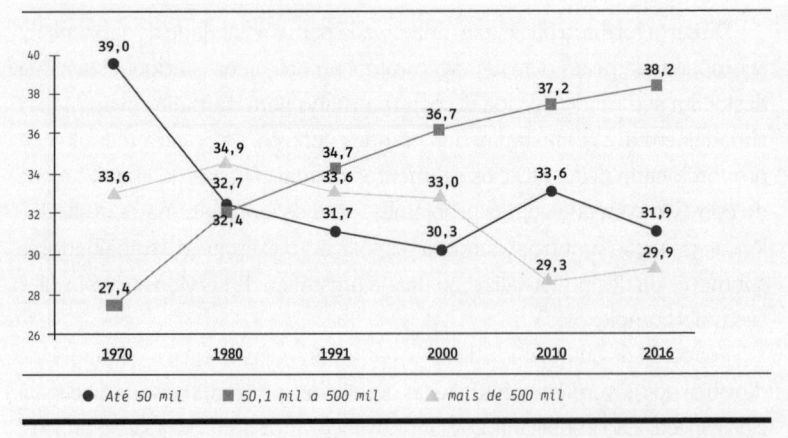

Ano	Até 50 mil	50,1 mil a 500 mil	mais de 500 mil
1970	27,4	33,6	39,0
1980	32,4	34,9	32,7
1991	31,7	34,7	33,6
2000	30,3	33,0	36,7
2010	29,3	33,6	37,2
2016	29,9	31,9	38,2

Fonte: IBGE

Contribui para isso, por exemplo, a descentralização dos investimentos públicos produzida pelo governo federal, voltado para a interiorização dos investimentos em infraestrutura, equipamentos urbanos e serviços públicos na década de 2010 (Bolsa Família, Reuni – Reestruturação e Expansão das universidades federais, Minha Casa Minha Vida, Mais Médicos e outros). Em sequência, também contribuem para isso os investimentos privados que acompanharam a expansão dos empregos diretos e indiretos nas cidades médias, enquanto as grandes cidades e metrópoles desaceleraram o crescimento, desestimulando as migrações inter-regionais para o Sudeste, como no passado.

Além disso, alterações demográficas importantes impactaram o longo processo de macrocefalia urbana, quando as cidades passaram a sinalizar esgotamento operacional e funcional, e cuja desproporção habitacional, sobretudo de suas zonas periféricas, contribui para o comprometimento da qualidade de vida e trabalho. A perda de atratividade dos grandes centros urbanos decorre do elevado custo de vida urbano, com a especulação imobiliária comprometendo demasiadamente o preço do solo nas metrópoles e com a perda de tempo na mobilidade.

Gráfico 25 - Brasil: evolução da metropolização e da desmetropolização (em % da população total e urbana)

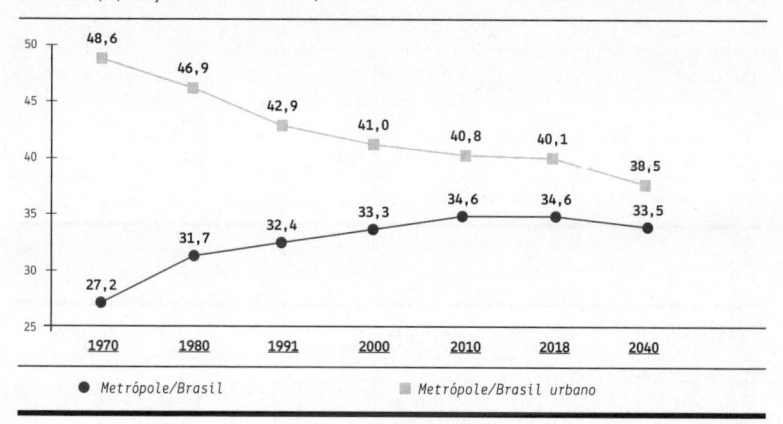

Ano	Metrópole/Brasil	Metrópole/Brasil urbano
1970	27,2	48,6
1980	31,7	46,9
1991	32,4	42,9
2000	33,3	41,0
2010	34,6	40,8
2018	34,6	40,1
2040	33,5	38,5

Fonte: IBGE

Na sequência, tem-se também uma espécie de autossegregação social motivada pela busca de locais compatíveis com melhor educação para os filhos, oportunidade de emprego e negócios e envelhecimento decente. Se, por um lado, a desindustrialização retira dinamismo econômico das grandes cidades, de outro, a mudança demográfica, com a queda na taxa de fecundidade, a elevação na expectativa média de vida e a maior participação da população com mais idade, motiva a busca por outras localidades urbanas na expectativa de elevar a qualidade de vida[67].

---

(67) Ver mais em Otília Arantes et al., *A cidade do pensamento único: desmanchando consensos*, Petrópolis: Vozes, 2000; Luiz César de Queiroz Ribeiro e Orlando Alves Santos Jr. (org.), *Globalização, fragmentação e reforma urbana: o futuro das cidades brasileiras na crise*, Rio de Janeiro: Civilização Brasileira, 1994; James Holston, *Cidadania insurgente*, São Paulo: Companhia das Letras, 2013; Marcio Pochmann (org.), *Reestruturação produtiva*, Petrópolis: Vozes, 2004; Andreas Novy, *A des-ordem da periferia*, Petrópolis: Vozes, 2002; Ermínia Maricato, *Metrópole na periferia do capitalismo*, São Paulo: Hucitec, 1996; Marcio Pochmann (org.), *Desafios das cidades*, São Paulo: Fundação Perseu Abramo, 2016.

Gráfico 26 - Brasil: evolução da composição setorial da produção (em %)

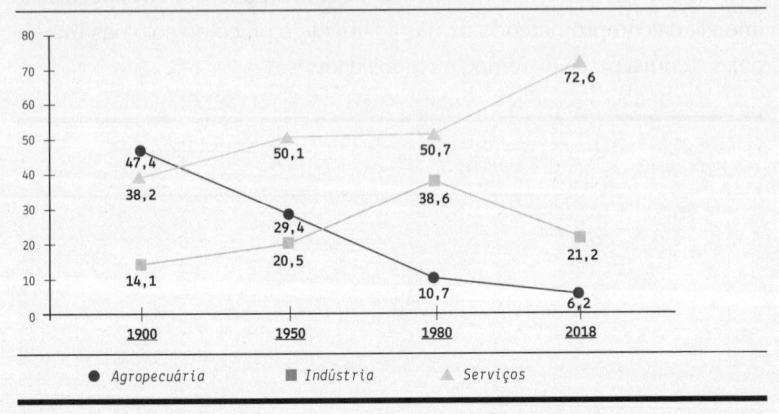

Ano	Agropecuária	Indústria	Serviços
1900	47,4	14,1	38,2
1950	29,4	20,5	50,1
1980	10,7	38,6	50,7
2018	6,2	21,2	72,6

Fonte: IBGE

Gráfico 27 - Brasil: evolução da composição etária da população brasileira (em %)

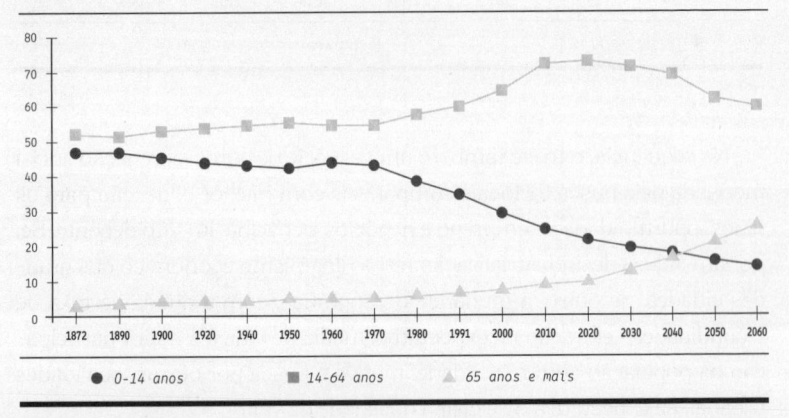

● 0-14 anos   ■ 14-64 anos   ▲ 65 anos e mais

Fonte: IBGE

A urbanização periférica em países como o Brasil, que ingressa antecipadamente na sociedade de serviços, parece se reproduzir à margem das regras urbanas e de governança pública. Com o enfraquecimento das instituições representativas da antiga sociedade urbana e industrial, o novo sujeito social emerge não apenas nas regiões periféricas dos centros urbanos, permeadas pela força das igrejas, do crime organizado e das milícias.

Desde sua inserção na globalização financeira a partir da década de 1990, o receituário neoliberal adotado por diversos governos produziu dependência da importação de bens de consumo, deslocado do centro interno de produção. Com isso, o desaparecimento dos empregos assalariados da antiga sociedade urbana e industrial tem sido acompanhado da inflexão do projeto salarial das ocupações e do modo de vida, inclusive com o emagrecimento da classe média e a aceleração da polarização entre a base e o cume da pirâmide social brasileira.

Considerações finais

O modelo de desenvolvimento urbano e industrial constituído a partir da Revolução de 1930 no Brasil caracterizou-se pelo movimento maior de centralização do emprego, renda e riqueza em poucos lugares do território nacional. Apesar de contar com mais de 5,5 mil municípios, apenas alguns emergiram identificados como locomotivas da expansão econômica nacional.

Isso porque, no início da década de 1970, o governo autoritário oficializou o conceito de região metropolitana a partir do conjunto de municípios centralizados em torno das novas capitais principais do país: Belém, Belo Horizonte, Curitiba, Fortaleza, Porto Alegre, Recife, Rio de Janeiro, Salvador e São Paulo. O restante dos municípios excluídos da definição de região metropolitana seria expressão do atraso e da desigualdade, que, sem força própria, se tornaria dependente de transferências do governo central.

O resultado disso foi a trajetória do fluxo migratório que deslocou uma massa de trabalhadores do meio rural fundamentalmente para as regiões metropolitanas do país. Entre 1940 e 1980, por exemplo, a população localizada nas regiões metropolitanas passou de 16,8% do conjunto dos brasileiros para 29,2%, um crescimento acumulado de 73,8% em somente quarenta anos.

Ao mesmo tempo, a participação na produção nacional por parte das regiões metropolitanas subiu de cerca de um terço para quase 54% entre as décadas de 1940 e 1970. Um Brasil polarizado entre a modernidade de algumas cidades que se situavam em torno de poucas capitais, a sustentar o núcleo dinâmico do desenvolvimento nacional, e a parte restante, representando o atraso, passou a sofrer uma importante inflexão a partir de 1980.

A crise da dívida externa entre os anos de 1981 e 1983, bem como as medidas adotadas pelo último governo da ditadura civil-militar, terminaram por romper o curso do projeto nacional desenvolvimentista estabelecido nos últimos cinquenta anos. As políticas neoliberais adotadas na década de 1990 colocaram uma pá de cal nas possibilidades de soerguimento do desenvolvimento nacional.

O resultado foi a regressão nas regiões metropolitanas concomitantemente com o resto do Brasil. Da oitava economia do mundo em 1980, o país decresceu para o posto de 13ª no ano 2000, coincidindo com a expansão do desemprego, que saltou de 1,8 milhão para 11,5 milhões no mesmo período.

Nos anos 2000, a melhora no desempenho econômico e social ofereceu nova oportunidade para o tratamento da questão da desigualdade no território nacional. Com isso, houve certa retomada da descentralização socioeconômica por opção de políticas públicas de investimento e políticas de renda.

O resultado disso foi, por um lado, a estabilização dos habitantes nas regiões metropolitanas, cuja participação relativa no total da população do país se manteve abaixo de 30%, e, por outro, a alteração na composição da riqueza nacional segundo a localização territorial, uma vez que em 2010, por exemplo, o conjunto das regiões metropolitanas respondeu por 40% do produto nacional, enquanto em 1970 chegou a representar quase 54%.

Embora houvesse a queda no peso relativo das regiões metropolitanas no produto nacional, a desmetropolização transcorreu mais acentuada nos dois principais centros urbanos do país. A região metropolitana do Rio de Janeiro, por exemplo, perdeu 50% de sua participação relativa entre 1970 e 2010, ao passo que a de São Paulo decaiu 29,3% no mesmo período.

No sentido inverso, as regiões metropolitanas de Salvador (17,6%), Fortaleza (62,5%), Curitiba (78,6%) e Belo Horizonte (14,3%) aumentaram suas posições relativas na riqueza nacional. Belém manteve intacta sua participação relativa no produto nacional nos últimos quarenta anos.

Ao se considerar a parte restante do país, excluída do conceito de região metropolitana, percebe-se o crescimento na participação da riqueza nacional de 46,4%, em 1970, para 60%, em 2010. Ou seja, aumento acumulado de 29,3% em quarenta anos.

Em função disso, nota-se que as fontes do dinamismo nacional se localizam cada vez mais no interior do Brasil, o que distensiona em parte o grau de polarização entre regiões metropolitanas e o resto do território nacional. A riqueza aumenta mais puxada pela força do outro Brasil, assim como a própria expansão do emprego e da renda em plena sociedade de serviços. Essa perspectiva sintetiza o presente capítulo. Na sequência, serão abordadas as transformações nas instituições sociais e políticas decorrentes da transição antecipada para a sociedade de serviços.

***

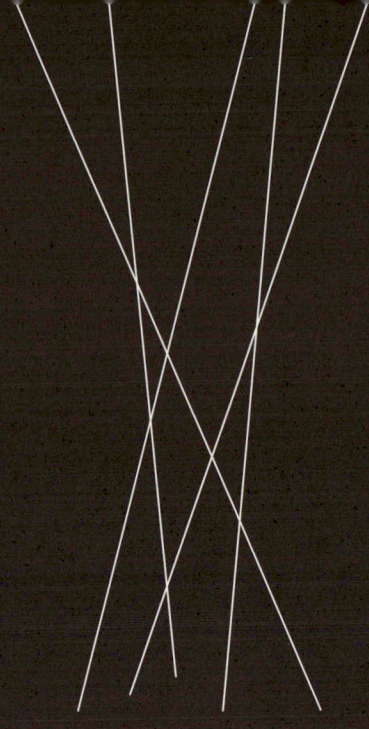

4. Sentido de Brasil que emerge do neoliberalismo

O condomínio de interesses dominantes que viabilizou os governos após o golpe político de 2016 parte do princípio de que o atraso brasileiro se deve à insistência do povo em participar do orçamento público, raiz explicativa para a desordem fiscal[68]. Repete, assim, a tradicional cantilena da retrógrada elite do final do século XIX, que produziu o projeto de branqueamento nacional para excluir do mercado de trabalho em formação a população pobre conformada por negros e ex-escravos e que, junta com os índios, representava cerca de dois terços dos brasileiros, segundo o censo demográfico de 1872.

Naquela oportunidade, a passagem para o modo capitalista de produção se fez penalizando os já penalizados pela antiga sociedade escravista. Entre as condições de exclusão expostas à luta pela sobrevivência na base da pirâmide social da população não branca estava o serviço doméstico.

No censo de 1872, por exemplo, o trabalho nas casas das famílias de ricos e poderosos da época representava a segunda ocupação mais importante do país, com o abrigo de mais de 1 milhão de trabalhadores. O primeiro posto de trabalho era o de lavrador, com 3,3 milhões de ocupados, e a cada um trabalhador na construção civil, doze estavam vinculados aos serviços domésticos.

Quase 150 anos depois, o IBGE revela que a ocupação doméstica segue sendo a principal ocupação nas cidades brasileiras, com 6,4 milhões de trabalhadores (28% na formalidade). Diante da desindustrialização a antecipar a transição para a sociedade de serviços, a segunda ocupação na economia terciarizada nacional é a da prestação dos serviços de segurança pública e privada, seguida dos trabalhadores em plataforma digital de transporte e distribuição (Uber, iFood e outros).

---

(68) "Mudamos a Constituição para mudar o Brasil. Estamos mudando as estruturas do nosso país." Discurso de Michel Temer, 24 dez. 2016.

Em função disso, a adoção do receituário neoliberal contribui para o estabelecimento de outro sentido de Brasil. As reformas antipobres realizadas na década de 2010, por exemplo, apontam para o passado já conhecido, cada vez mais assentado na dependência econômica em relação aos setores agrários, de exportação e serviços aos ricos.

Sem poder contar com as forças do seu mercado interno, mutiladas pela prevalência da estagnação da renda *per capita*, a fragmentação territorial sobressai em múltiplos e individualizados interesses regionais conectados cada vez mais com o exterior. Ao mesmo tempo, conforma-se, por um lado, uma pequena parcela de ocupados orgânicos à dinâmica econômica do capitalismo nas atividades do agronegócio, indústria de montagem (maquiladoras) e serviços modernos (bancos e comunicação). Por outro lado, tem-se a expressão de multidões de empobrecidos inorgânicos à dinâmica capitalista, porém crescentemente dependentes da prestação de serviços às famílias ricas e poderosas. Dessa forma, quanto mais se amplia o movimento de concentração de renda, riqueza e poder, mais as oportunidades precárias e empobrecidas de trabalho tendem a se expandir.

Assim, o ressurgimento da velha figura do arquipélago de regiões no espaço geográfico sem a existência de um centro dinâmico e integrador da nação não parece surpreender. Com a regressão ao neocolonialismo, o neopatrimonialismo também voltou a se instalar nas estruturas de poder do Brasil.

Houve a retomada, portanto, da trajetória que vigorou por quatro séculos (1530 a 1930), quando a evolução regional expressava simplesmente a forma com que o Brasil se encontrava inserido na economia mundial. Embora os ricos acumulassem naquela época suas riquezas a partir de uma economia fragmentada por alguns poucos enclaves localizados no território sem conexão interna, eles se mantinham focados no modo de vida de fora, especialmente na Europa.

Não deve surpreender nos dias de hoje como ricos e poderosos focam e conectam-se cada vez mais com o exterior. Tem sido comum, por exemplo, empresários, ministros de Estado e até presidentes do Banco Central continuarem a receber suas remunerações no Brasil, embora mantenham suas famílias no exterior. Prática comum dos ricos no século XIX.

Também comentaristas e analistas econômicos, entre outros ilustres personagens abordados recorrentemente pela mídia nacional, emitem opiniões e reflexões na defesa da política kamikaze do neoliberalismo no Brasil a partir de breves passagens pelo país ou mesmo de onde se encontram, no exterior. Nada mais favorável ao improdutivíssimo rentista tupiniquim que, alimentado por doses cavalares de altas taxas de juros, estimula que brasileiros privilegiados passem a morar em outros países.

Ao preferirem nações seguras, os ricos e poderosos indicam preferir o crescimento econômico e serviços públicos decentes, bem como escolas de elevada performance para seus filhos. Essas famílias detentoras da riqueza expropriada da multidão de empobrecidos e precarizados buscam se distanciar do curso da barbárie que patrocinam.

Diante disso, o presente capítulo busca refletir sobre os efeitos na economia, na sociedade e na política decorrentes da adoção do receituário neoliberal. Com a antecipação da sociedade de serviços, o capitalismo se reconfigura ao longo do tempo, fertilizado pelo neopatrimonialismo do rentismo improdutivo.

Simultaneamente, destaca-se também o fortalecimento da burguesia mercantil a se consolidar nos negócios do comércio do patrimônio nacional (público e privado), nas trocas externas dos recursos naturais e primários e nos papéis lucrativos da valorização fictícia do estoque da riqueza existente. Para um país que tende a ter como futuro um grande passado pela frente, cabe analisar os fundamentos da nova maioria política que comanda o projeto neoliberal do país e o seu reposicionamento no mundo.

Fundamentos da nova maioria política autoritária

A crise terminal do regime civil-militar não foi acompanhada, após três décadas, por nenhuma das reformas originalmente contidas na proposta de governo apresentada pelo maior partido de oposição, o PMDB, em 1982 (programa "Esperança e Mudança"). Apesar disso, o lento e gradual processo de "transição transada", que viabilizou o ciclo político da Nova República, o mais longevo em termos de experiência democrática (1990-2016) nacional, resultou na Constituição Federal de 1988, que afiançou as bases institucionais para o começo da incorporação dos pobres no orçamento público.

Mas o desenlace da trajetória de inclusão social iniciada com a Constituição Federal de 1988 terminou gerando, em oposição, a crescente reação liberal conservadora. De um lado, isso se deve ao paradoxo brasileiro de ter promovido as bases do Estado de bem-estar social justamente durante a longa fase de estagnação da economia brasileira.

Entre 1945 e 1980, por exemplo, o rendimento médio nacional subiu em média 4,4% ao ano, ao contrário dos últimos 35 anos (1981-2016), quando o Produto Interno Bruto (PIB) *per capita* cresceu apenas 0,6% como média anual. Ademais de paradoxal, com o gasto social passando de 13,5% do PIB, em 1985, para 23%, em 2014, em plena fase de estagnação da renda *per capita*, o Brasil ousou avançar na construção das políticas de inclusão social justamente quando o Estado de bem-estar social era fortemente atacado pelo receituário neoliberal adotado em grande parte do mundo.

De outro lado, a promoção do Estado de bem-estar social mesmo nas condições econômicas adversas geradas pelo esgotamento do ciclo da industrialização tardia (1930-1990) terminou sendo acompanhada por escolhas governamentais nem sempre confortáveis às elites brasileiras. Inicialmente porque a primazia da elevação do gasto social ameaçava questionar o recurso crescente à financeirização da riqueza.

Diante da tendência de queda na taxa média de lucro nessa fase atual de estagnação da renda *per capita*, a financeirização assumiu relevância crescente na promoção e garantia do rendimento adicional para cerca de um quinto da população localizada no andar superior da pirâmide social. No final do governo militar, por exemplo, o gasto público com pagamento de juros do endividamento era inferior a 1% do PIB, mas saltou para cerca de 6% do PIB, em média, nos governos do ciclo político da Nova República.

Na sequência, a remodelação do setor público promovida pela difusão das políticas de inclusão social após a Constituição Federal de 1988 passou a exigir um Estado mais eficiente em despesa e quantidade de funcionários nas atividades finalísticas. Em virtude disso, carreiras de Estado constituídas nas atividades-meio, também conhecidas por estamentos burocráticos[69], buscaram bloquear a recomposição do gasto público por meio das medidas de autonomização do seu poder relativo e de privilégios

---

(69) Ver Raymundo Faoro, *Os donos do poder: formação do patronato político brasileiro*, Porto Alegre: Globo, 1978.

como benefícios remuneratórios em diversos casos da Justiça e das corporações incrustadas na polícia, sistema "U" (TCU, CGU, MPU), servidores fazendários, entre outros.

Por fim, a classe média assalariada, diante do esvaziamento das condições de sua reprodução social decorrente do contexto econômico de estagnação da renda *per capita* e de enfraquecimento das ocupações intermediárias no setor produtivo, sobretudo industrial, identificou como ameaça o processo de inclusão e ascensão social dos "de baixo". De fato, a situação dos antigos monopólios sociais no sistema educacional que havia sido herdada do ciclo da industrialização tardia até a década de 1980 para cerca de dois quintos da população começou a ser ameaçada coincidentemente com a ascensão da base da pirâmide social, sobretudo nos anos 2000, com as políticas de inclusão e ampliação do mercado de trabalho[70].

Com isso, e após quatro derrotas eleitorais, parte dos partidos de oposição abandonou a via democrática e mobilizou-se insistentemente para interromper o ciclo político da Nova República. Para tanto, notabilizou-se pela formação de uma nova maioria constituída pelos segmentos sociais desconfortados com a trajetória da inclusão social instalada desde a Constituição Federal de 1988.

A ascensão do governo Temer em 2016 expressou a força autoritária do condomínio de interesses dominantes convergentes para um projeto de reformas que viabilizasse uma profunda reconfiguração do capitalismo brasileiro. Para tanto, foi desconstruído o pacto de poder que pa trocinou o ciclo político da Nova República, a mais longeva experiência nacional de democracia.

A sustentação programática da nova maioria política nascida da derrota eleitoral em 2014 se concentrou na tese convergente de que a trajetória pregressa de incorporação dos pobres no orçamento público seria parteira do atraso nacional. O foco disso estaria nas políticas de inclusão social estabelecidas desde a Revolução de 1930, bem como por força da Constituição Federal de 1988.

---

(70) Ver Eduardo Fagnani, "O fim do breve ciclo da cidadania social no Brasil", Texto para Discussão, Campinas: IE/Unicamp, 2017, n. 308; Marcio Pochmann, Desigualdade hereditária, Ponta Grossa: UEPG, 2017; Luís Gonzaga Belluzzo e Gabriel Galípolo, Manda quem pode, obedece quem tem prejuízo. São Paulo: Contracorrente/Facamp, 2017.

Para tanto, a crise nacional somente encontraria saída na adoção de um conjunto de compressões no Estado, capaz de reconfigurar o capitalismo brasileiro em novas bases estruturais. Por meio da prevalência do receituário neoliberal, o ensino foi apequenado, o gasto público não financeiro foi comprimido, sobretudo o investimento público, a privatização das empresas estatais foi ampliada, bem como se reduziu o conjunto dos direitos sociais e trabalhistas, entre outras regressões substanciais.

Em síntese, ganhou curso outro modelo de Estado voltado ao atendimento fundamental de um quinto da sociedade. Isso porque, para a elite neoliberal do início do século XXI, os pobres não caberiam no orçamento público, somente contribuindo para a desordem nas finanças públicas.

Guardada a devida proporção, constata-se certa convergência ideológica com o liberalismo da elite que liderou o ingresso do Brasil no modo de produção capitalista na década de 1880. Naquela época, a forte presença do segmento não branco (indígenas, negros e miscigenados) no total dos habitantes foi identificada como atraso às pretensões de modernidade capitalista e, portanto, cabível de ser excluída.

Para tanto, as teses eugenistas prevalecentes na época a respeito da superioridade do homem branco europeu serviram para a implementação do projeto de branqueamento populacional. Com isso, a participação das pessoas brancas no total da população, estimada em menos de 40% pelo censo demográfico de 1872, superou os dois terços dos brasileiros no censo de 1940.

Não apenas a avalanche de imigrantes europeus patrocinou o sucesso do projeto do embranquecimento populacional, como trouxe, por consequência, a postergação da integração capitalista dos segmentos não brancos. Assim, o projeto primitivo do passado prevaleceu em meio à conservadora modernização capitalista que incorporou plena e privilegiadamente não mais do que um quinto do conjunto da população[71].

É nessa perspectiva que a antecipada transição para a sociedade de serviços transcorre eivada pela atualização do projeto de atraso, com o retorno da condição neocolonial. Fertiliza, assim, a barbárie cada vez mais

---

(71) Ver Florestan Fernandes, *A integração do negro na sociedade de classes*, São Paulo: Ática, 1979; João Manuel Cardoso de Mello, *O capitalismo tardio, op. cit.*; Lilia Moritz Schwarcz, "Espetáculo da miscigenação", *Estudos Avançados*, São Paulo: USP, 1994, v. 8, n. 20.

gerida tanto pelo trabalho das multidões de empobrecidos nos serviços às famílias ricas e poderosas como pela gestão da violência pela massa de ocupados nas funções de segurança pública e privada.

Ascensão de novos e velhos sujeitos sociais

Ao longo do tempo, a mudança de sociedade tem condicionado significativamente a trajetória dos sujeitos sociais no Brasil. Em plena passagem para o capitalismo na sociedade agrária do passado, a herança do patriarcado, por exemplo, sofreu importante constrangimento diante da prevalência do regime simbólico de idealização da vida pela centralidade imposta pelo mercado.

Desde então, os sujeitos sociais sofreram mutações seguidas, permeando o próprio desenvolvimento da identidade coletiva e, por consequência, individual. Assim, a atuação do sujeito resultaria do processo sob o qual prevaleceria a interação com diversos sistemas sociais, enquanto representante de espaço social de subjetividade na produção do sentido de vida.

Em determinados momentos históricos, os sujeitos sociais se expressam por meio de suas práticas políticas e sociais, permitindo ser reconhecidos pela identidade coletiva de atividades e decisões realizadas. Por conta disso, os sujeitos sociais não se aprisionariam, necessariamente, a instituições ou organizações preestabelecidas, podendo constituir seus próprios meios de manifestação e ação.

A consolidação do ciclo de industrialização e urbanização nacional a partir da década de 1960 foi fundamental para a emergência de um novo sujeito social, distinto do prevalecente da transição do velho agrarismo. Com a predominância da população urbana, sobretudo aquela cada vez mais concentrada nos principais centros metropolitanos em efervescência a partir de então, tal consolidação constituiu a base pela qual a massa humana submetida à intensa exploração capitalista se insurgiu desconexa das instituições tradicionais vigentes até então.

A ascensão dos movimentos sociais representou uma importante inflexão no modo tradicional de organização social assentado na estrutura corporativa de representação de interesses (associações, sindicatos e partidos). De certa forma, trata-se da insurgência dos até então desorganizados que ascenderam pelo confronto com a ordem institucional predominante ao longo do período autoritário.

Para uma sociedade de classes extremamente desigual como a brasileira, o novo sujeito social se estabeleceu requerendo representação até então inexistente, com a defesa recorrente dos seus interesses desconhecidos, pois decorrentes da vivência cotidiana e das formas de organização não institucionalizadas. Na realidade precária da vida nas grandes cidades, sobretudo em suas periferias destituídas de quase tudo, ganhou importância o estranhamento de segmentos pauperizados da população, deslocados do seu modo de vida originalmente agrário, quando na condição de migrante do interior.

De certa forma, a emergência do novo sujeito social se tornou parte ativa do processo político da época em interação com o mundo do trabalho estruturado, porém com as condições de vida bem precárias nos grandes centros metropolitanos. Em plena vigência da sociedade urbana e industrial, os movimentos sociais expressaram a emergência do novo sujeito social através do renascimento do exercício político e da constituição de identidades de resistência e rebeldia frente à pressão governamental pelo conformismo e acomodação generalizada no último quartel do século XX.

Resumidamente, canalizaram-se os sinais de enfrentamento aos problemas concretos do cotidiano quase em âmbito privado, para serem transformados cada vez mais na esfera pública. Apesar de originalmente fragmentada, a atuação dos movimentos do novo sujeito social de trabalhadores sem-terra, de migrantes em péssimas condições de vida nas periferias das grandes cidades e de trabalhadores submetidos ao arrocho salarial, sobretudo nas grandes empresas, enfrenta o autoritarismo e se rebela frente à velha prática, clientelista em sua maioria[72].

---

(72) Literatura especializada pode ser encontrada em Safira B. Ammann, *Movimento popular de bairro*, São Paulo: Cortez, 1985; Eder Sader, *Quando novos personagens entraram em cena*, Rio de Janeiro: Paz e Terra, 1988; Paul Singer e Vinicius C. Brant, *São Paulo: o povo em movimento*, São Paulo: Vozes/Cebrap, 1980; Gotz Ottmann, "Movimentos sociais urbanos e democracia no Brasil: uma abordagem cognitiva", *Novos Estudos*, mar. 1995, n. 41; Edison Nunes, "Movimentos populares na transição inconclusa", *Lua Nova*: (Cedec), set. 1987, n. 13, pp. 92-4; Flávio S. Cunha, "Movimentos sociais urbanos e a redemocratização: a experiência do movimento favelado de Belo Horizonte", *Novos Estudos*, mar. 1993, n. 35; Sérgio Costa, "Contextos da construção do espaço público no Brasil", *Novos Estudos*, mar. 1997, n. 47; Lucio Kowarick, *A espoliação urbana*, Rio de Janeiro: Paz e Terra, 1979; Paul Singer, *Economia política*

Daí a busca pela autonomia em relação às instituições existentes, com atuação paralela a partidos, sindicatos e associações tradicionais. A reinvenção da política assentada na redefinição da noção de cidadania demarcou a cultura política no país, articulando a contestação transformada em reivindicações com ações propositivas.

De maneira geral, os movimentos sociais ascendentes durante a ditadura civil-militar convergiram para o reposicionamento das frações das classes populares, estabelecendo contrariedade às práticas de dominação social até então vigentes e, por assim dizer, o ineditismo da manifestação pela inclusão nas políticas públicas e de participação social com representação distinta dos limites da institucionalidade existente.

A passagem da via autoritária para o regime democrático a partir da década de 1980 transcorreu permeada de expectativas de ascensão do sujeito social herdado do ciclo de industrialização e urbanização nacional. Pela primeira vez na sociedade urbana e industrial que se consolidava, a classe trabalhadora passava a ter expressão nacional por meio das instituições assentadas na estrutura corporativa de representação de interesses.

Isso porque o decréscimo relativo nas ocupações agrárias e a simultânea expansão dos postos de trabalhos urbanos (indústria e serviços) apontaram para a formação de ampla e complexa classe trabalhadora e significativa classe média entre as décadas de 1930 e 1980. A estrutura de classes sociais e suas frações estabelecida por força de intensa expansão econômica nacional se deu na forma de ampliação do assalariamento em plena consolidação da sociedade urbana e industrial.

Mas, a partir da década de 1980, com a crise da dívida externa e a adoção – pela primeira vez desde a década de 1930 – de políticas recessivas durante o último governo autoritário, a estrutura de classe e suas frações produzida após meio século de industrialização passou a ser profundamente alterada. O fenômeno da desindustrialização precoce introduzido desde a década de 1990 durante os governos da "era dos Fernandos" (Collor, 1990-1992, e Cardoso, 1995-2002) impactou decisivamente o sujeito social conformado anteriormente pela emergência do assalariamento, sobretudo formal.

---

da urbanização, op. cit.; Marco Aurélio Santana, "Entre a ruptura e a continuidade: visões da história do movimento sindical brasileiro", Revista Brasileira de Ciências Sociais, out. 1999, v. 14, n. 41, pp. 103-20; José Álvaro Moisés (org.), Cidade, povo e poder, Rio de Janeiro: Paz e Terra, 1982.

Além disso, a adoção do receituário neoliberal nos anos 1990 coincidiu com o ingresso passivo e subordinado do Brasil na globalização comandada por grandes corporações transnacionais. Desde então, o país precocemente ingressou no processo de desindustrialização, pois, sem universalizar o padrão de consumo a todos os brasileiros, sobretudo na base da pirâmide social, vem declinando a capacidade de produção manufatureira.

Assim, o avanço da sociedade de serviços decorre da força do inchamento do setor terciário da economia em virtude do vácuo deixado pela precoce desindustrialização. O curso do processo de terciarização tem sido caracterizado pela especificidade da continuidade na queda absoluta das ocupações na agropecuária e da recente queda relativa dos postos de trabalho na manufatura.

Em quase quarenta anos, a participação do setor terciário no total da População Economicamente Ativa (PEA) aumentou 59,5%, pois saltou de menos de 40%, em 1980, para 62,7%, em 2018. No mesmo intervalo de tempo, o setor primário registrou queda de 73,4% na participação relativa no total da PEA, com a diminuição de cerca de 13 milhões para 8,5 milhões de ocupados.

A alteração na composição setorial do total de ocupados revelou a desestruturação do mercado de trabalho com o desassalariamento e a precarização dos empregos, sobretudo formais, e, ainda, a elevação do desemprego nacional. Dos 19,4 milhões de trabalhadores expostos a condições precárias de trabalho em 1980, por exemplo, o Brasil registrou, em 2019, quase 50 milhões de brasileiros nessas condições.

Na transição para a sociedade de serviços, os movimentos de desestruturação do mercado de trabalho e de rompimento com o padrão corporativo de organização social implicam aprofundamento da polarização no interior do mundo do trabalho. Isso porque a destruição das ocupações da classe trabalhadora industrial e da classe média tem sido acompanhada de desemprego e instabilidade contratual, escassez de direitos sociais e trabalhistas e contida remuneração nos pequenos negócios e nas atividades de empreendedor de si próprio.

Com a terciarização econômica, o vazio deixado pelo encolhimento relativo das atividades manufatureiras foi preenchido pelas atividades de serviços. Além disso, durante a vigência da sociedade urbana e industrial houve o deslocamento descendente da produtividade e da remuneração em relação às registradas anteriormente.

Por outro lado, as lutas da classe trabalhadora e as mobilizações populares não desapareceram em virtude da ascensão da sociedade de serviços. Pelo contrário, as mobilizações coletivas das multidões voltadas para objetivos convergentes e particulares permanecem ativas e responsáveis por antagonizar os interesses das classes dominantes.

Ainda que a subordinação da política à economia possa, na atualidade, influenciar menos a vida dos indivíduos, ela segue impactando a trajetória da sociedade. Isso porque o jogo de forças entre diferentes campos ideológicos, os conflitos e as lutas que definem a moldagem da sociedade permanecem ativos.

Acontece, todavia, que as lutas sociais alteraram significativamente a natureza de organização e expressão, distanciando-se da clássica estrutura da sociedade urbana e industrial, identificada por convencionais formas de representação por sindicato, partido político e associações em geral. Enquanto a classe trabalhadora tradicional se transmuta em novos trabalhadores de serviços, ela praticamente não compreende a linguagem que vê e escuta, e afasta-se das formas de organização e expressão das lutas do passado.

A força do trabalho contemporâneo se apresenta cada vez mais heterogênea, distanciando-se da unidade de sujeito reflexivo de sua experiência e do vivido, cuja subjetividade pessoal o levava a se sentir responsável por si mesmo e pela sociedade, espelhando-se no antigo estilo de vida e hábitos culturais[73]. Concomitante com a diminuição dos espaços de concentração laboral, como os grandes estabelecimentos e plantas industriais de contratação regular e regulamentada da mão de obra, enfraqueceram-se também as formas de submissão a hierarquias e à centralidade do trabalho formador da identidade e do pertencimento em categoria profissional.

O deslocamento da formação da identidade pelo trabalho organizado e estruturado por meio do assalariamento regular e regulamentado acompanha a conformidade dos comportamentos, sem limitar, tampouco esgotar, a luta de classes. Mas deixa, todavia, a associação à identidade e ao perten-

---

(73) Mais detalhes em Alain Touraine, *El sujeto: un nuevo paradigma para comprender el mundo de hoy*, Buenos Aires: Paidós, 2006; François Dubet, *Sociologie de l'expérience*, Paris: Seuil, 1994; Michel Crozier e Erhard Friedberg, *L'Acteur et le système*, Paris: Seuil, 1977; Anthony Giddens, *A terceira via: reflexões sobre o impasse político atual e o futuro da social-democracia*, Rio de Janeiro: Record, 2005; Félix Guattari e Suely Rolnik, *Micropolítica: cartografias do desejo*, Petrópolis: Vozes, 1993.

cimento além do processo de produção e reprodução material do trabalho humano pela sobrevivência.

Nesse sentido, emerge o novo sujeito que valoriza a perspectiva da autonomia e atua angustiado com a manipulação e em função de circunstâncias e de movimentos de parceiros. Embora se confirme a centralidade do trabalho, parte crescente das atividades no setor terciário da economia enfraquece a percepção da clássica relação de poder entre capital e trabalho.

Enquanto voz coletiva de indivíduos, a classe trabalhadora não declinou, porém encontra-se submetida à competição acentuada no interior da sociedade de serviços, permeada pela desagregação sócio-organizativa. A fragmentação de explorados em seu conjunto resulta do sistema metabólico do capital, capaz de provocar crescente instabilidade e potencializar ameaças generalizadas ao trabalho imaterial.

No contexto do trabalho desprovido do sentido da identidade e do pertencimento social, emergem as multidões de indivíduos expostos ao constante revezamento de ocupações do tempo no exercício do labor em troca da sobrevivência empobrecida. Em meio ao enriquecimento material das sociedades de serviços, os trabalhadores encontram-se desvalorizados e envolvidos em disputas permanentes e acirradas entre massas humanas submetidas às oscilações das condições de ocupados, desempregados, subempregados, subutilizados, entre outras.

Tudo isso tende a retrair a perspectiva da identidade e do pertencimento tradicional da antiga sociedade industrial, proliferando a solidão a se reproduzir contraditoriamente pela diversidade da conexão das tecnologias de comunicação e informação. Isso porque as novas formas de lutas tendem a romper com a unidade factível do conjunto dos trabalhadores herdeiros da antiga sociedade do trabalho material[74].

Assim como a classe trabalhadora se transforma, a burguesia industrial típica do fordismo se altera, consagrando outra estrutura de classes e frações de classes sociais, muito mais polarizadas na sociedade de serviços. Essa pluralidade social requer considerar o reconhecimento político

---

(74) Sobre a antiga classe trabalhadora industrial, ver Ira Katznelson e Aristide R. Zolberg (org.), Working-class Formation, Princeton: PUP, 1986; E. P. Thompson, A formação da classe trabalhadora inglesa, Rio de Janeiro: Paz e Terra, 2004; Stanislaw Ossowski, Estrutura de classes na consciência social, Rio de Janeiro: Zahar, 1964; Clark Kerr, Industrialismo e sociedade industrial, México: Fundo de Cultura, 1963; Juarez Rubens B. Lopes, Sociedade Industrial no Brasil, São Paulo: DEL,1964.

do outro em sua existência enquanto portador de direitos e de legitimidade para conflitos em pleno exercício da vida democrática. O antagonismo significa a possibilidade do diálogo e do embate, porém sem o sentido de destruição e aniquilamento.

Na sociedade de serviços, cuja centralidade do trabalho enfraquece a identidade e o sentido de pertencimento, avança a comunicação com grupos sociais homogêneos, que geram estranhamento em relação a posições contrárias. O comprometimento crescente do convívio com diversidade tem provocado situações de desconforto político, até mesmo o ódio instaurado.

Do novo sujeito social, a sensibilidade acerca de suas demandas e a pertinência constituída e identificada não encontram na atual estrutura de representação de interesses o seu lugar. Ademais, as formas de intermediação e aproximação adotadas em relação à emergência do novo sujeito social tendem a ter certa conotação desfavorável, por parecerem artificiais, desmobilizadoras e até vistas como forma de cooptação[75].

Por outro lado, surge a perspectiva da unificação do conjunto esparso de iniciativas individuais e coletivas provenientes da segmentação de afinidades a partir das temáticas específicas de agregação e contestação social. Os movimentos sociais tradicionais seguem buscando preservar suas posições catalisadoras dos estratos constitutivos da sociedade civil.

Mesmo assim, um novo sujeito social constituído nos últimos tempos de transição para a sociedade de serviços tende a se tornar relevante no campo da ação coletiva. Ao não se identificar com organizações ou movimentos populares atualmente existentes, ele encontra-se presente de modo muito fragmentado em diferentes formas de organização e representação de interesses, como ONGs, igrejas, milícias e crime organizado.

No geral, trata-se de organizações instaladas na sociedade civil que, em suas distintas formas de atenção aos movimentos populares, possuem presença de instituições tradicionais como igrejas, partidos políticos, sindicatos, contribuindo para o seu aparecimento. Assim, a antiga

---

(75) Ver mais em Safira B. Ammann, Movimento popular de bairro, op. cit.; Lola Aniyar Castro, Criminologia da reação social, Rio de Janeiro: Forense, 1983; Alessandro Baratta, "Defesa dos direitos humanos e política criminal", Revista Brasileira de Ciências Criminais, Rio de Janeiro: Instituto Carioca de Criminologia, 1997, ano 2, n. 3, pp. 57-69; Zygmunt Bauman, Em busca da política, Rio de Janeiro: Jorge Zahar, 2000.

questão de velhas e novas centralidades se apresenta frente ao novo tipo de entidades voltadas para as articulações no interior da diversidade das organizações dos movimentos populares (associações de bairro, ONGs, associações comunitárias, entidades assistenciais, fóruns e outros espaços de agregação).

Estagnação e apequenamento do sistema produtivo

O vazio proporcionado pela desindustrialização vem sendo ocupado pela chamada sociedade de serviço, o que imprime mudanças estruturais significativas no sistema produtivo, na geração de renda e na ocupação da força de trabalho. Ao se amparar no receituário neoliberal que desmonta políticas públicas e desregula a economia e a sociedade, o resultado tem sido a estagnação da renda *per capita* e a superexploração do trabalho em plena desindustrialização.

Sem que o sistema produtivo tenha forças para crescer pela via do mercado interno, o país de dimensão continental perde soberania nacional ao depender crescentemente dos interesses estrangeiros. Por conta disso é que se torna importante melhor compreender como a antecipação da sociedade de serviços avança em meio a um ambiente recessivo que contribui para destruir as bases do sistema produtivo integrado e articulado que foi possível construir entre as décadas de 1930 e 1970.

Desde os anos 1980, com o esgotamento do ciclo da industrialização nacional, a economia brasileira conviveu com três distintas e gravíssimas recessões a atuar no sistema produtivo. As quedas no nível de atividade econômica definidas por decisão governamental resultaram no aumento do desemprego e da pobreza, acompanhado pela maior concentração de renda, riqueza e poder.

A primeira recessão foi provocada ao final dos governos pertencentes à ditadura civil-militar para enfrentar a crise do endividamento externo. Diante da elevação da taxa de juros internacional provocada pelo plano de ajustes do governo Reagan, nos Estados Unidos, o refinanciamento da dívida externa por bancos estrangeiros foi praticamente bloqueado.

Gráfico 28 – Brasil: índice de evolução do PIB nos quatro primeiros anos durante as três principais recessões na transição para a sociedade de serviços

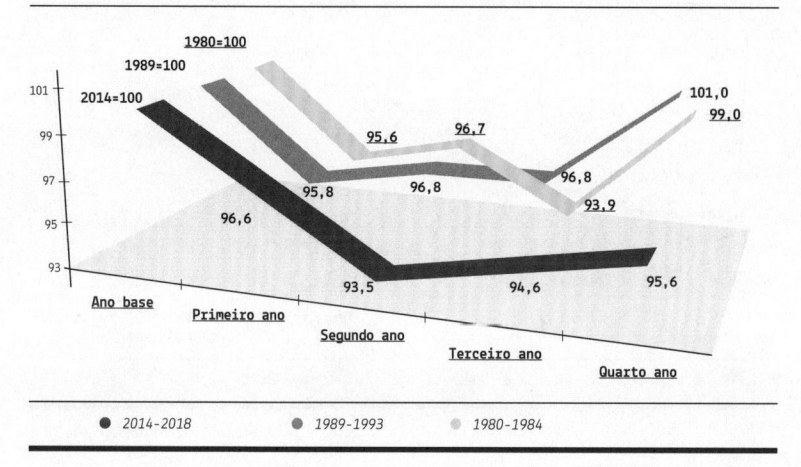

```
                    1980=100
           1989=100
101  2014=100                                              101,0
 99                           95,6    96,7                  99,0
 97                    95,8       96,8         96,8
                                               93,9
 95            96,6
 93
       Ano base         93,5         94,6         95,6
             Primeiro ano
                      Segundo ano
                              Terceiro ano
                                       Quarto ano

   ● 2014-2018      ● 1989-1993     ● 1980-1984
```

Fonte: IBGE (elaboração própria)

Sob a orientação dos acordos com o Fundo Monetário Internacional (FMI), o governo Figueiredo (1979-1985) optou por asfixiar a produção para o mercado interno e assim reorientar o que fosse possível para as exportações entre 1981 e 1983. Esperava, com isso, poder pagar a dívida externa, porém a recessão não teve êxito, o que levou à derrota do próprio governo militar no colégio eleitoral de 1985, que indicou o novo governo civil de Tancredo Neves e José Sarney.

A segunda recessão resultou de decisão do governo Collor, o primeiro eleito democraticamente após a vigência do regime autoritário. Entre 1990 e 1992, a adoção do receituário neoliberal buscou liberar a economia nacional para a competição externa, privatizando parte significativa do setor produtivo estatal e buscando atrair o ingresso de recursos externos na aquisição de empresas nacionais.

Acreditou-se, na época, que o ingresso passivo e subordinado na globalização neoliberal permitiria interromper a escalada inflacionária e recolocar a economia na trilha do desenvolvimento com ampliação de emprego e consumo. Mas o que se constatou foi o fracasso que a recessão provocou na economia e na sociedade, inclusive levando ao próprio encerramento antecipado do mandato de Collor por força do *impeachment* em 1992.

Gráfico 29 – Brasil: índice de evolução da taxa de desemprego nos quatro primeiros anos durante as três principais recessões na transição para a sociedade de serviços

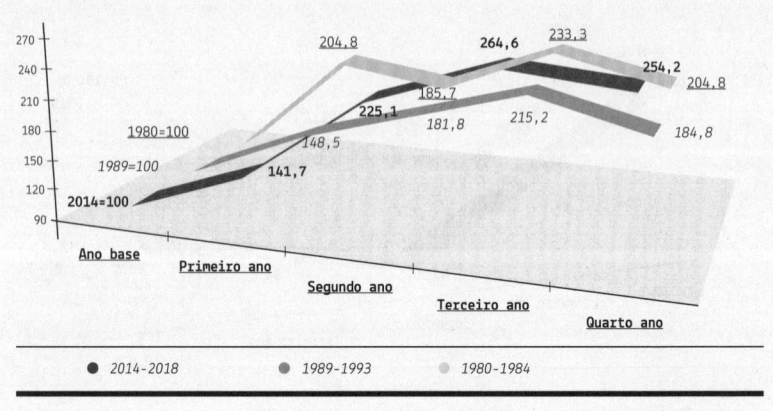

Fonte: IBGE (elaboração própria)

Gráfico 30 – Brasil: índice de evolução da taxa de pobreza nos quatro primeiros anos durante as três principais recessões na transição para a sociedade de serviços

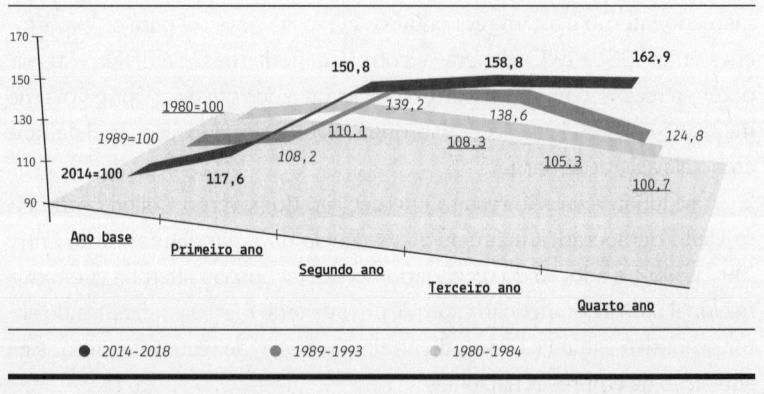

Fonte: IBGE (elaboração própria)

A terceira recessão, iniciada em 2015, demarcou o breve início do segundo governo da presidenta eleita Dilma Rousseff, cujo objetivo era liberar preços administrativos, desvalorizar a moeda nacional e ajustar as finanças públicas para fazer voltar a crescer a economia, o emprego e a renda nacional. Para tanto, as medidas contracionistas adotadas tiveram um caráter neoliberal, sem que a presidenta pudesse colher sucesso na empreitada, tendo sido afastada, inclusive, de forma arbitrária do seu governo, em 2016. Desde 2015 que a economia brasileira não voltou a crescer, tampouco conseguiu solucionar problemas de natureza fiscal. Em compensação, a situação socioeconômica da população se agravou significativamente, sobretudo com o aprofundamento da agenda neoliberal de desmonte do Estado do bem-estar e de contenção do gasto social levada à frente pelos governos desde 2016.

Nota-se que, das três recessões que marcaram o panorama geral da transição antecipada para a sociedade de serviços no Brasil, a última recessão, a que se iniciou em 2015, apresenta-se como a mais grave e profunda desde o princípio da década de 1980. Não apenas pela maior queda no nível de atividade econômica, mas também pela longa fase sem retorno ao ritmo de produção anterior.

No início de 2020, antes da pandemia da Covid-19 que gerou brutal redução do nível de atividade econômica, o PIB seguia ainda inferior ao do ano de 2014, com regressão na hierarquia mundial das economias mais ricas da 7ª para a 9ª posição no mesmo período. Das 27 unidades da federação, somente seis estados (Pará, Roraima, Mato Grosso, Santa Catarina, Rondônia e Mato Grosso do Sul) tinham retornado ao patamar de 2014, estimulados, basicamente, pela dependência da produção primário-exportadora, ao passo que nas demais 21 unidades federativas o nível de produção seguia abaixo do de cinco anos atrás.

As três recessões encadeadas nas últimas quatro décadas terminaram modificando profundamente a estrutura da produção e da ocupação em plena transição para a sociedade de serviços no Brasil. Entre os anos 1950 e 1980, quando se consolidou a sociedade urbana e industrial, a produção secundária (indústria) ampliou em 60,1% a sua participação relativa na composição do PIB. Em compensação, a produção primária (agropecuária) reduziu em 56% a sua participação relativa, e a produção terciária (serviços e comércio) se manteve relativamente estabilizada.

Os efeitos da dinâmica econômica se fizeram reproduzir na estrutura ocupacional. No mesmo período, entre os anos 1950 e 1980, a participação relativa da ocupação primária decaiu em 46%, enquanto aumentou a participação relativa da ocupação secundária em 87,8%, e em 62,6% a da ocupação terciária.

Com a manifestação precoce da desindustrialização, a sociedade de serviços se viu impulsionada antecipadamente com especificidades importantes. A começar pelo fato de que entre 1980 e 2018 o peso relativo da produção terciária cresceu 44,4%, enquanto a participação relativa da produção tanto primária como secundária caíram 56,7% e 45,1%, respectivamente.

Por força disso, o setor terciário aumentou o seu peso relativo em 66,4% no total da ocupação total no mesmo intervalo de tempo, enquanto as ocupações primária e secundária reduziram suas posições relativas em 71,9% e 19,1%, respectivamente. Ao se projetar a trajetória da composição das ocupações no Brasil, percebe-se o aprofundamento das ocupações no setor terciário da economia.

Diante do predomínio na produção e na ocupação exercido pelo processo de terciarização da economia, pode-se identificar a importância relativa e a evolução dos quatro principais tipos de serviço (social, pessoal, distribuição e produção). O serviço de distribuição (comércio, transportes, armazenamento), por exemplo, é o que detém maior peso relativo no conjunto do setor terciário, seguido dos serviços pessoais (restaurantes, embelezamento, lavanderia, funerária), sociais (educação, saúde, assistência) e de produção (informática, financeiros, manutenção, limpeza).

Na comparação entre os anos de 2000 e 2016, os serviços de distribuição (-4%) e pessoais (-12,4%) perderam importância relativa, ao passo que os serviços sociais (12,5%) e de produção (24,5%) cresceram, como mostra o Gráfico 32. Em grande medida, o comportamento distinto dos quatro tipos principais de serviço revela tanto a mudança estrutural do sistema produtivo como a profunda heterogeneidade em termos de produtividade, emprego e remuneração.

Também se pode considerar que o avanço da desindustrialização transcorreu concomitante com a expansão do setor de serviços aliada mais à redução de custos que aos ganhos de produtividade impulsionada pela terceirização nas empresas. A externalização de postos de trabalho que até então pertenciam ao processo interno de produção, inicialmente nas atividades-meio (limpeza, segurança, manutenção, alimentação e outros) e posteriormente nas atividades finalísticas, foi, em geral, acompanhada pelo rebaixamento das condições de trabalho e remuneração.

Gráfico 31 - Brasil: evolução da composição setorial do PIB e da ocupação em anos selecionados (em %)

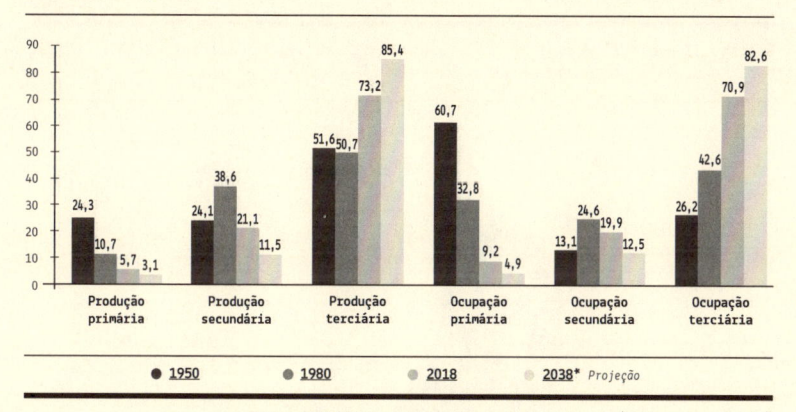

	Produção primária	Produção secundária	Produção terciária	Ocupação primária	Ocupação secundária	Ocupação terciária
1950	24,3	24,1	51,6	60,7	13,1	26,2
1980	10,7	38,6	50,7	32,8	24,6	42,6
2018	5,7	21,1	73,2	9,2	19,9	70,9
2038* Projeção	3,1	11,5	85,4	4,9	12,5	82,6

Fonte: IBGE/Pnad e contas nacionais e regionais (elaboração própria)

Gráfico 32 - Brasil: evolução da composição do setor terciário em serviços de produção, distribuição, social e pessoal entre 2000 e 2016 (em %)

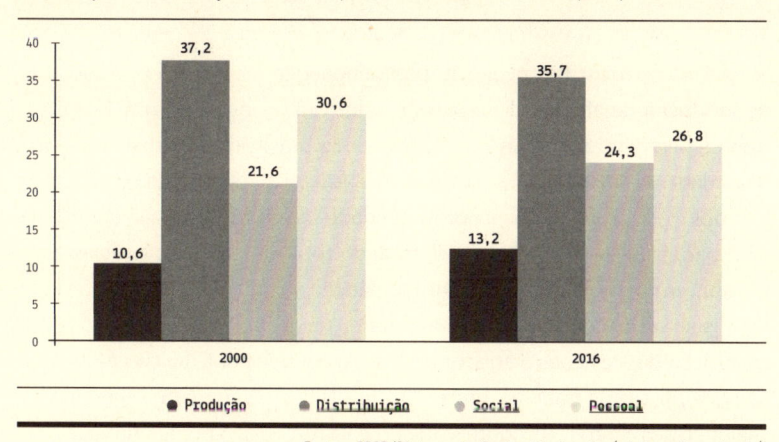

	2000	2016
Produção	10,6	13,2
Distribuição	37,2	35,7
Social	21,6	24,3
Pessoal	30,6	26,8

Fonte: IBGE/Sistema de Contas Nacionais (elaboração própria)

Outra parte dos serviços de atendimento pessoal e de prestação às famílias esteve associada ao comportamento da renda das famílias e às políticas públicas na área social. Diante disso, o setor de serviços conseguiu contribuir para a diminuição do desemprego, da informalidade e da pobreza, sem conseguir sustentar, contudo, o crescimento acelerado da economia nacional.

Gráfico 33 - Brasil: evolução das ocupações geradas segundo setores de alta, média e baixa produtividade entre 2000 e 2016 (em %)

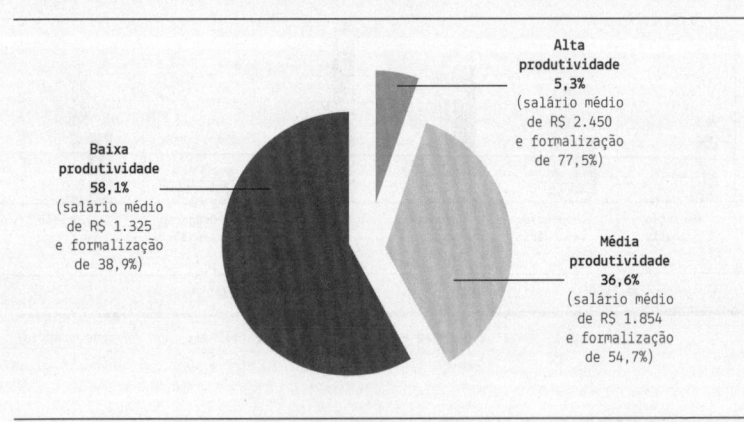

Alta produtividade
5,3%
(salário médio de R$ 2.450 e formalização de 77,5%)

Baixa produtividade
58,1%
(salário médio de R$ 1.325 e formalização de 38,9%)

Média produtividade
36,6%
(salário médio de R$ 1.854 e formalização de 54,7%)

Fonte: IBGE/Sistema de Contas Nacionais (elaboração própria)

Ao se contrastar a evolução das ocupações distribuídas por setores econômicos de alta, média e baixa produtividade, pode-se considerar algumas perspectivas gerais para a economia brasileira na transição para a sociedade de serviços. Observa-se que entre os anos de 2000 e 2016, por exemplo, os setores de baixa produtividade foram os que mais contribuíram para ampliar as ocupações (58,1% do total), justamente aquelas com menor remuneração e maior informalidade.

Os setores econômicos de mais alta produtividade, remuneração e formalização das relações de trabalho tiveram contida contribuição na expansão dos postos de trabalho. Entre 2000 e 2016, o conjunto do segmento de maior crescimento na produtividade no país respondeu por apenas 5,3% do total das ocupações abertas, enquanto os setores de média produtividade contribuíram com quase 37% dos postos de trabalho criados nacionalmente.

Nos setores de serviços, por exemplo, os níveis de produtividade têm sido relativamente baixos no período, salvo parte daqueles vinculados à produção, como o financeiro, o de informação e o de comunicação. No caso dos serviços às pessoas e de manutenção e reparação às empresas, por não serem intensivos em capital e tecnologia, detêm menor produtividade, geralmente de menor remuneração e maior taxa de formalização das relações de emprego.

Mas há serviços com importante capacidade de inovação própria e de transmissão para outros segmentos do conjunto da economia, como as empresas de informática, de pesquisa e desenvolvimento e de comunicações. Apesar disso, o setor de serviços detém, em geral, produtividade inferior aos setores primário e secundário, demandando ocupações de requisito profissional inferior, salvo as exceções de segmentos intensivos em capital e tecnologia.

Por conta disso, o setor terciário em expansão no Brasil termina por comprimir as possibilidades de ampliação da produtividade, bem como a própria sustentação da recuperação econômica no longo prazo. Daí a prevalência da já longa situação de estagnação da renda *per capita* no Brasil.

O esvaziamento industrial do sistema econômico, portador de maior produtividade e melhores empregos, acentua a dependência da geração de postos de trabalho no setor de serviços. Mas estes, em geral de produtividade rebaixada, empregam a partir de menores salários e relações de trabalho informais.

Nesse sentido é que se tem a ênfase dos governos neoliberais em destravar as reformas desregulatórias de direitos sociais e trabalhistas. Acreditam que o rebaixamento dos custos de contratação da mão de obra seria funcional ao movimento geral da terciarização da economia.

Acontece que o sentido da expansão de serviços, de menor produtividade, remuneração e formalização do emprego, sem expansão do sistema econômico, impõe a terceirização da economia associada aos serviços prestados às famílias ricas. Assim, a concentração da renda tende a crescer, favorecendo justamente a expansão de ocupações de baixa produtividade, remuneração e formalização.

Em síntese, tem-se o círculo vicioso da produção da pobreza em meio à reprodução da exclusão social e da desigualdade de renda, riqueza e poder.

A precoce e atual transição para a sociedade de serviços transcorre de forma contrária à verificada na consolidação da sociedade urbana e industrial. Entre as décadas de 1930 e 1970, por exemplo, houve importante deslocamento da população anteriormente alocada em setores de baixa produtividade no meio rural (subsistência) para o acesso às ocupações situadas na produção urbana de maior produtividade.

Esse movimento contribuiu para sustentar o ritmo elevado de crescimento econômico, ao mesmo tempo que o mercado interno de consumo tornou-se o centro do dinamismo nacional. Na atual transição para a sociedade de serviços, transcorre movimento de sentido inverso.

Com a desindustrialização, importante contingente de trabalhadores até então ocupados no sistema produtivo de maior produtividade, salário e formalização terminou sendo deslocado pela terciarização da economia. Em geral, o setor de serviços a abrigar maior parcela de ocupações tem sido o de menor produtividade, remuneração e informalidade.

Desconstituição da economia social

A prevalência do neoliberalismo tem promovido, em geral, o desembarque do orçamento público de parcela significativa de segmentos empobrecidos da população. Com a Constituição Federal de 1988, o Brasil conseguiu avançar na construção ainda que incompleta do seu Estado de bem-estar social, com importante participação do gasto social na dinâmica da economia nacional.

Com as ações governamentais orientadas para o constrangimento de sindicatos e de estrutura sindical, descomprometendo a justiça do trabalho e esvaziando o movimento social, desde 2016, o que havia sido constituído em termos de Estado de bem-estar social na periferia do capitalismo mundial sofre intensa e repentina reversão.

Medidas como a aprovação da Emenda Constitucional 95, que estabeleceu o congelamento dos gastos públicos não financeiros por vinte anos, exemplificam como o gasto público vem sendo comprimido nas políticas de saúde, educação, habitação, transporte, entre outros. Resumidamente, os efeitos disso já se fizeram apresentar, como na saúde, frente à volta de doenças definidas, até então, como superadas (sarampo, poliomielite e outras) e à inflexão da mortalidade infantil.

Na habitação, por exemplo, emergiu novamente a correlação direta entre o corte nos financiamentos do programa governamental Minha Casa Minha Vida e a elevação de imóveis fechados e de moradores de rua, assim como a queda significativa nas atividades e no nível de emprego na construção civil em todo o país. No transporte, os frequentes aumentos nos preços dos combustíveis apontam para a inviabilização do transporte público no país, e a elevação do gás de cozinha vem sendo enfrentada pelo maior uso de carvão e lenha para fazer a alimentação da população de baixa renda.

Na educação, por sua vez, o esvaziamento dos financiamentos ao ensino superior e a reforma do ensino médio são acompanhados do desestímulo de parte dos jovens em relação ao ensino, diante do crescimento do desemprego e da queda no rendimento familiar, justamente para os segmentos populacionais com maior escolaridade. Além disso, constata-se que as políticas de austeridade fiscal mantiveram desajuste fiscal, ausência do crescimento econômico e generalização do desemprego e da pobreza. Cerca de 40 milhões de brasileiros foram simplesmente destituídos da esfera produtiva, sejam quase 28 milhões de trabalhadores precarizados em busca permanente de emprego, sejam aqueles rebaixados pela condição de miséria e vida informal e clandestina.

Diante do rebaixamento do custo do trabalho e da contenção do consumo no mercado interno, o setor exportador melhorou a rentabilidade, enquanto o desajuste fiscal favoreceu a lucratividade do rentismo. Certas corporações transnacionais vinculadas a setores estratégicos, como de petróleo e gás, infraestrutura e outros, também têm sido privilegiadas.

Em termos de dinâmica interna da acumulação de capital, percebe-se como resultado a desconstituição da economia social em gestação. No ano de 2014, por exemplo, o gasto social correspondeu a quase um quarto do PIB brasileiro, o que se aproxima da experiência dos países de capitalismo avançados constitutivos do Estado de bem-estar social.

Ao se considerar o efeito multiplicativo do gasto social sobre a economia brasileira, constata-se que cerca da metade da dinâmica de expansão da produção depende da economia social. Essa modificação substancial na dinâmica da economia nacional introduzida pela Constituição Federal de 1988 é que terminou possibilitando ao país ingressar na modernidade ao final do século XX.

O circuito da economia social encontrava-se constituído pela importância do conjunto da política social lenta e gradualmente instalada desde a Constituição Federal de 1988. A sua elevada complexidade e grandiosidade, praticamente escondida pelas críticas neoliberais, consagra significativa eficiência da capacidade estatal de intervenção na sociedade. O inédito resultado alcançado em termos de melhora considerável no desenvolvimento humano tem sido realizado no Brasil com a cadente receita tributária líquida.

Com os avanços do Estado de bem-estar social, o Brasil começou a colher resultados econômicos e sociais consideráveis. Exemplos disso ocorrem em diversas áreas. Destaca-se o enfrentamento da pobreza entre os idosos, consagrado pela previdência e assistência social que modificou completamente a tragédia da exclusão social no país.

Toda essa construção das bases do Estado de bem-estar social passou a ser fortemente atacada por força do condomínio de interesses políticos assentados no receituário neoliberal. Assim, a moderna dinâmica da economia social que ainda se encontrava em montagem recente no Brasil passou a ser desmontada com a corrosão do Estado de bem-estar social e do emprego público.

É nesse contexto de gestão da massa de empobrecidos que ascende a força do crime organizado e das igrejas, assumindo cada vez maiores responsabilidades no atendimento em rede à nova safra de desvalidos produzida pelo processo acelerado de desmontagem das políticas públicas e de desconstituição do sistema produtivo nacional. Assim, o resultado parece apontar para o fortalecimento da concentração de riqueza, renda e poder combinada à aceleração da desigualdade entre minoria privilegiada e maioria de trabalhadores precarizados, bem como os novos empobrecidos pela exclusão das políticas públicas.

Para enfrentar a gravidade da situação de uma economia paralisada, os governos de plantão não apenas insistem no mesmo receituário neoliberal como buscam radicalizá-lo ainda mais com a retomada do programa de privatização e a reforma da previdência social. No caso do sistema público de aposentadoria e pensão, por exemplo, foi priorizada a perspectiva anacrônica da busca pelo autofinanciamento dos benefícios pelos próprios participantes do sistema previdenciário.

Disso decorre a possibilidade de maiores dificuldades para o seu acesso e a postergação do seu recebimento, cujo valor diminui, tornando-se insuficiente para garantir vida digna, aumentando a pobreza e a exclusão no interior da sociedade de serviços.

Considerações finais

De acordo com as páginas anteriores, nota-se a profundidade com que as recessões atingiram a economia brasileira nas últimas quatro décadas. O setor secundário foi o principal atingido negativamente, enquanto o investimento e as importações registram quedas mais acentuadas desde os anos 1990.

Em função disso, o mercado de trabalho expressou comportamento desfavorável, com redução no nível geral das ocupações e aumento no desemprego. Tanto a ocupação como o desemprego não atingiram equanimemente o conjunto dos trabalhadores. Enquanto os jovens apresentaram as maiores taxas de desemprego, a ocupação não declinou nos postos de menor escolaridade. Essas diferenças também marcaram a situação do mercado de trabalho considerada do ponto de vista territorial, especialmente para determinados estados da federação.

O Brasil passou a ser conduzido pelo ideário daqueles que já morreram. Em vez de cometer erros novos, o governo Temer insistiu na repetição dos mesmos equívocos do passado. Exemplo disso pode ser encontrado na predominância da interpretação da crise que abala a economia nacional e orienta o conjunto de reformas a reconfigurar o capitalismo no país.

Nessa já longa fase de estagnação da renda *per capita*, cuja centralidade assenta-se no esgotamento da industrialização tardia, o sentido do Brasil atual que emerge da recessão profunda e prolongada e do conjunto de reformas regressivas aponta para a condição neocolonial. A reconfiguração do capitalismo aprofunda o seu lado rentista, enquanto ascende a burguesia mercantil associada ao dinamismo dependente dos interesses externos, sobretudo dos decadentes Estados Unidos.

Embora interrompida na década de 2000, a adoção da queda na taxa de exploração capitalista da força de trabalho como explicação para a desaceleração dos ganhos de produtividade voltou a predominar alguns anos depois. Com o diagnóstico dominante de que a elevação na massa de rendimento do trabalho esmaga os lucros empresariais, desincentivando os investimentos produtivos, adotaram-se medidas de redução no rendimento do trabalho e de desmonte do Estado de bem-estar social ainda em formação.

Nesse sentido, a luta de classe entre o capital e o trabalho foi sendo cada vez mais assumida pela política de austeridade governamental. A desoneração nos custos de produção praticada, sejam fiscais (restrição de tributos para empresas), sejam de transação (equipamentos, contratos etc.), sejam laborais (reforma trabalhista, lei da terceirização), entre outros, tornaram o custo do trabalho na indústria brasileira inferior, por exemplo, ao da China.

Isso porque o esforço governamental para desonerar os custos de produção assenta-se na crença da elevação, em consequência, da margem de lucro das empresas e em melhores expectativas de retomada da produção. Em simultâneo, observa-se que o movimento da desoneração empresarial (fiscal e salarial) termina por agravar ainda mais os problemas de financiamento do governo, bem como a reativação da demanda no interior do mercado interno.

Logo, a política neoliberal de austeridade com o objetivo de enfrentar a luta de classes enfraquece a classe trabalhadora, sem garantir a sustentação dos lucros pelo desenvolvimento do sistema produtivo. Isso porque a adoção dessa política favorece a luta intraclasse capitalista no que diz respeito à decisão sobre o que produzir.

O corte nos custos de produção permite elevar a margem de lucro, mas esta tem dificuldade de ser efetivada diante do desmoronamento do gasto público e do consumo dos trabalhadores no sistema produtivo. Em vez de estimular os investimentos produtivos, ganha mais força o deslocamento dos recursos disponíveis para o setor financeiro, este, sim, capaz de garantir taxas de retorno superiores por conta da sustentação de altas taxas reais de juros pelo Banco Central.

***

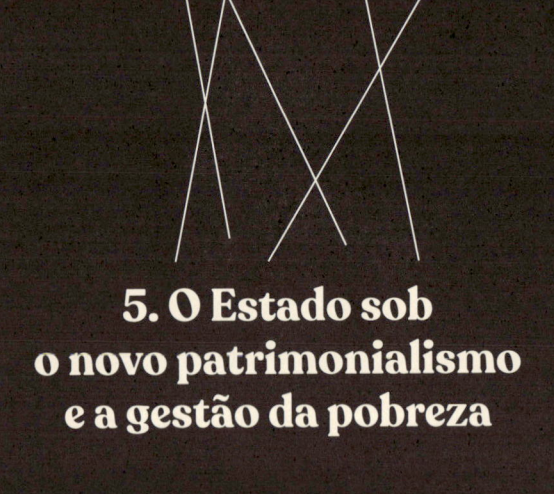

5. O Estado sob o novo patrimonialismo e a gestão da pobreza

A **transição antecipada** para a sociedade de serviços neste início do século XXI transcorre em meio à estagnação da economia brasileira e à intensa atuação do Estado fundado na bifurcação de gerir a massa empobrecida e sustentar o novo patrimonialismo. Com o fim da sociedade urbana e industrial, a montagem de uma estrutura social complexa e diversificada cedeu lugar à novidade da simplificação da multidão de precarizados, que compreende cerca de 80% da população, e da minoritária classe de padrão de consumo global sustentada pelo rentismo da financeirização da riqueza.

Por conta disso, o presente capítulo pretende refletir acerca do papel atual do Estado brasileiro. Ele parte do entendimento de que o Estado tem fundamentado historicamente a sua legitimidade na convivência com o passado, não obstante o papel estratégico desempenhado na construção do futuro no Brasil[76].

Na construção e evolução do Estado moderno desde a Revolução de 1930, algumas das principais características intrínsecas ao antigo Estado imperial (1822-1889) terminaram sendo reproduzidas ao longo do tempo. Destacam-se, por exemplo, o clientelismo na relação com a sociedade e o patrimonialismo na conexão com a economia[77].

---

(76) A partir de 1822, a ascensão do Estado Imperial garantiu a unidade nacional e a centralização administrativa legitimada pela escravidão, pela monocultura e pelo latifúndio herdados da era colonial. Mesmo com o rompimento do Estado absolutista e monárquico pela República em 1889, o poder da aristocracia agrária prevaleceu no Estado mínimo da República Velha ante a perspectiva derrotada de capitalismo aberto à população negra e miscigenada defendido pelos abolicionistas. Da mesma forma, a Revolução de 1930, embalada pelo projeto reformista dos tenentistas, ficou aprisionada às alianças políticas de modernização conservadora decorrente até a década de 1970. Com o ciclo político da Nova República vigente entre 1985 e 2014, os avanços do Estado permaneceram constrangidos pela força do centro político liberal conservador, também denominado Centrão.
(77) Sobre isso, ver mais, por exemplo, em Sergio Buarque de Holanda, *Raízes do Brasil*, São Paulo: Companhia das Letras, 1995; Raymundo Faoro, *op. cit.*; Carlos Lessa, "O parto sem dor do Estado nacional brasileiro, e com muita dor, da economia nacional", em: José Luís Fiori e Carlos Medeiros (org.), *Polarização mundial e crescimento*, Petrópolis: Vozes, 2001.

A subsunção da atuação pública à esfera privada prevaleceu determinada pelo grau de autonomia relativa ao padrão de acumulação de capital e à correlação de forças entre os diferentes segmentos da sociedade[78]. Com a passagem para a sociedade urbana e industrial, por exemplo, ainda que o Estado tenha percorrido distintas trajetórias, ele jamais abandonou o compromisso de construção e expansão das forças produtivas no espaço nacional. Isso, pelo menos, entre as décadas de 1930 e de 1980, quando perdurou o ciclo econômico da industrialização tardia sem que as reformas clássicas do capitalismo contemporâneo fossem realizadas (agrária, tributária e social). Embora o antigo regime de representação política censitária vigente nas eleições do Império (1822-1889) e da República Velha (1889-1930) tenha sido superado pela instalação lenta e gradual do sistema de democracia representativa de massa a partir dos anos 1930, a experiência de governos autoritários (Estado Novo, 1937-1945, e ditadura civil-militar, 1964-1985) foi predominante[79].

Na "transição transada" da ditadura civil-militar para o regime político da democracia representativa, o Estado brasileiro sofreu significativa inflexão. A importante estabilidade política alcançada pelo presidencialismo de coalizão fundamentou-se na promessa de construção gradual de uma nova sociedade de padrão europeu sem a necessidade da realização das reformas estruturais no capitalismo selvagem brasileiro.

Com modificações no interior da ordem interna existente, a construção do novo futuro se materializaria nas bases do Estado de bem-estar social. Nesse sentido, a Constituição Federal de 1988, que representou o acordo político da época entre forças do passado autoritário da ditadura civil-militar e do presente democrático do novo sujeito da sociedade urbana e industrial, se mostrou o guia das últimas quatro décadas.

---

(78) Para mais detalhes, ver, entre outros: Sônia Draibe, *Rumos e metamorfoses*, Rio de Janeiro: Paz e Terra, 1985; João Manuel Cardoso de Mello, "O Estado brasileiro e os limites da estatização", *Ensaios de opinião*, Rio de Janeiro: Paz e Terra, 1977, n. 2/3, pp. 14-6; Carlos Lessa e Sulamis Dain, "Capitalismo associado: algumas referências para o tema Estado e desenvolvimento", em: Luiz Gonzaga Belluzzo e Renata Coutinho (org.), *Desenvolvimento capitalista no Brasil: ensaios sobre a crise*, São Paulo: Brasiliense, 1982; Maria da Conceição Tavares, "Painel sobre as empresas estatais, nacionais privadas e multinacionais", *Revista da ANPEC*, São Paulo: 1978, n. 1, pp. 44-8.
(79) Destaca-se que, dos 521 anos de sua constituição, o Brasil experimentou mais de 60% do tempo na condição de colônia, mais de 10% na monarquia, 8% na de república oligárquica, 6% na de regimes ditatoriais e 10% na de república democrática.

Mas, na transição para os serviços, o desmoronamento do sujeito social herdado da incompleta sociedade industrial permitiu que prevalecessem as forças do passado liberal-conservador. Além disso, o Brasil se tornou cada vez mais distante da internalização do progresso tecnológico, pois cada vez mais ficou prisioneiro da globalização neoliberal patrocinada pela reestruturação estadunidense desde o governo Reagan (1980-1989).

Na longa estagnação da renda *per capita* nacional, durante o ciclo político da Nova República, o Estado avançou significativamente em duas novas frentes, mesmo que contraditórias: de um lado, o movimento de construção do incompleto complexo do Estado de bem-estar social, e, de outro, a sustentação do sistema rentista para ricos e poderosos de financeirização econômica do sistema das dívidas públicas.

Tabela 4 - Brasil: evolução de indicadores selecionados em distintas fases de atuação estatal

Itens	1930-1945	1945-1964	1964-1985	1985-2016
PIB (#)	4,1	6,9	6,5	2,4
PIB *per capita* (#)	1,9	3,1	3,3	0,9
Investimento (*)	11,5	14,7	20,9	19,3
Gasto público com juros (*)	0,1	0,4	0,7	5,9
População urbana (**)	30,6	42,1	60,2	78,9
Carga tributária (*)	10,7	15,9	24,4	29,7
Gasto público social (*)	1,4	4,3	9,5	20,8
Emprego público (***)	2,2	6,1	10,1	11,4
Inflação (#)	4,8	26,0	58,2	101,6

Legenda:
(#) variação média anual; (*) em % do PIB; (**) em % da população total; (***) em % do total de ocupados

Fonte: IBGE, FGV, Bacen (elaboração própria)

Diante disso, e identificando o fim do ciclo político da Nova República em 2016, destacou-se o questionamento das forças do passado autoritário em relação à atuação do Estado na economia e sociedade brasileira. Com o desmonte do pacto político de 1988, a Constituição Federal se enfraqueceu, expressando a emergência das forças políticas do passado em meio à transição antecipada para a sociedade de serviços.

Assim, a atuação do Estado se revelou essencial. Percebe-se como a carga tributária que crescia substancialmente voltada ao financiamento das transferências públicas, tanto para a financeirização da riqueza (gasto com juros) como para inclusão social, se revelou concomitante com a desaceleração dos investimentos e a estagnação econômica.

Em relação ao período da ditadura civil-militar, por exemplo, o gasto médio anual com pagamento dos juros da dívida pública foi 8,4 vezes superior no ciclo político da Nova República, enquanto o gasto social terminou sendo multiplicado por 2,2 vezes (ver a Tabela 4). Desde 2016, contudo, o processo do desfazimento das bases do Estado de bem-estar social estabelecido pela Constituição Federal de 1988 revela outra reconfiguração profunda da sociedade e economia brasileira.

Para tratar das novas questões de reconstituição do Estado brasileiro, antecipam-se, brevemente, as quatro partes constitutivas do presente capítulo. Enquanto a primeira busca recuperar ligeiramente o formato dominante de atuação do Estado durante o ciclo político da Nova República marcado pela desindustrialização, a segunda parte refere-se à correlação de forças políticas que emerge da nova estrutura social proveniente da transição para a sociedade de serviços no país. A terceira parte volta-se para a análise da experiência recente do projeto de capitalismo de Estado que se estabeleceu no início do século XXI frente ao movimento maior da globalização neoliberal. Por fim, a quarta parte trata de iniciativas associadas à reformulação da atuação atual do Estado em conexão com os desafios do desenvolvimento brasileiro.

Ciclo político da Nova República, atuação do Estado e desindustrialização

O ciclo político da Nova República decorreu do processo de "transição transada" que terminou possibilitando a mais longeva experiência de regime democrático no país de ampla tradição autoritária. Apesar das diferenças entre si, o conjunto dos seis presidentes que sucederam a ditadura civil-militar a partir de 1985 moldou a atuação do Estado brasileiro pautada pela iniciativa democrática em cumprimento da Constituição Federal de 1988.

Mas a mesma fortaleza da estabilidade democrática registrada no período conviveu com a fraqueza das reformas estruturais, quase sempre postergadas. Assim, em vez de alterar a estrutura de funcionamento da sociedade capitalista no Brasil, conforme apontado originalmente tanto pelo plano das reformas de base de João Goulart (1961-1964) como pelo documento "Esperança e Mudança" do PMDB (1982), o Estado registrou atuação contraditória ao longo da desindustrialização do sistema produtivo que demarcou o ciclo político da Nova República.

De um lado, o ineditismo de uma longa fase democrática permitiu estruturar as bases do Estado de bem-estar social, apesar da estagnação quase secular da renda *per capita* dos brasileiros instalada desde 1981. De outro, o rebaixamento no horizonte de expansão da taxa média de lucro empresarial pela desindustrialização terminou impondo compensação, parcial ou plenamente, do rentismo sustentado pelo Estado na forma do sistema das dívidas públicas.

As bases do Estado de bem-estar social no Brasil ganharam forte impulso com a Constituição Federal de 1988, o que validou a elevação no gasto social, que passou de cerca dos 10% do PIB, em 1980, para 23% em 2014. Essa elevação nas despesas públicas foi acompanhada pela ampliação das capacidades estatais, sobretudo nas dimensões político-relacional e técnico-administrativa por meio de arranjos institucionais das novas políticas públicas em contexto democrático.

Tudo isso diante da expansão média anual do PIB *per capita* de apenas 0,6%, o que indicou a estagnação da economia nacional (1981-2016). Se relacionado com período equivalente anterior (1945-1980), o PIB *per capita* nacional aumentou 4,4% ao ano, em média, enquanto o gasto social manteve-se residual e subordinado à lógica de que o crescimento econômico, por si só, seria suficiente para promover a inclusão social.

Apesar do baixo dinamismo da economia nacional, a expansão do gasto social como proporção do PIB permitiu estruturar as bases do Estado de bem-estar social no Brasil. Com isso, tanto os efeitos negativos da semiestagnação da renda *per capita* acrescido do histórico sentido de exclusão social puderam ser enfrentados de forma inédita e exitosa.

Gráfico 34 - Brasil: índice de variação do PIB em períodos selecionados e comparáveis

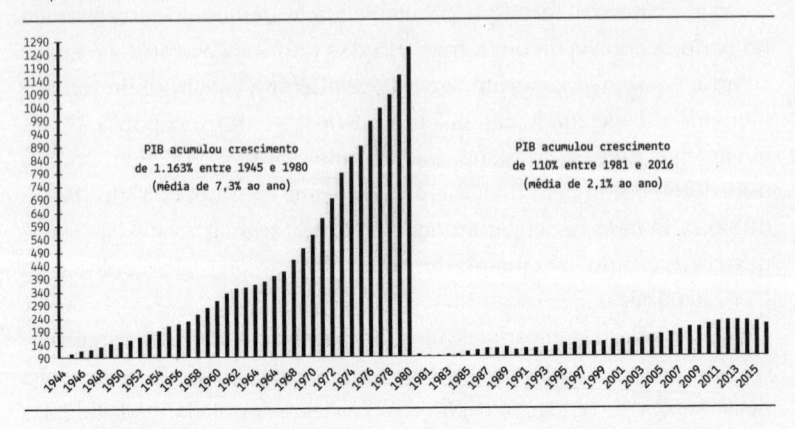

PIB acumulou crescimento de 1.163% entre 1945 e 1980 (média de 7,3% ao ano)

PIB acumulou crescimento de 110% entre 1981 e 2016 (média de 2,1% ao ano)

Fonte: IBGE/FGV (elaboração própria)

A mudança no formato de atuação do Estado durante o ciclo político da Nova República influenciou decisivamente a composição da dinâmica econômica associada ao crescimento do gasto social, o que se diferenciou do comportamento do sistema produtivo em outros intervalos de tempo comparáveis. A partir dos anos 2000, por exemplo, a cada quatro reais de recursos em circulação na economia, um real era proveniente do gasto social. Se contabilizado ainda o seu efeito multiplicador (elasticidade de 1,8), pode-se estimar que quase a metade de todo o fluxo da renda nacional encontrava-se associada direta e indiretamente à dinâmica do gasto social.

No mesmo sentido, notou-se um crescimento da dependência do rendimento das famílias em relação às transferências monetárias derivadas das políticas previdenciárias e assistenciais da seguridade social brasileira. Antes da Constituição Federal de 1988, por exemplo, as famílias não chegavam a ter, em média, 10% dos seus rendimentos dependentes das transferências monetárias, ao passo que nos anos 2000 esse número chegou, em média, a quase um quarto.

Acontece que, simultaneamente à ampliação do papel do Estado no sentido das políticas de promoção e proteção social, responsáveis pela redução da pobreza e da desigualdade nos rendimentos do trabalho, transcorreu o deslocamento de parcela do fundo público arrecadado para os credores do sistema das dívidas estatais. Os juros com pagamentos dos serviços da dívida pública, que equivaliam a menos de 2% do PIB nos anos 1980, foram multiplicados por cerca de três vezes, quando não mais, nos governos da Nova República.

Diante da oscilação e do baixo dinamismo da economia em desindustrialização, a queda na taxa média de lucro dos capitalistas terminou sendo compensada por ganhos cada vez mais associados ao rentismo.

Pelo sistema das dívidas públicas constituído ainda durante a ditadura civil-militar, os credores do Estado foram beneficiados por elevadas taxas de juros reais, ademais de benefícios tributários, mantenedores de elevada desigualdade no capital.

A dominância do rentismo na transição para a economia de serviços consolidou o esgotamento da industrialização demarcado por longa estagnação da renda *per capita* nacional. Pelo baixo dinamismo econômico, a sustentação do complexo de bem-estar social pela elevação da carga tributária, especialmente sobre os segmentos de menor rendimento (regressividade do sistema tributário), terminou encontrando o seu próprio limite de financiamento.

O golpe instalado em 2016 sugere o fim do ciclo político da Nova República, uma vez que a captura do centro político (Centrão) pelas forças derrotadas nas quatro eleições presidenciais desde 2002 permitiu retirar uma presidente eleita a partir da não aceitação do resultado democrático das urnas[80]. Por força disso, as bases do complexo do Estado de bem-estar social instalado a partir da Constituição Federal passaram a ser solapadas pelo reformismo neoliberal.

---

(80) A cooptação do centro político pelas forças políticas derrotadas consecutivamente nas eleições presidenciais desde 2002 pode ser percebida pela quantidade crescente de partidos necessária para a formação de maioria política no parlamento. No governo Sarney, por exemplo, dois partidos eram suficientes para a dominância parlamentar, sendo quatro nos governos de FHC, oito nos de Lula e dezoito nos de Dilma.

Estrutura social em transição e correlação de forças no Estado em disputa

A estrutura social que emerge da transição para a sociedade de serviços apresenta-se consideravelmente diferente da antiga e de construção incompleta da sociedade industrial no Brasil desde a Revolução de 1930. Com isso, o grau de autonomia do Estado foi alterado por uma nova correlação de forças entre os diferentes segmentos sociais.

Até a década de 1980, por exemplo, a liderança burguesa no país era exercida por forte influência do setor industrial. Ainda que dependente, a elite industrial detinha capacidade de se posicionar frente às forças econômicas de natureza externa, impulsionando certa posição nacional não passiva na Divisão Internacional do Trabalho.

Com a desindustrialização, a liderança burguesa passou a deter características de natureza cada vez mais comercial, com acentuado predomínio dos negócios financistas, midiáticos e agrários. Nesse sentido, o avanço desses negócios foi desconstituindo o sentido instalado de nação, o que permitiu desnacionalizar parte crescente dos ativos públicos e privados, produtivos e financeiros, que repunha, guardada a devida proporção, a condição neocolonial.

Nos segmentos intermediários da estrutura social, passou a se assistir ao processo de metamorfose da ampla classe média assalariada em nova e menor classe média de característica proprietária. O crescimento de micro e pequenos negócios, amparado na desregulamentação do mercado de trabalho pela terceirização e na desconstituição recente da Consolidação das Leis do Trabalho (CLT), terminou por desfazer parcela significativa das ocupações assalariadas da classe média tradicional.

Desde a década de 1990, por exemplo, o esvaziamento da empresa fordista pelo novo modelo toyotista de produção permitiu à terceirização ampliar, inicialmente no interior do setor privado, o crescimento de micro e pequenos negócios. Também no âmbito dos antigos postos de trabalho com rendimentos intermediários na estrutura salarial, houve o deslocamento para a condição do empreendedor de si mesmo, caracterizado pela posição de pessoa jurídica (contratos PJ de trabalho e do microempreendedor individual).

Pela recente lei geral da terceirização e a nova CLT, a perspectiva do apequenamento da classe média assalariada acentua-se, invadindo cada vez mais as ocupações do setor público. Em vez dos tradicionais concursos públicos, o regime de contratação por meio do processo de licitação de menor preço ganha importância, o que termina por desconstituir o conjunto das carreiras públicas assalariadas.

Com a expansão da classe média proprietária, uma espécie de pequena burguesia, a correlação de forças em relação à autonomia relativa do Estado tende a ser menor. A agenda da redução de impostos, taxas e contribuições, bem como de controle do Estado, assume maior relevância, ao contrário da postura da antiga classe média assalariada de aceitar o aumento do fundo público enquanto financiador da relação com a economia e a sociedade.

Por fim, o esvaziamento do protagonismo da velha classe trabalhadora industrial, acompanhado pela grandiosidade da nova classe trabalhadora dos serviços, também rebate na correlação de forças em relação ao protagonismo estatal. Nos dias de hoje, mais de dois terços dos ocupados se concentra no setor terciário da economia brasileira, que consiste em serviços variados nas esferas da produção, distribuição, social e pessoal.

Apesar da heterogeneidade nas ocupações, a característica principal da classe trabalhadora dos serviços tem sido a precariedade na remuneração e nas condições de trabalho. Em sua maior parte, as ocupações dos pequenos negócios operadas sem maiores hierarquias nos empreendimentos horizontalizados tendem a dificultar a conscientização de classe, bem como a organização e participação nas instituições de representações de interesses coletivos, como sindicatos, associações e partidos políticos.

Diante disso, o protagonismo sindical esvaece, com registro de baixa na sindicalização e de redução na eficiência dos acordos coletivos de trabalho. Com o avanço da desregulação do trabalho proporcionada pela generalização da terceirização e da nova CLT, a classe do precariado ganha maior proeminência em meio ao aprofundamento do grau de exploração proporcionado pelo ambiente de rebaixamento do custo do trabalho.

Pela sociedade de serviços que transita da antiga sociedade urbana e industrial, a correlação de forças tende a se modificar. Exemplo disso pode ser observado na ascensão de uma agenda neoliberal conservadora nos valores e nas proposições de atuação estatal. Nessas circunstâncias, as possibilidades do reposicionamento atual do Estado brasileiro necessitam ser mais bem consideradas.

Forças e fraquezas do projeto de capitalismo de Estado ante a globalização neoliberal

Do ponto de vista histórico, pode-se identificar que a partir da década de 1980 constituiu-se uma segunda onda de globalização[81]. Com a implementação do programa neoliberal de reposicionamento dos Estados Unidos, a experiência da União das Repúblicas Socialistas Soviéticas (URSS, 1917-1991), que representava o grande adversário na Guerra Fria (1947-1991), teve o seu fim. Na mesma marcha, os Estados Unidos conseguiram liquidar com a possibilidade da superação de sua hegemonia pela ascensão econômica do Japão ou da Alemanha.

Em geral, a segunda onda de globalização tem se diferenciado da primeira (1870-1914), marcada que foi pela hegemonia inglesa e pela organização capitalista dos grandes impérios, bem como pelo sistema colonial. Entre a Primeira Guerra Mundial (1914-1918) e a Guerra Irã-Iraque (1980), o interregno na primeira globalização concedeu primazia ao processo de descolonização acompanhado do surgimento de cerca de 150 novos países no mundo com algum grau de soberania desconhecido até então.

Com isso, a difusão de políticas públicas nacionais convergiu para um novo tipo de Estado, bem ampliado se comparado à experiência anterior do Estado mínimo. Com o fim da Segunda Guerra Mundial (1939-1945), a hegemonia dos Estados Unidos tomou conta do bloco de países capitalistas, o que produziu forte expansão das forças produtivas, mesmo que desigualmente no mundo.

---

(81) Uma primeira onda de globalização teria tido curso até a Primeira Guerra Mundial (1914-1918), demarcada pelo sistema colonial. Todavia, incomparável com a globalização em curso desde os anos 1980. Dessa forma, deseja-se destacar que, entre as décadas de 1920 e 1970, o capitalismo teve que conviver com regras crescentes de regulação conformada com o sistema interestatal de países.

Mas, a partir da década de 1980, o salto de uma segunda globalização capitalista protagonizou o poder crescente da grande corporação transnacional, em sua maioria com faturamento superior ao PIB de vários países. Pelo processo de liberalização comercial, financeira e produtiva, os países foram perdendo graus de autonomia na condução de suas políticas públicas.

Apesar disso, alguns países conseguiram registrar experiências associadas a um projeto de capitalismo de Estado. Em certa medida, tratou-se de alternativas de interesse nacional que buscaram se contrapor ao movimento maior de subordinação à globalização neoliberal. Países como Rússia, China, Índia, Turquia, Venezuela, Argentina, Bolívia, Uruguai, Equador, Brasil, entre outros, apontaram na distinta direção de subordinação passiva à globalização neoliberal.

Com distintos graus de sucesso, as experiências de capitalismo de Estado enfrentaram o receituário neoliberal dominante, passando pelo processo de politização na base da pirâmide social acrescido de reformulações importantes no poder judiciário e nas Forças Armadas. Dessa forma, a política pública avançou em direção ao protagonismo dos interesses nacionais.

Considerando esse breve registro, confere importância a experiência brasileira transcorrida a partir dos governos liderados pelo Partido dos Trabalhadores (2003-2016), quando a correlação de forças se apresentou favorável ao redesenho do modelo de capitalismo de Estado. Foi certamente uma experiência distinta da anterior, instalada entre as décadas de 1930 e 1970, cujo interregno da primeira onda de globalização e a hegemonia dos Estados Unidos desde a Segunda Guerra Mundial possibilitaram importante avanço na sociedade urbana e industrial.

Destaca-se que, nos anos 2000, a retomada de uma espécie de segunda onda de globalização capitalista hegemonizada pelo receituário neoliberal dos Estados Unidos favoreceu o seu elo mais financista e centralizado pelas grandes corporações transnacionais. Embora possa haver distinções entre as alternativas nacionais dos projetos de capitalismo de Estado em oposição à liberalização generalizada imposta pela globalização neoliberal, o modelo brasileiro tendeu a avançar por onde se apresentaram as menores resistências internas e externas.

Tabela 5 – Orçamento público e faturamento das grandes corporações transnacionais em 2012

País/Corporação	Orçamento público/Receita privada (em bilhões de US$)
Estados Unidos	4.074,6
China	2.125,3
Japão	1.411,9
Alemanha	1.402,6
França	1.271,3
Itália	1.074,3
Reino Unido	942,8
Brasil	806,2
Canadá	560,8
Rússia	482,3
R. Dutch Shell (Holanda)	481,7
Walmart Stores (EUA)	469,2
Espanha	458,3
Exxon Mobil (EUA)	449,9
Sinopec Group (China)	428,2
Austrália	415,1

Fonte: FMI e Fortune (elaboração própria)

Nesse sentido, o resgate do papel do Estado atuando em várias frentes se mostrou extremamente positivo para o reposicionamento do Brasil na Divisão Internacional do Trabalho. De um lado, a presença externa avançou mais rapidamente na esfera política do que na econômica, com inúmeras iniciativas protagonizadas pela articulação na América Latina e Caribe, em outras regiões (G-20, IBAS, Brics e outras) e na dimensão mundial, como na esfera desportista (Copa do Mundo em 2014 e Olimpíadas em 2016).

No campo econômico, a frustração com o esforço de reformulação das instituições multilaterais de Bretton Woods (Banco Mundial, Fundo Monetário Internacional, Organização Mundial do Comércio) favoreceu a invenção de outra agenda voltada à construção de nova ordem econômica mundial por meio dos Brics (banco de investimentos, parcerias tecnológicas em armamentos, saúde, educação, trocas externas em moedas nacionais, entre outras). A cooperação externa em novas bases alastrou a presença econômica e política do Brasil de forma inédita no mundo até então.

De outro lado, o impulso maior aos avanços internos transcorreu geralmente associado à superação de conflitos gerados pela política – como o Plano de Aceleração do Crescimento (PAC) na crise do mensalão, em 2005 – ou pela economia – como as políticas anticíclicas na primeira onda da crise de dimensão global, em 2007, e o Plano Brasil Maior, entre outras iniciativas, na segunda rodada da crise, em 2011. É bem verdade que, diante da herança dos governos anteriores (1985-2002), a estratégia de inclusão social se diferenciou consideravelmente pela ampliação do Estado, sobretudo a partir de 2003[82].

Para tanto, a reorganização do sistema de planejamento público federal se mostrou fundamental para contemplar a complexidade do processo de governar numa sociedade que se assentava na experiência democrática. Até então, a herança de desmonte do aparato da administração pública decorrente da experiência neoliberal dos anos 1990 havia gerado extrema segmentação setorial da estrutura organizacional do governo, com grandes ineficácias e ineficiências[83].

Todavia, o sucesso experimentado pelas mudanças internas, com o ineditismo da ampliação democrática (conferências nacionais e desempenho eleitoral), a volta do crescimento econômico e o salto na inclusão social, bem como as alterações externas derivadas da presença protagonista no cenário internacional, encontraram-se diante de suas fraquezas. A união de interesses internos e externos derrotados pela experiência de capitalismo

---

(82) Os avanços dos governos liderados pelo Partido dos Trabalhadores são tratados em Aloizio Mercadante, *Brasil: primeiro tempo*, São Paulo: Planeta, 2006; Emir Sader e Marco Aurélio Garcia, *Brasil, entre o passado e o futuro*, São Paulo: Fundação Perseu Abramo, 2010; Emir Sader, *Lula e Dilma: 10 anos de governos pós-neoliberais no Brasil*, São Paulo: Boitempo, 2013; Luiz Dulci, *Um salto para o futuro*, São Paulo: Fundação Perseu Abramo, 2013; Marcio Pochmann, *A vez dos intocáveis no Brasil*, São Paulo: Fundação Perseu Abramo, 2014; Celso Amorim, *Teerã, Ramalá e Doha*, São Paulo: Benvirá, 2015; Valter Pomar (org.), *Brasil: uma política externa altiva e ativa*, São Paulo: Fundação Perseu Abramo, 2017.
(83) Sobre a retomada do planejamento e reorganização político-administrativos do Estado na implementação de políticas públicas inovadoras e eficientes, ver Fernando Luiz Abrucio, "Trajetória recente da gestão pública brasileira: um balanço crítico e a renovação da agenda de reformas", *Revista de Administração Pública*, Rio de Janeiro: 2007, n. 41; Luiz Carlos Bresser-Pereira e Peter Spink, *Reforma do Estado e administração pública gerencial*, Rio de Janeiro: FGV, 2005; José Celso Cardoso Jr. (org.), *A reinvenção do planejamento governamental no Brasil*. Brasília: Ipea, 2011; Ronaldo Garcia, "PPA: o que não é e o que pode ser", *Políticas Sociais: Acompanhamento e Análise*, Brasília: Ipea, 2012, n. 20; José Celso Cardoso Jr. e Alexandre Cunha (org.), *Planejamento e avaliação de políticas públicas*, Brasília: Ipea, 2015.

de Estado brasileiro nos anos 2000 permitiu acumular forças exatamente para, no período de fragilidade nacional, conceder o golpe no Estado, retirando a presidenta democraticamente eleita.

Justamente quando pela primeira vez um conflito de natureza política interna (eleições de 2014) deixou de ser acompanhado por respostas em direção ao modelo de capitalismo de Estado, mas no seu inverso, identificou-se a retomada do receituário neoliberal. O deslocamento do centro político para a direita, mobilizado pelos insatisfeitos, interna e externamente, em relação ao modelo de capitalismo de Estado, comprometeu o regime democrático e subordinou o país ao sistema neocolonial da desnacionalização e ajuste fiscal de exclusão dos pobres do orçamento público.

O estabelecimento do projeto de futuro que não seja a mera reprodução do passado requer uma nova correlação de forças capaz de sustentar o papel protagonista do Estado. A superação da atual fase regressiva se estabelecerá pela reconfiguração de uma estratégia que tanto enfrente o curso da subordinação passiva ao projeto neocolonial como responda às novas questões do Estado no Brasil.

Políticas públicas, desigualdade e exclusão

Para um país tão desigual, o Estado brasileiro exerce papel extremamente paradoxal. Aos segmentos enriquecidos da população, por exemplo, o Estado se apresenta tímido na arrecadação e excessivo no gasto, enquanto aos pobres, ele se mostra excessivo na arrecadação e tímido no gasto.

Foi com base nessa constatação que o acordo político concretizado pela Constituição Federal de 1988 apontou para a necessidade de construção das bases do Estado de bem-estar social. Ainda que distante de sua plenitude, com enorme regressividade arrecadatória, o Estado avançou positivamente na maior progressividade do gasto público, sobretudo no social, mais voltado à base da pirâmide social brasileira.

O resultado constatado, especialmente nesse começo do século XXI, tem sido a construção de uma nova dinâmica de crescimento apoiada na economia social, que responde por quase metade da razão da expansão econômica no país. Desde a recessão de 2015-2016, a mais grave do desenvolvimento capitalista no Brasil, o mantra de que as demandas dos pobres não cabem mais no orçamento público passou a predominar no conjunto de interesses das forças políticas e econômicas que passaram a sustentar os governos de plantão.

O curso das recentes reformas implantadas que excluem a base da pirâmide social do orçamento público ganhou o explícito apoio do Banco Mundial com a divulgação, em 2017, do documento: "Um ajuste justo: análise da eficiência e equidade do gasto público no Brasil". A simples leitura da referida publicação permite constatar o que parece ser uma espécie de propaganda enganosa, uma vez que o seu conteúdo termina justamente por negar o próprio título[84].

Conforme se poderá perceber a seguir, a distorção no gasto público ocorre inversamente ao dimensionado pelo documento do Banco Mundial. Também a problemática da regressividade arrecadatória termina sendo minimamente presente na publicação do Banco Mundial.

Levada à realidade, a proposição neoliberal do Banco Mundial tanto aprofundará a desigualdade brasileira como desconstruirá a dinâmica da economia social inaugurada pela Constituição de 1988. Se considerado ainda os processos de flexibilização trabalhista aprovado nos últimos anos, o próprio emprego público sofrerá enorme desmonte, concomitante com a desconstituição das bases iniciais do Estado de bem-estar social. Sobre isso, a sequência das partes busca tratar.

***

Gasto público e desigualdade

A tese do Estado abusivamente arrecadador e excessivamente gastador não passa de uma ilusão inventada pelos inimigos do poder público no Brasil. Ao se considerar, por exemplo, as últimas quatro décadas, constata-se o avanço inegável da contradição entre a evolução das receitas tributárias bruta e líquida do Estado brasileiro.

---

(84) O engajamento de políticos em defesa das teses neoliberais cada vez mais parece se travestir de técnicos aparentemente comprometidos com a verdade. Ledo engano, conforme analisam Luc Boltanski e Nancy Fraser, *Domination et Émancipation*, Lyon: PUL, 2014; Colin Crouch, *Coping with Post-Democracy*, London: Fabian Society, 2000.

Tabela 6 - Brasil: evolução das transferências e das cargas tributárias bruta e líquida (em % do PIB)

Anos	Receita tributária bruta (A)	Transferências (B)	Receita tributária líquida (C=A-B)
1975	25,2	10,1	15,1
1995	30,6	17,7	12,9
2015	32,7	24,8	7,9

Fonte: IBGE, Banco Central e SRF/MF (elaboração própria)

A receita tributária bruta (RTB) representa a soma dos impostos, taxas e contribuições arrecadadas pelo Estado, ao passo que a receita tributária líquida (RTL) resulta do total arrecadado descontado das transferências públicas correspondentes aos subsídios, assistência e previdência social e juros da dívida pública. A receita tributária líquida revela o que de fato os governos possuem para financiar o conjunto das políticas públicas.

Entre 1975 e 2015, por exemplo, como se vê na Tabela 6, a RTB em percentual do Produto Interno Bruto (PIB) cresceu 29,8%, enquanto a RTL em percentual do PIB decresceu 47,7%. A razão desse paradoxo pode ser revelada pelas transferências públicas, que, em relação ao PIB, foram multiplicadas por 2,4 vezes no mesmo intervalo de tempo.

Sobre as transferências públicas, registra-se o crescimento acelerado do pagamento dos juros em relação à evolução dos compromissos com a assistência e previdência social. No ano de 2015, por exemplo, os juros representaram 49,4% do comprometimento com a assistência e previdência social, enquanto em 1975 a relação era de 9,7%. Em 1995, o pagamento de juros da dívida pública equivalia a 34,6%.

Assim, percebe-se que o principal motivo da contradição entre o aumento da RTB e a diminuição da RTL encontra-se na elevação das transferências públicas. Isso porque o pagamento com juros da dívida pública foi multiplicado por 12,6 vezes em relação ao PIB no período de 1975 e 2015 ante a elevação dos compromissos com assistência e previdência, multiplicada por 2,5 vezes.

Apesar disso, constata-se que, concomitante com a elevação da RTB, o grau de desigualdade medido pelo índice de Gini reduziu-se no tempo. No ano de 1975, quando a RTB era de 25,2% do PIB, o Gini foi estimado em 58,7, passando para 57,3 em relação à RTB de 30,6% do produto, e, em 2015, decaindo para 49,4 com a RTB de 32,7% do PIB.

Gráfico 35 - Comparação internacional da receita tributária bruta em percentual do PIB e desigualdade*

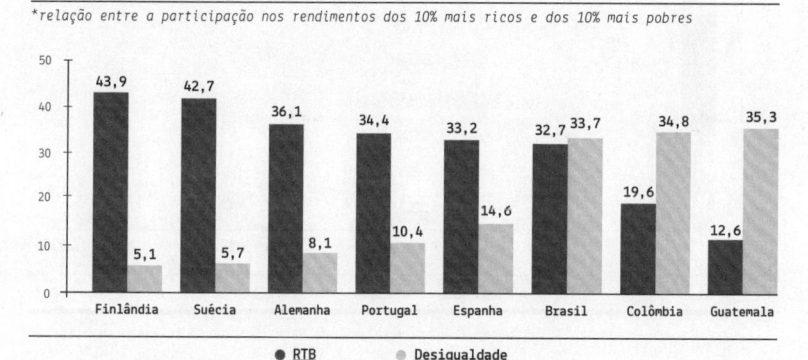

*relação entre a participação nos rendimentos dos 10% mais ricos e dos 10% mais pobres

	Finlândia	Suécia	Alemanha	Portugal	Espanha	Brasil	Colômbia	Guatemala
RTB	43,9	42,7	36,1	34,4	33,2	32,7	34,8	35,3
Desigualdade	5,1	5,7	8,1	10,4	14,6	33,7 / 19,6	12,6	

Fonte: FMI, Eurostat, OCDE, IBGE, STF/MF (elaboração própria)

Em relação à experiência internacional, percebe-se a correlação positiva entre maior receita tributária e menor desigualdade na distribuição dos rendimentos. O contrário também pode ser observado diante de menor receita tributária e maior desigualdade de renda.

***

Arrecadação pública e injustiça tributária

O aumento da RTB no Brasil encontra-se sustentado ao longo do tempo na regressividade de sua arrecadação pelo Estado brasileiro. Simplesmente porque são os tributos indiretos que mais crescem, enquanto nem sempre se constata a elevação dos tributos diretos.

Dessa forma, a base da pirâmide social é a mais atingida pela elevação da RTB, enquanto os segmentos enriquecidos terminaram sendo ainda mais privilegiados pela ausência de uma efetiva tributação progressiva. No ano de 2012, por exemplo, o segmento etário de 15 anos e mais de idade e com rendimento de até dois salários mínimos mensais, que respondia por 68% da população brasileira, detinha menos de um terço do total dos rendimentos, mas contribuía com 42,1% do total da arrecadação da RTB no Brasil.

Gráfico 36 - Brasil: distribuição da população de 15 anos e mais com rendimento, do rendimento e da carga tributária bruta em 2012

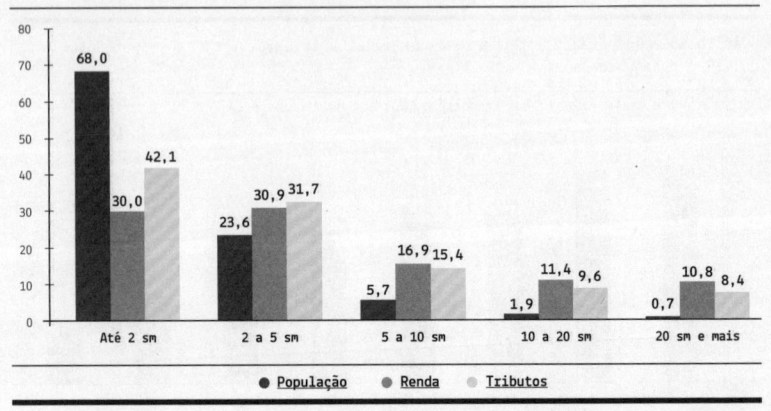

	Até 2 sm	2 a 5 sm	5 a 10 sm	10 a 20 sm	20 sm e mais
População	68,0	23,6	5,7	1,9	0,7
Renda	30,0	30,9	16,9	11,4	10,8
Tributos	42,1	31,7	15,4	9,6	8,4

Fonte: IBGE e Secretaria da Receita Federal (elaboração própria)

Para o mesmo ano, o segmento etário de 15 anos e mais e com rendimento acima de vinte salários mínimos mensais representou 0,7% da população, participando com 10,8% do total dos rendimentos do país e contribuindo com 8,4% do total da arrecadação da RTB. De toda a população brasileira, somente o segmento que recebia até cinco salários-mínimos mensais contribuía proporcionalmente mais com a arrecadação da RTB do que a participação relativa no total dos rendimentos.

Por força disso, a carga do tempo de trabalho comprometida com o pagamento da arrecadação da RTB se apresenta extremamente desigual entre brasileiros ricos e pobres. Como se vê no Gráfico 37, enquanto o segmento que recebe até dois salários mínimos mensais transfere o equivalente a 197 dias de trabalho para a arrecadação da RTB, o estrato social com rendimento acima de vinte salários mínimos mensais compromete 106 dias de trabalho. Ou seja, 46,2% a menos de tempo de trabalho para pagar tributos do que os mais pobres em todo o país.

Ademais de contribuir proporcionalmente menos para a arrecadação da RTB, os segmentos enriquecidos são beneficiados por significativas isenções fiscais. Na declaração do imposto de renda (IR), que se trata justamente de um tributo direto, percebem-se os benefícios que os segmentos mais ricos recebem do Estado brasileiro.

Gráfico 37 – Brasil: número de dias trabalhados para o pagamento da receita tributária bruta em 2012.

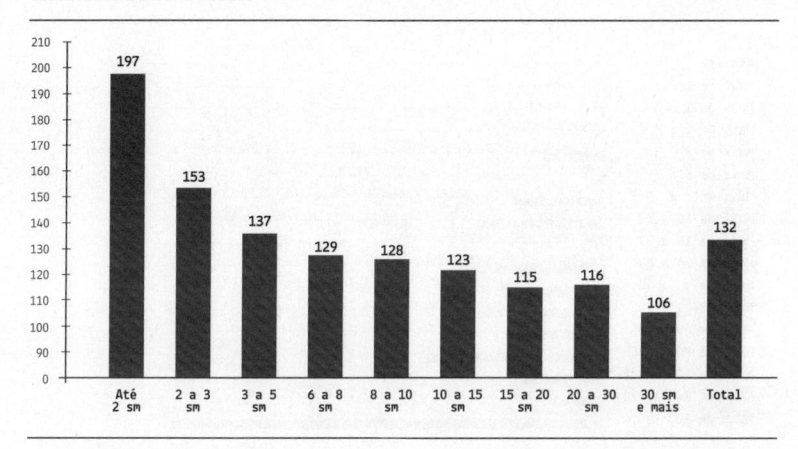

Até 2 sm	2 a 3 sm	3 a 5 sm	6 a 8 sm	8 a 10 sm	10 a 15 sm	15 a 20 sm	20 a 30 sm	30 sm e mais	Total
197	153	137	129	128	123	115	116	106	132

Fonte: IBGE, SRF/MF (elaboração própria)

Gráfico 38 – Brasil: peso do gasto público na previdência, assistência social, educação e saúde e o custo das isenções tributárias aos mesmos gastos realizados privadamente (em % do PIB)

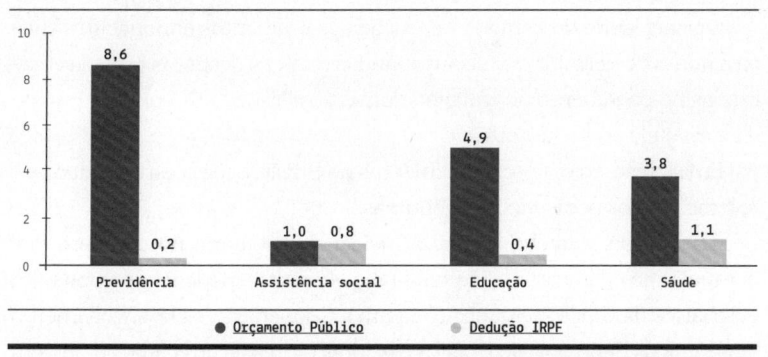

	Previdência	Assistência social	Educação	Saúde
Orçamento Público	8,6	1,0	4,9	3,8
Dedução IRPF	0,2	0,8	0,4	1,1

Fonte: IBGE, SRF/MF (elaboração própria)

Enquanto cabe à arrecadação da RTB financiar gastos como educação, saúde, assistência social, entre outros, para o conjunto dos brasileiros, o segmento mais enriquecido do país se beneficia das isenções possíveis nas declarações do IR para pagamentos efetivados com gastos privados com educação, saúde, previdência e assistência social.

Gráfico 39 - Brasil: valores tributáveis e isentos da distribuição dos rendimentos pelo imposto de renda em 2015

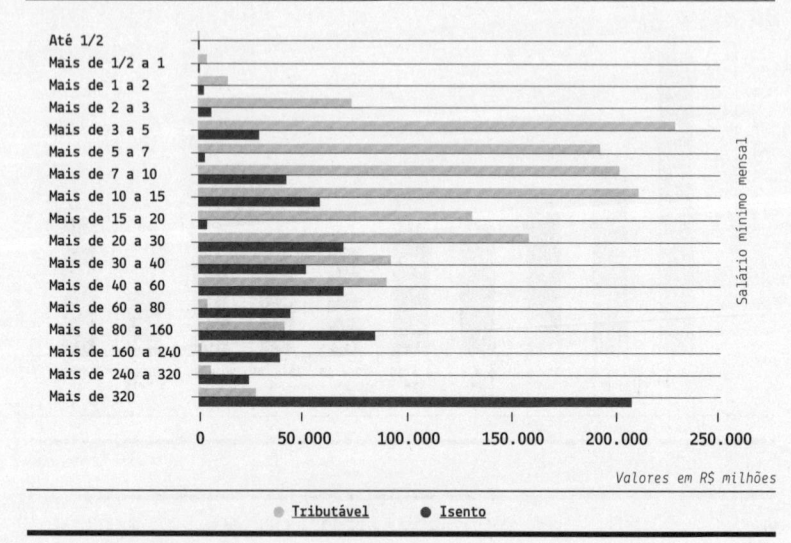

[Gráfico de barras horizontais mostrando faixas de salário mínimo mensal no eixo vertical (Até 1/2, Mais de 1/2 a 1, Mais de 1 a 2, Mais de 2 a 3, Mais de 3 a 5, Mais de 5 a 7, Mais de 7 a 10, Mais de 10 a 15, Mais de 15 a 20, Mais de 20 a 30, Mais de 30 a 40, Mais de 40 a 60, Mais de 60 a 80, Mais de 80 a 160, Mais de 160 a 240, Mais de 240 a 320, Mais de 320) e valores de 0 a 250.000 no eixo horizontal. Valores em R$ milhões. Legenda: Tributável, Isento.]

Fonte: SRF/ MF

O beneplácito do Estado em relação aos segmentos enriquecidos chega a ponto de permitir que sejam abatidas do IR as despesas privadas realizadas no pagamento do trabalho doméstico. Nada mais contemporâneo da sociedade do século XIX.

Em síntese, os maiores rendimentos no Brasil seguem esplendidamente beneficiados por isenções tributárias.

Além disso, percebe-se que a incidência tributária no conjunto dos componentes da arrecadação da RTB destoa da experiência do conjunto dos países da OCDE (Organização para a Cooperação e Desenvolvimento Econômico). Enquanto no Brasil as maiores partes da arrecadação provêm da tributação sobre bens e serviços (41,2%), na OCDE resulta da tributação sobre a renda e os lucros (33,3%).

Gráfico 40 – Distribuição dos componentes das bases tributárias na arrecadação da receita tributária bruta no Brasil (2013) e na OCDE (2014)

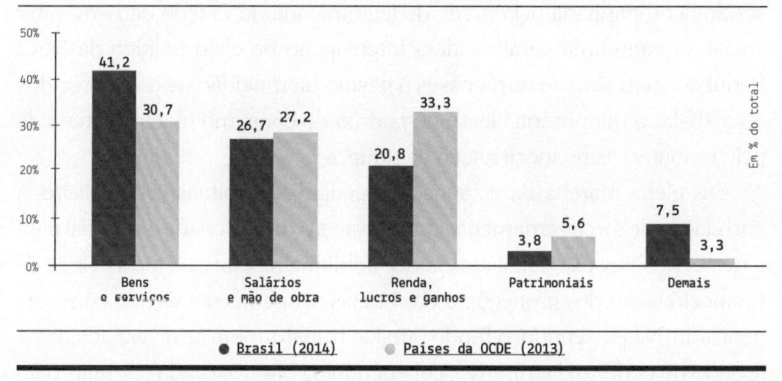

	Bens e serviços	Salários e mão de obra	Renda, lucros e ganhos	Patrimoniais	Demais
Brasil (2014)	41,2	26,7	20,8	3,8	7,5
Países da OCDE (2013)	30,7	27,2	33,3	5,6	3,3

Fonte: IBGE, STN e SRF/MF, OCDE

Considerações finais

No final do século XIX, quando o modelo de transição da antiga sociedade escravista para o modo de produção capitalista foi estabelecido, prevaleceu a tese da elite agrarista de que o atraso nacional decorreria da composição racial da sociedade brasileira. Em função disso, a sociedade capitalista foi constituída pelo projeto de branqueamento que implicou enorme imigração branca e exclusão da população negra e miscigenada das oportunidades abertas desde a década de 1890.

Nos dias de hoje, guardada a devida proporção, o condomínio privilegiado de interesses que sustentam os governos de plantão desde 2016 adota equivalente cantilena ao propagar que o Brasil somente sairá da grave situação nacional pela redução dos gastos públicos não financeiros. Com isso, o segmento majoritário dos brasileiros que forma a base da pirâmide social vem sendo excluído das políticas públicas diante do desmoronamento do Estado de bem-estar social.

No século XIX, o atraso da elite agrarista apegava-se às teses racistas que vinham da Europa. Nos dias de hoje, a elite neoliberal agarra-se às teses do ajuste injusto defendido pelo receituário neoliberal.

Assim, a trajetória de fragmentação do centro político liberal conservador estabelecido desde a "transição transada" do regime autoritário vem sendo acompanhada pela perda de legitimidade do Estado de bem-estar social. O panorama geral desde a interrupção do ciclo político da Nova República tem sido de retrocessos à gestão da multidão de empobrecidos sem abalar a minoritária classe de padrão de consumo global sustentada pelo rentismo da financeirização da riqueza.

Em plena marcha da estagnação secular do capitalismo brasileiro, a correlação de forças emergentes na passagem da sociedade industrial para a de serviços trouxe consigo o poder do dinheiro expresso pelas elites da financeirização, do agronegócio, das igrejas neopentecostais e do crime organizado. Nesse sentido, o fundo público transformou-se no espaço privilegiado do conflito distributivo, cujo pêndulo voltou-se cada vez mais para o rentismo dos segmentos privilegiados pela globalização neoliberal.

As mudanças atuais do receituário neoliberal no papel do Estado apontam justamente para essa direção, ou seja, a exclusão dos trabalhadores e de parte da classe média assalariada do orçamento público e sua reserva aos ganhos financeiros transferidos pelo sistema das dívidas.

***

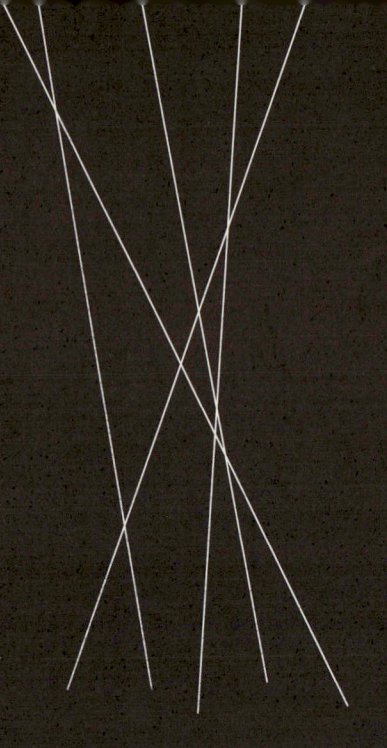

6. Desconstrução do trabalho e avanço da desigualdade

No período que compreende as décadas de 1910 a 1980, o interregno na primeira onda de globalização capitalista permitiu a proliferação do sistema de Estados nacionais, comprometido, em geral, com o avanço das sociedades urbanas e industriais em diversas nações. Para tanto, difundiram-se políticas públicas de regulação da competição capitalista em várias dimensões no espaço nacional (social, econômico, político e cultural).

Antes disso, a prevalência de uma espécie de primeira onda de globalização centrada na Inglaterra (1870-1914) se assentou na organização capitalista por meio dos impérios e suas relações com suas respectivas colônias. Mesmo aos poucos países existentes, a escassa política pública encontrava-se associada ao Estado mínimo enquanto produto da hegemonia da ordem econômica liberal vigente à época.

A desconstituição do sistema colonial a partir da Primeira Guerra Mundial possibilitou o surgimento de mais de 150 novos países no mundo, especialmente com a criação da Organização das Nações Unidas (ONU) em 1945. Em função disso, a economia de cada país terminou sendo subordinada à soberania e autonomia do desenvolvimento das políticas públicas de regulação em diversas dimensões do espaço nacional.

Foi nesse contexto que o Brasil criou as condições, por meio da Revolução de 1930, para implementar o seu projeto nacional de desenvolvimento patrocinador da passagem da primitiva sociedade agrária para a sociedade urbana e industrial. Por mais de meio século, a regulação capitalista nas dimensões econômica, social, política e cultural avançou consideravelmente diante da ascensão do Estado moderno no país.

Como produto de sua época, a regulação pública do trabalho, por meio da Consolidação das Leis do Trabalho (CLT), buscou convergir, sistematizar e generalizar o conjunto diverso e fragmentado de legislações estabelecidas até a década de 1930 pela força de específicos segmentos laborais, permitindo a reprodução do trabalho em novas bases. Combinada ao dinamismo da industrialização, a expansão do trabalho regulado pela CLT favoreceu o inédito salto de uma grande classe média assalariada e ampla parcela da classe trabalhadora industrial, deixando para trás as situações das ocupações próximas da escravidão ainda presentes na República Velha (1889-1930).

Dessa forma, a sociedade salarial foi se constituindo demarcada pelo movimento inédito da estruturação do mercado de trabalho. Embora não tivesse alcançado o mesmo patamar do trabalho regulado verificado nos países desenvolvidos, o Brasil concedeu passos importantes e inegáveis nesse sentido.

Tudo isso, contudo, vem sendo modificado consideravelmente desde a década de 1980, com a emergência de uma segunda onda de globalização capitalista. A sua principal força propulsora tem sido as corporações transnacionais que, pela desregulação decorrente do receituário neoliberal, impõem seus interesses contrários às políticas públicas tributárias, ambientais, sociais, trabalhistas, entre outras.

O processo de desregulação em curso enfraquece a soberania e autonomia das políticas públicas e está cada vez mais subordinado à ordem econômica de caráter neocolonial. Nessas circunstâncias de perda do vigor da economia brasileira, o sistema de proteção social e trabalhista tornou a ser objeto de reformulação em meio à passagem antecipada para a sociedade de serviços no país.

Por conta disso, parte-se do pressuposto de que a reforma trabalhista e a generalização da terceirização fundamentam-se tanto no abandono da sociedade urbana e industrial como na aposta da nova sociedade de serviços. Diante da inequívoca alteração na infraestrutura produtiva, sobretudo do que resultará do curso da mais grave e profunda estagnação econômica, o seu impacto parece inegável tanto na estrutura da sociedade como em sua superestrutura representada por suas instituições e regulações.

Desde os anos 1990, o esgotamento da industrialização vem dando lugar a outro sistema econômico assentado nos serviços sob a dominância do rentismo financeiro e ao lado da dependência da produção e exportação de produtos primários. Uma forma de regressão à dependência neocolonial.

Com essa transformação na infraestrutura produtiva, a estrutura da sociedade salarial passou a sofrer as consequências do enxugamento tanto da classe média assalariada como da velha classe trabalhadora industrial. Por conta disso, viu-se a emergência da nova classe trabalhadora de serviços e da classe média proprietária. Até mesmo a tradicional burguesia industrial se converteu rapidamente na tradicional burguesia comercial e financeira.

Nesse sentido, as políticas públicas de regulação herdeiras da industrialização nacional encontraram no ciclo político da Nova República (1985-2016) a sua base fecunda para ser ampliada. Ainda que não houvesse correlação de forças suficiente para a implementação das necessárias reformas estruturais no capitalismo brasileiro, conforme originalmente previstas no documento do PMDB ("Esperança e Mudança"), em 1982, a estabilidade do regime político-democrático, o mais longevo da História nacional, impediu a desregulação das políticas públicas em suas várias dimensões.

Com o encerramento do ciclo político da Nova República, o receituário do neoliberalismo ganhou ainda mais força. O esvaziamento da soberania e da autonomia do Estado nacional decorre da aceitação das atuais forças políticas de ingressar no sistema neocolonial assentado na segunda onda de globalização capitalista.

A desregulação das políticas públicas, em especial a social e trabalhista, aponta para o fim do trabalho como até então se conhecia, tendo em vista a desestruturação da sociedade salarial imposta tanto pela ampliação da nova classe trabalhadora de serviços e abrangência da classe média proprietária como pela desconstituição do emprego público no Brasil. E é isso que as páginas a seguir buscam descrever.

Regulação e desregulação do trabalho

A longa e gradual jornada de efetivação da regulação do mundo do trabalho no Brasil encontrou o seu descenso com o esgotamento do ciclo político da Nova República. Em função disso, o protagonismo de uma série de projetos liberalizantes da legislação social e trabalhista que se encontrava represada desde a ascensão da nova Constituição Federal, em 1988, passou a ser rapidamente descortinado.

Mas a atual desregulação não se constituiu a única desde a Revolução de 1930, quando teve início a implantação das bases atuais do sistema de regulação social e trabalhista. Com a transição da velha sociedade agrária para a urbana e industrial, o mundo do trabalho conheceu quatro fases distintas de desregulação, nenhuma, contudo, comparável à atual.

Até a década de 1930, o mercado nacional de trabalho encontrava-se em construção. Por oito décadas desde 1850, com as restrições ao tráfico de escravos e a implantação da lei de terras, a transição para o capitalismo foi gradualmente criando o mercado de trabalho. Com a implantação do projeto nacional de urbanização e industrialização a partir da Revolução de 1930, a condição anterior dos mercados regionais de trabalho foi sendo superada pela implantação de um sistema nacional de regulação pública do trabalho.

Mesmo diante da passagem do Império para a República em 1889, a regulação do mercado de trabalho terminou sendo postergada frente à prevalência da situação de "liberdade do trabalho" definida pela primeira constituição republicana, em 1891. Nem mesmo a aprovação, em 1926, da emenda constitucional 29, que possibilitou ao Congresso Nacional legislar sobre o tema do trabalho, alterou a perspectiva liberal de manter o Estado fora da regulação social e trabalhista.

Durante a República Velha (1889-1930), prevaleceu o projeto de branqueamento populacional herdado do Império (1822-1889), que se constituiu no ingresso de imigrantes brancos para os principais postos de trabalho livre. Com isso, a maior parcela dos brasileiros permaneceu excluída do ingresso no modo de produção capitalista, uma vez que a elite agrária entendia que a presença indígena, negra e miscigenada responderia pelo atraso nacional.

Assim, o Brasil registrou, pelo censo demográfico de 1940, que cerca de dois terços do total da população era constituída por brancos. Quase sessenta anos antes, a população não branca (indígenas, negros e miscigenados) representava quase dois terços do total de residentes, segundo o censo demográfico de 1872.

A partir da Revolução de 1930, contudo, a regulação do trabalho foi se constituindo enquanto novidade difundida fragmentadamente, segundo pressão localizada de categorias mais fortes de trabalhadores. Exemplo disso foi a legislação de 1932, que obrigou os estabelecimentos urbanos a ter entre seus empregados pelo menos dois terços de trabalhadores nascidos ou naturalizados no país, o que favoreceu a inclusão da mão de obra nacional (negros e miscigenados) e as restrições à imigração.

Após uma década de embates, com avanços pontuais na implantação de um conjunto de leis dispersas na regulação do emergente emprego assalariado, foi implementada a Consolidação das Leis do Trabalho (CLT), no ano de 1943. Somente com o regime político autoritário do Estado Novo (1937-1945) é que o sistema nacional de regulação pública do trabalho pôde ser, enfim, instituído.

Mesmo assim, a maior parte dos trabalhadores terminou sendo excluída do código do trabalho frente à oposição liberal conservadora dos proprietários rurais, antiga força dominante na República Velha, que não queriam permitir a chegada da regulação pública do trabalho no meio rural. A contrarrevolução de 1932 expressou muito bem a oposição do conservadorismo agrário à modernização das relações capital-trabalho.

Somente duas décadas após a aprovação da CLT, com o Estatuto do Trabalhador Rural, em 1963, que a possibilidade de incorporação lenta e gradual do trabalho rural no sistema de regulação pública do trabalho passou a funcionar. Além disso, um verdadeiro adicional de medidas complementares foi sendo introduzido, como o 13º salário, a assistência e aposentadoria do trabalhador rural, entre outras.

Mas foi apenas pela Constituição Federal de 1988, ou seja, 45 anos após a implementação da CLT, que os trabalhadores rurais passaram a ter direitos equivalentes aos empregados urbanos, embora ainda hoje existam segmentos de ocupados sem acesso à regulação social e trabalhista. Na década de 1940, por exemplo, a CLT atingia menos de 10% dos trabalhadores, enquanto no ano de 2014 cerca de dois terços dos empregados encontravam-se submetidos ao sistema de regulação pública do trabalho.

Diante disso, destaca-se o aparecimento de uma primeira fase de desregulação da legislação social e trabalhista transcorrido durante a segunda metade da década de 1960, com a ascensão da ditadura civil-militar. Na oportunidade, a implantação do Fundo de Garantia por Tempo de Serviço (FGTS), por exemplo, não apenas interrompeu a trajetória de estabilidade no emprego, como inaugurou enorme rotatividade na contratação e demissão da mão de obra no Brasil.

A taxa de rotatividade que atingia cerca de 15% da força de trabalho ao ano na década de 1960 rapidamente foi acelerada, aproximando-se da metade dos empregos formais do país. Com isso, veio a generalização do procedimento patronal de substituir empregados de maior salário por trabalhadores de menor remuneração, o que tornou o tempo de trabalho na mesma empresa concentrado em poucos estabelecimentos, especialmente no setor público e nas grandes empresas privadas.

Na política salarial vigente entre 1964 e 1994, o resultado foi, em geral, a perda do poder de compra do rendimento dos trabalhadores, sobretudo no valor real do salário-mínimo, que atende a base da pirâmide distributiva do país. Diante da significativa expansão da produtividade do trabalho, os salários perderam a corrida não apenas para a inflação, mas também para os ganhos de produtividade, o que terminou por contribuir ainda mais para o agravamento da desigualdade de renda no Brasil.

Essa segunda fase da desregulação se caracterizou por deslocar a evolução dos rendimentos do trabalho do comportamento acelerado da produtividade, trazendo, por consequência, a prevalência de uma economia industrial de baixos salários. Ao mesmo tempo, uma enorme desigualdade se fortaleceu tanto intrarrenda do trabalho, revelada pela relação entre as altas e as baixas remunerações, como entre o rendimento do trabalho e as demais formas de renda da propriedade (juros, lucros, aluguéis e outras).

A terceira fase da desregulação do trabalho pôde ser constatada na década de 1990, com a dominação de governos com orientação neoliberal. Dessa forma, assistiu-se à generalização de medidas de liberalização da contratação de trabalhadores por modalidades abaixo da orientação estabelecida pela CLT. Entre elas, a emergência desregulada da terceirização dos contratos em plena massificação do desemprego e precarização das relações de trabalho.

A partir da metade da década de 2010, todavia, uma quarta fase da desregulação das leis sociais e trabalhistas foi desencadeada. Com a aprovação da lei geral da terceirização e da reforma trabalhista, a septuagenária CLT foi profundamente modificada de forma jamais identificada nas fases anteriores da desregulação do trabalho.

A atualidade da reformulação encontra-se inserida na lógica da desconstituição do trabalho tal como se conhece, pois integra o novo sistema da uberização do trabalho no início do século XXI. Isso porque o modo Uber de organizar e remunerar a força de trabalho distancia-se crescentemente da regularidade do assalariamento formal, acompanhado geralmente pela garantia dos direitos sociais e trabalhistas. Como esses direitos passam cada vez mais a ser tratados pelos empregadores e suas máquinas de agitação e propaganda como sendo fundamentalmente custos, a contratação direta, sem direitos sociais e trabalhistas, libera a competição individual maior entre os próprios trabalhadores em favor dos patrões. Os sindicatos ficam de fora da negociação, o que contribui ainda mais para o esvaziamento do grau de organização em sua própria base social.

Ao dependerem cada vez mais do rendimento diretamente recebido, sem mais a presença do histórico salário indireto (férias, feriado, previdência etc.), os fundos públicos voltados ao financiamento do sistema de seguridade social enfraquecem, quando não contribuem para a prevalência da sistemática do rentismo financeiro. Nesse sentido, a consolidação da nova classe trabalhadora do precariado assenta-se na expansão dos serviços e das ocupações de renda intermediária dos proprietários de micro e pequenos negócios.

A desestruturação da sociedade salarial

Após a longa fase de construção da sociedade salarial no Brasil, iniciada timidamente com a abolição da escravatura, em 1888, e acelerada com a Revolução de 1930, o Brasil terminou a década de 2010 com avançada desregulação das políticas sociais e trabalhistas. Apesar da decadência do padrão de industrialização e regulação fordista desde os anos 1990, o Brasil postergou seus efeitos destrutivos para o trabalho com o avanço das políticas públicas no âmbito do ciclo político da Nova República.

Pelo novo arranjo político em meio à transição para a sociedade de serviços, o movimento da desestruturação do mundo do trabalho ganhou impulso pela desregulação das políticas públicas, apontando para uma maior polarização entre a base e o cume da estrutura social. Assiste-se, assim, à transição das tradicionais classes médias assalariadas e de trabalhadores industriais para o novo e extensivo precariado empreendedor de si próprio, bem como ao avanço da classe média proprietária de pequenos negócios[85].

---

(85) Ver Guy Standing, *O precariado: a nova classe perigosa*, op. cit.; Ulrich Beck, *Un nuevo mundo feliz*, Buenos Aires: Paidós, 2000; Marcio Pochmann, *O mito da grande classe média*, São Paulo: Boitempo, 2012; Ruy Braga, *A rebeldia do precariado*, op. cit.

O vazio proporcionado pela desindustrialização vem sendo ocupado pela chamada sociedade de serviço, que constitui, nesse sentido, uma nova perspectiva de mudança estrutural do trabalho como se conheceu no Brasil. Mudança essa que torna cada vez mais intenso o padrão rebaixado de exploração do trabalho frente ao esvaziamento da regulação social e trabalhista e às promessas de modernidade pelo receituário neoliberal que não se realizam.

Embalada sem dúvida por certo determinismo tecnológico e saltos imaginados na produtividade do trabalho imaterial, uma nova gama de promessas foi forjada em direção à almejada sociedade do tempo livre, estendida pelo avanço do ócio criativo, da educação em tempo integral e da contenção do trabalho heterônomo (apenas pela sobrevivência). Penetrado cada vez mais pela cultura midiática do individualismo e pela ideologia da competição, o neoliberalismo seguiu ampliando seu número de apoiadores no mundo.

Com isso, surgiu a perspectiva de que as mudanças nas relações sociais repercutiriam inexoravelmente sobre o funcionamento do mercado de trabalho. Com a transição demográfica, novas expectativas foram sendo apresentadas. A propaganda de elevação da expectativa de vida para próximo de 100 anos de idade, por exemplo, deveria abrir inédita perspectiva à postergação do ingresso no mercado de trabalho, para a juventude completar o ensino superior, estudar a vida toda e trabalhar com jornadas semanais de até 12 horas.

A sociedade pós-industrial, assim, estaria a oferecer um padrão civilizatório jamais alcançado pelo modo capitalista de produção e distribuição[86]. E foi sob esse manto de promessas de maior libertação do ser humano do trabalho pela sobrevivência (trabalho heterônomo) – por meio da postergação da idade de ingresso no mercado de trabalho, para somente depois do cumprimento do ensino superior, bem como da oferta educacional ao longo da vida – que o racionalismo neoliberal se constituiu.

De certa forma, trouxe o entendimento de que o esvaziamento do peso relativo da economia nacional proveniente dos setores primário (agrope-

---

(86) Ver Domenico de Masi, *A sociedade pós-industrial*, São Paulo: Senac, 1999; Robert B. Reich, *O futuro do sucesso*, Barueri: Manole, 2002; Norberto Pinto dos Santos e António Gama, *Lazer: da libertação do tempo à conquista das práticas*, Coimbra: IUC, 2008.

cuária) e secundário (indústria e construção civil) consagraria expansão superior do setor terciário (serviços e comércio)[87]. Enfim, estaria a surgir uma sociedade pós-industrial protagonista de conquistas superiores aos marcos do possibilitado desde a década de 1930.

Essas promessas, contudo, não se mostraram efetivas e tampouco aguardadas pela modernização neoliberal de realização. Em pleno curso da transição para a sociedade de serviços, a inserção no mercado de trabalho precisa ser gradualmente postergada, possivelmente para o ingresso na atividade laboral somente após a conclusão do ensino superior, quando as pessoas têm mais de 22 anos, e com saída sincronizada do mercado de trabalho para o avanço da inatividade. Tudo isso acompanhado por jornada de trabalho reduzida, o que permite observar que o trabalho heterônomo deva corresponder a não mais do que 25% do tempo da vida humana.

É nesse sentido que se apresenta a perspectiva do trabalho humano. Destaca-se que, na antiga sociedade agrária, o começo do trabalho ocorria a partir dos 5 ou 6 anos de idade, para se prolongar até praticamente a morte, com jornadas de trabalho extremamente longas (catorze a dezesseis horas por dia) e sem períodos de descanso, como férias e inatividade remunerada (aposentadorias e pensões). Para alguém que conseguisse chegar aos 40 anos, tendo iniciado o trabalho aos 6 anos, por exemplo, o tempo comprometido somente com as atividades laborais absorveria cerca de 70% de toda a sua vida.

Na sociedade industrial, o ingresso no mercado laboral foi postergado para os 16 anos de idade, garantindo aos ocupados, a partir daí, o acesso a descanso semanal, férias, pensões e aposentadorias provenientes da regulação pública do trabalho. Com isso, alguém que ingressasse no mercado de trabalho depois dos 15 anos de idade e permanecesse ativo por mais 50 anos teria, possivelmente, mais alguns anos de inatividade remunerada (aposentadoria e pensão).

Assim, cerca de 50% do tempo de toda a vida estaria comprometido com o exercício do trabalho heterônomo. A parte restante do ciclo da vida, não comprometida pelo trabalho e pela sobrevivência, deveria estar associada à reconstrução da sociabilidade, estudo e formação, cada vez mais exigidos pela nova organização da produção e distribuição internacionalizada.

---

(87) Ver Raymond Aron, *Dezoito lições sobre a sociedade industrial*, op. cit.; Daniel Bell, *O advento da sociedade pós-industrial*, São Paulo: Cultrix, 1973.

Isso porque, diante dos elevados e constantes ganhos de produtividade, torna-se possível a redução do tempo semanal de trabalho de algo ao redor das 40 horas para não mais que 20 horas. De certa forma, a transição entre as sociedades urbano-industrial e pós-industrial tende a não mais separar nítida e rigidamente o tempo do trabalho do tempo do não trabalho, podendo gerar maior mescla entre os dois, com maior intensidade e risco da longevidade ampliada da jornada laboral para além do tradicional local de exercício efetivo do trabalho.

É dentro desse contexto que se recoloca em novas bases a relação entre o tempo de trabalho heterônomo e a vida. Em geral, o funcionamento do mercado de trabalho relaciona, ao longo do tempo, uma variedade de formas típicas e atípicas de uso e remuneração da mão de obra com excedente de força de trabalho derivado dos movimentos migratórios internos e externos sem controle.

Tudo isso, contudo, encontra-se cada vez mais distante por conta da posição da maioria dos países diante da segunda globalização capitalista protagonizada pela força da grande corporação transnacional. Em vez da modernidade, ganha dimensão o sistema neocolonial, em que as antigas soberania e autonomia das políticas públicas nacionais encontram-se substituídas pela ordem econômica neoliberal que estimula a competição pelo rebaixamento da regulação nacional da tributação, do trabalho, do meio ambiente, entre outras.

No caso brasileiro, o esgotamento do ciclo político da Nova República, com o abandono de parte das forças políticas do regime democrático ao não mais aceitar o resultado eleitoral de 2014, implicou o esvaziamento da soberania e da autonomia das políticas públicas. Daí o deslocamento das decisões internas para a agenda de interesse do sistema neocolonial em curso.

A dependência crescente da produção e exportação de produtos primários, em meio ao esvaziamento da indústria, coloca no setor de serviços sob a dominância do rentismo financeiro o novo ordenamento do trabalho, ou seja, a redução crescente do custo do trabalho como elemento da competição capitalista.

Conforme mostra o Gráfico 41, a queda no custo do trabalho industrial no Brasil tem sido tão intensa que, desde 2016, chega a ser inferior ao da China. Sinal de que o conservadorismo da pauta patronal se encontra em vigor, colocando em segundo plano a opção pela modernidade dos investimentos no progresso técnico e da redistribuição dos ganhos de produtividade para todos. Com isso, tem-se a volta da velha e conhecida condição nacional assentada na desigualdade extrema, a normalidade histórica restabelecida pelo regime político de democracia de aparência, da economia dependente do exterior e da exclusão dos pobres do orçamento público.

Gráfico 41 – Evolução do custo do trabalho industrial por hora em dólar

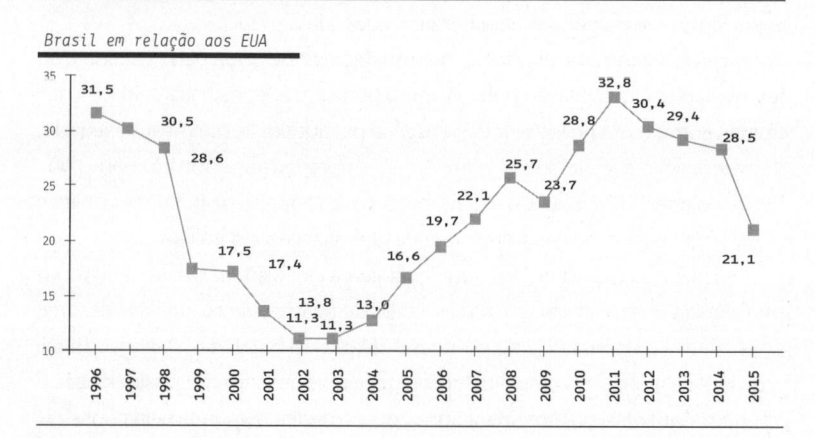

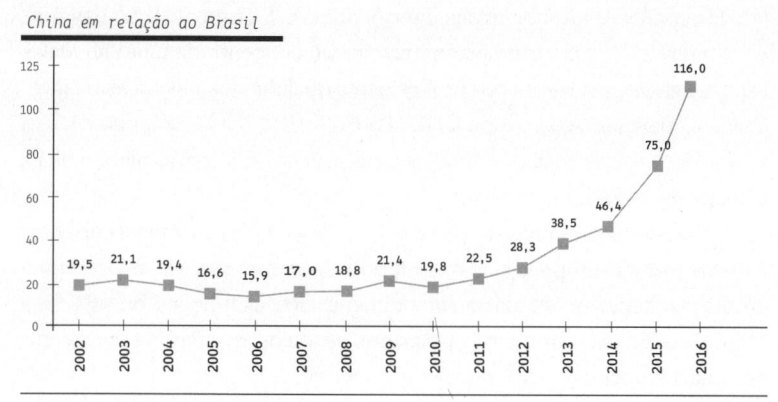

Brasil em relação aos EUA

Ano	Valor
1996	31,5
1997	30,5
1998	28,6
1999	17,5
2000	17,4
2001	13,8
2002	11,3
2003	11,3
2004	13,0
2005	16,6
2006	19,7
2007	22,1
2008	25,7
2009	23,7
2010	28,8
2011	32,8
2012	30,4
2013	29,4
2014	28,5
2015	21,1

China em relação ao Brasil

Ano	Valor
2002	19,5
2003	21,1
2004	19,4
2005	16,6
2006	15,9
2007	17,0
2008	18,8
2009	21,4
2010	19,8
2011	22,5
2012	28,3
2013	38,5
2014	46,4
2015	75,0
2016	116,0

Fonte: BLS/EUA (elaboração própria)

Desconstituição do emprego público

O emprego público, tal como se conhece a sua evolução desde a década de 1930, sofreu uma profunda inflexão desde a adoção da terceirização nas chamadas atividades-meio. Originalmente estabelecida na grande empresa privada, quando da substituição do modelo fordista pelo sistema toyotista de produção desde o final da década de 1960 nas economias capitalistas avançadas, a terceirização somente ganhou força no Brasil com a experiência dos governos neoliberais da década de 1990.

Mesmo assim, a flexibilização do trabalho estabelecida pela terceirização foi mediada pela regulação pública, que a permitiu apenas nas atividades definidas como meio no interior do processo produtivo. Nesse mesmo sentido, a terceirização condicionada avançou no emprego tanto privado como público nos anos 1990, quando o país aplicou um conjunto de políticas públicas voltadas à inserção na segunda onda de globalização capitalista.

Em pleno ciclo político da Nova República, a estabilidade democrática com prevalência de correlação de forças políticas relativamente equilibradas impossibilitava a dominância de políticas públicas desreguladas. Assim, o Brasil se insere na globalização neoliberal com resistências internas consideráveis.

Por conta disso, a terceirização avançou mediada apenas pelas possibilidades conferidas às atividades intermediárias. A externalização das funções internas da grande empresa transcorreu concentrada tanto naquelas especializadas, ocupadas por profissionais qualificados nas áreas de inteligência, planejamento, propaganda, consultoria e pesquisa, entre outras, como de base, associadas a segurança, asseio e limpeza, alimentação, transporte e outras.

Com isso, o emprego de serviços incrustado e disseminado no interior das grandes empresas de manufaturas, por exemplo, se deslocou para empresas menores voltadas ao atendimento dessas funções, ou seja, foi o início da ascensão dos micro e pequenos negócios, que passaram a protagonizar o avanço da classe média proprietária.

Pelo processo toyotista de produção, a antiga empresa fordista perdeu sentido, pois passou a valer o estabelecimento enxuto no emprego direto da mão de obra em suas atividades finalísticas. Tanto o emprego industrial encolheu como as ocupações de classe média assalariada se reduziram, convertidas que foram cada vez mais em contratos de personalidade jurídica e de empregador nos micro e pequenos negócios em ascensão.

Do setor privado, o modelo da terceirização foi levado ao setor público. No Brasil, o emprego público vem sendo afetado desde os anos 1990, com o avanço da terceirização nas atividades não finalísticas.

Nesse sentido, vê-se o desaparecimento das tradicionais funções exercidas nas chamadas atividades-meio do setor público, como secretaria, segurança, limpeza, alimentação, transporte, entre outras. Para tanto, o concurso como meio oficial de emprego no setor público se converteu em licitação pelo menor preço para ocupar as atividades-meio nesse setor desde então.

Ainda que o movimento de desconstituição parcial do emprego público iniciado nos anos 1990 tenha sido contido pelos governos dos anos 2000, a terceirização do emprego nas atividades-meio no interior do setor público não foi revertida. Mesmo assim, prevaleceu a realização de concurso para o ingresso nas ocupações finalísticas do Estado, o que manteve, inclusive, a estabilidade nas ocupações, com planos de cargos, salários e aposentadoria e pensão, que valorizaram a função pública.

Com a aprovação da lei que generaliza a terceirização e a nova CLT, a desconstituição do emprego público ganhou novo impulso. Isso porque as funções finalísticas do Estado poderão ser incorporadas ao processo de terceirização. Em vez de contarem com concurso público, carreiras como as de professores, assistentes sociais, seguranças, entre outras, poderão ser substituídas pela forma da licitação de menor preço, conforme experiências recentes em diversas prefeituras e governos estaduais.

Dessa forma, o esvaziamento da tradicional classe média assalariada no Estado tende a fortalecer cada vez mais a ascensão da classe média proprietária dos micro e pequenos negócios. Sua presença nos processos licitatórios realizados no interior do setor público se verifica crescentemente na forma dos contratos de personalidade jurídica.

A mudança em curso na natureza do emprego público da mão de obra não representa, necessariamente, o retorno à situação vigente no Brasil até o início da década de 1930. Pela República Velha, destaca-se o papel do Estado na forma de um acessório do poder privado, com enorme instabilidade na ocupação pública, governado pelas oligarquias regionais.

Ainda que possa revelar alguma sintonia com as funções públicas provenientes do século XIX frente às possibilidades atuais que decorrem da reforma trabalhista e que apontam para o abandono do sistema burocrático meritocrático instituído em 1938 pelo antigo Departamento Administrativo do Setor Público (DASP), o papel do Estado parece ser de outra natureza. Destaca-se, por exemplo, que o sistema DASP foi estabelecido após a racionalização, padronização e centralização das funções estatais e das compras públicas introduzidas pela Comissão Permanente de Padronização, em 1930, pela Comissão Central de Compras, em 1931, e pelo Conselho Federal do Serviço Público, em 1936.

Nos dias de hoje, com a promoção governamental em torno da adesão ao sistema neocolonial, e com a desnacionalização dos ativos nacionais e subordinação à grande corporação transnacional, o Estado continuará a deter parcela significativa do excedente econômico gerado, o que o distancia, nesse sentido, da velha experiência do Estado mínimo vigente na República Velha.

Como parcela das funções públicas passa a ser objeto da exploração econômica pelo setor privado, como na educação, saúde, segurança, assistência social, entre outros, por meio dos esquemas de concessão e privatização, o comprometimento da receita pública em atividade de custeio e investimento é aliviado consideravelmente. Dessa forma, o Estado torna-se cada vez mais central no financiamento e garantia da função do rentismo financista de parte da sociedade brasileira para os próximos anos.

A situação da desigualdade brasileira

No começo do século XXI, o Brasil se tornou uma das poucas referências entre as grandes economias do mundo a registrar quedas contínuas e simultâneas na taxa de pobreza e no índice de Gini relativo a desigualdade nos rendimentos do trabalho (salário, ordenados, remunerações e outros) e nas transferências públicas (pensões, aposentadorias, bolsa famílias, entre outros). Mas essa trajetória de melhora não se mostrou suficiente para incorporar a distribuição da renda do capital e riqueza.

A democratização do acesso aos dados da Receita Federal no início de 2016 pelo Ministério da Fazenda (Relatório da Distribuição Pessoal da Renda e da Riqueza da População Brasileira) permitiu ampliar a abordagem dos estudos a respeito da distribuição dos rendimentos e da riqueza, incorporando a renda do capital. Nesse sentido, a presente contribuição acerca das desigualdades que reconhece o êxito no enfrentamento de uma das mais graves chagas do desenvolvimento brasileiro pressupõe novas políticas públicas sobre a renda do capital.

Para tanto, as páginas a seguir encontram-se constituídas de quatro partes, sendo a primeira voltada à breve crítica introdutória à noção conceitual limitada e matemática da desigualdade. Na sequência, descreve-se sinteticamente o sentido geral da desigualdade registrado pelos estudos da distribuição dos rendimentos do trabalho e de transferências públicas até o início do século XXI, uma vez que eles serviram de apoio às intervenções dos governos dos anos 2000.

Na terceira parte enfatiza-se a experiência exitosa dos governos no enfrentamento da desigualdade das rendas do trabalho e das transferências públicas no período recente. E, por fim, analisam-se as desigualdades do capital e as razões para a implementação de novas políticas públicas.

***

Apequenamento conceitual e dominância da noção matemática da desigualdade

Os estudos a respeito da temática da desigualdade no Brasil têm concedido crescente ênfase às informações quantitativas e a métodos estatísticos cada vez mais sofisticados, quase sempre apoiados em fontes de dados públicos e privados. Esses estudos, contudo, tendem a apresentar fragilidades e limites múltiplos, nem sempre mencionados como alerta aos leitores e propagadores de seus resultados, sobretudo no meio político.

Enquanto as fragilidades podem resultar de imperfeições presentes nos próprios dados utilizados, os seus limites decorrem muitas vezes do aprisionamento unidimensional da noção matemática da desigualdade. Ainda que sugiram objetividade e clareza ao problema considerado, as contribuições ao conhecimento submetidas à exclusiva noção matemática da desigualdade tendem a obscurecer a compreensão a respeito de suas determinações, dimensões, relações, combinações, entre outras complexidades.

Muitas vezes, as informações quantitativas podem ser adotadas como a interpretação da realidade e não constitutivas do instrumental direcionado à produção de sínteses que se aproximem da realidade, a qual é, em geral, muito mais complexa. Por conta disso, o resultado do uso descuidado dos limites quantitativos das análises corre o sério risco de apontar mais para a legitimação da realidade percebida da desigualdade do que para a sua própria transformação superadora.

Além disso, a ausência de visão sistêmica sobre a multidimensionalidade das desigualdades favorece o apequenamento conceitual das distintas formas de sua manifestação. Os limites impostos por medidas matemáticas a partir dos esforços em homogeneizar dados no espaço social e tempo histórico não resultam necessariamente em consistência, o que pode comprometer conclusões definitivas.

Ademais, como nem toda a realidade social, econômica e política pode ser mensurável e definida quantitativamente, a compreensão da temática das desigualdades revela-se bem mais complexa do que a objetividade e clareza matemática. Conforme desenvolvido originalmente há mais de 250 anos por J.-J. Rousseau, a desigualdade resulta de uma construção moral e política, social e historicamente determinada pelo sentimento – legítimo ou não – da injustiça.

Nesse sentido, a desigualdade pode ser identificada por três dimensões fundamentais a respeito do conjunto de aspectos que acompanha a vida humana em sociedade. A *dimensão do ter*, constituída pela repartição dos recursos materiais, assenta-se na capacidade aquisitiva dos indivíduos em relação à riqueza econômica.

A segunda, a *dimensão do poder*, associa-se à distribuição dos recursos sociais e políticos da sociedade, isto é, a capacidade de se organizar, participar e defender interesses e direitos, bem como de se posicionar em relação ao conjunto da sociedade.

Por fim, a *dimensão do saber* refere-se ao acesso ao conhecimento e distribuição dele. Em geral, trata-se das possibilidades de conceder sentido ao mundo onde se vive, com proposição de definições, situações e práticas no modo de vida em sociedade.

Em virtude disso, nota-se como o conceito unidimensional e a noção matemática da desigualdade podem, muitas vezes, confirmar fundamentalmente a experiência da realidade social já percebida pelo saber empírico de cada um. Ao mesmo tempo, revelam a baixa curiosidade e a timidez das abordagens adotadas pelos estudiosos na produção de conhecimento sobre desigualdades, assim como o modo restrito com que as instituições detentoras de informações públicas e privadas disponibilizam o acesso aos dados sobre a realidade social, econômica e política. Resumidamente, os estudos podem mascarar, quando não minimizar ou mesmo contribuir para a legitimação problemática da desigualdade, postergando no tempo e, talvez, evitando o entendimento das desigualdades enquanto injustiça construída política e moralmente no interior da sociedade. Com isso, o próprio direcionamento das políticas públicas voltado ao projeto de igualdade na sociedade pode estar desfocado, uma vez que, na ausência do sentimento de injustiça, a desigualdade mais amplamente percebida não se apresenta plenamente na consciência de atores sociais e políticos, bem como nas políticas públicas.

***

Estudos sobre desigualdade e orientação governamental até os anos 2000

Uma breve revisão da literatura especializada e das ações dos governos nas duas últimas décadas do século XX revela a evolução no tratamento a respeito da temática das desigualdades no Brasil. Ainda que não se limite a política à mera expressão das evidências constatadas, sabe-se que a legitimidade das decisões governamentais não deixa de ser influenciada por resultados de pesquisas geradas e tornadas públicas.

Na relação da ciência com a política, o conhecimento se estabelece por descrição do fenômeno estudado, o que pode contribuir para a implementação de políticas públicas que busquem solucionar os problemas identificados. Se circunscrito o saber somente ao que pode ser mensurado (matematizado), a ciência pode ser limitada a uma mera descrição do fenômeno pesquisado e sua legitimação, em vez de proporcionar a ampliação do conhecimento e sua transformação pela intervenção de adequada política pública[88].

---

(88) A respeito disso, ver, por exemplo: Michael Gibbons et al., *The New Production of Knowledge*, London: Sage, 1994; Luc Boltanski e Nancy Fraser, *Domination et Émancipation*, op. cit.; Phil Hodkinson e John K. Smith, "A relação entre pesquisa, política e prática", em: Gary Thomas e Richard Pring, *Educação baseada em evidências*, Porto Alegre: Artmed, 2007.

De maneira geral, a temática da desigualdade de renda no Brasil até a virada para o século XXI encontrava-se assentada em quatro blocos principais de abordagem pela literatura especializada. No primeiro encontravam-se os estudos e pesquisas voltados para a mensuração da desigualdade pessoal e funcional e comparações temporais possíveis no Brasil. Nesse caso, a desigualdade era tratada, sobretudo, em função das informações quantitativas de rendimentos disponibilizadas pelas instituições públicas e privadas. Por conta disso, os dados analisados fundamentavam-se nas pesquisas censitárias e amostrais, cuja centralidade encontrava-se determinada pelos rendimentos do trabalho e derivados das políticas públicas, o que esvaziava a dimensão da renda do capital, em suas distintas formas de manifestação[89].

No segundo bloco de abordagem incluíam-se os estudos e pesquisas que tratavam das distintas relações da desigualdade na repartição da renda com o desenvolvimento brasileiro. Assim, as condicionalidades e a estrutura distributiva eram interpretadas à luz das características expansivas do capitalismo no país[90]. Nessa perspectiva, a preocupação envolvia também as possibilidades do redirecionamento da trajetória econômica e suas repercussões na desigualdade de natureza econômica. Os elementos dos debates entre os especialistas buscavam avançar para além da identificação e interpretação da elevada concentração da renda nacional, sobretudo a partir das informações disponibilizadas por instituições oficiais produtoras de dados, ou seja, rendimentos do trabalho e derivados das políticas públicas existentes.

O terceiro bloco de abordagem compreendia o conjunto de estudos e pesquisas direcionados à compreensão das razões da desigualdade distributiva no Brasil, bem como às possibilidades do seu enfrentamento. Em

---

(89) Para mais detalhes ver, por exemplo: Ricardo Tollipan e Arthur Carlos Tinelli (org.), *A controvérsia sobre distribuição de renda e desenvolvimento*, Rio de Janeiro: Zahar, 1975; Mircea Buescu, *Brasil, disparidades de rendas no passado*, Rio de Janeiro: Apec, 1979; Constantino Lluch, "Sobre medições de renda a partir dos Censos e das Contas Nacionais no Brasil", *Pesquisa e Planejamento Econômico*, Rio de Janeiro: Ipea, 1982, v. 12, n. 1; José Carlos Pereira Peliano, *Distribuição de renda e mobilidade social no Brasil*, Campinas: IE/Unicamp, 1992; Rodolfo Hoffmann, *Distribuição de renda: medidas de desigualdade e pobreza*, São Paulo: Edusp, 1998; Maria Cristina Cacciamalli, "Distribuição de renda no Brasil", em: Diva B. Pinho e Marco Antonio S. Vasconcellos (orgs.), *Manual de economia*, São Paulo: Saraiva, 2002.
(90) Ver Celso Furtado, *Um projeto para o Brasil*, Rio de Janeiro: Saga, 1968; Maria da Conceição Tavares, *Características da distribuição de renda no Brasil*, Santiago: CEPAL/ILPES, 1969; José Celso Cardoso Jr., *Anatomia da distribuição de renda no Brasil: estrutura e evolução nos anos 90*, Campinas: IE/Unicamp, 1999; Ricardo Henriques (org.), *Desigualdade e pobreza no Brasil*, Rio de Janeiro: Ipea, 2000.

conformidade com a corrente de pensamento dos autores, a literatura especializada podia ser dividida em quatro enfoques temáticos.

Inicialmente, tinha-se o enfoque explicativo com base nas teorias do capital humano que centralizaram as principais atenções ao tratamento da desigualdade na repartição individual da renda (trabalho e de políticas públicas). Além da identificação da problemática distributiva, a proposição educacional era tratada como a melhor forma de enfrentamento da concentração da renda no país[91].

De outra parte, tinham-se as análises que compreendiam os problemas distributivos com fonte nas teorias do mercado de trabalho. Nessa perspectiva, os estudos desenvolvidos buscavam capturar e analisar o comportamento da ocupação e desemprego, do salário mínimo, da política salarial e de preços em geral, como a inflação e a indexação[92].

Uma terceira linha de referência teórica explicativa das razões da desigualdade distributiva estava associada às políticas públicas. Assim, teciam-se considerações a respeito das ações governamentais tanto favoráveis como desfavoráveis à concentração da renda explicitada por políticas de arrecadação e gasto fiscal no Brasil[93].

---

(91) Sobre isso, ver Carlos Geraldo Langoni, *Distribuição da renda e desenvolvimento econômico do Brasil*, Rio de Janeiro: Expressão e Cultura, 1973; Ricardo Henriques (org.), *Desigualdade e pobreza no Brasil*, op. cit.; Cláudia M. Fernandes, "Desigualdade de rendimentos e educação no Brasil", *Revista Fçonômica*, Rio de Janeiro: dez/2001, v. 3, n. 2, pp. 231-50; Naercio Menezes Filho, *A evolução da educação no Brasil e o seu impacto no mercado de trabalho*, São Paulo: USP, 2001.
(92) Mais detalhes em Paulo E. Baltar e Paulo R. Souza, "Salário mínimo e taxa de salários no Brasil", *Pesquisa e Planejamento Econômico*, Rio de Janeiro: Ipea, 1979, v. 9, n. 3, pp. 629-59; João L. M. Saboia, "A controvérsia sobre o salário-mínimo e a taxa de salários na economia brasileira", *Revista de Economia Política*, São Paulo: 1985, v. 5, n. 2, pp. 39-66; Ricardo Paes de Barros et al., "Salário mínimo e pobreza no brasil: uma abordagem de equilíbrio geral", *Pesquisa e Planejamento Econômico*, Rio de Janeiro: Ipea, 2000, v. 30, n. 2, pp. 157-82; Lauro Ramos e Maria Lucia Vieira, *Desigualdade de rendimentos no Brasil nas décadas de 80 e 90: evolução e principais determinantes*, Rio de Janeiro: Ipea, 2001; Sergei S. D. Soares, *O impacto distributivo do salário mínimo: a distribuição individual dos rendimentos do trabalho*, Rio de Janeiro: Ipea, 2002.
(93) Sobre isso, ver Ibrahim Eris et al., "A distribuição de renda e o sistema tributário no Brasil", em: *Finanças públicas*, São Paulo: Pioneira/Fipe, 1983; José Márcio Camargo e Fabio Giambiagi (org.), *Distribuição de renda no Brasil*, Rio de Janeiro: Paz e Terra, 1991; Maria Celi Scalon e Rosana Heringer, "Desigualdades sociais e acesso a oportunidades no Brasil", *Democracia Viva*, Rio de Janeiro; 2000, n. 7; Salvador T. Werneck Vianna et al., "Carga tributária direta e indireta sobre as unidades familiares no Brasil: avaliação de sua incidência nas grandes regiões urbanas em 1996", Rio de Janeiro: Ipea, 2000; Sonia Rocha, "O impacto distributivo do imposto de renda sobre a desigualdade de renda das famílias", *Pesquisa e Planejamento Econômico*, Rio de Janeiro: Ipea, 2002, v. 32, n. 1.

Por fim, havia o enfoque das discussões sobre desigualdade na repartição da renda a partir da política econômica. Nesse aspecto, considerava-se o papel da orientação da política econômica e seus efeitos distributivos na renda dos brasileiros[94].

Dos esforços investigativos considerados pela literatura especializada pode-se compreender a forma de tratamento da temática da desigualdade distributiva até o início do século XXI. Em muitos casos, não em todos, a produção do conhecimento encontrava-se fortemente associada à noção limitada e matemática da desigualdade no país e, em muitos casos, às visões justificadoras ou até legitimadoras das iniquidades de riqueza, poder e saber.

Isso porque a desigualdade distributiva tratada numa sociedade de classe, a partir da dinâmica da concorrência, teria a meritocracia dos vencedores como central ao entendimento e orientações de políticas governamentais. Nesse sentido, tem-se a dominação pelos superiores, cuja possível igualdade seria somente na perspectiva formal na sociedade (perante a lei), enquanto na realidade social tenderia a prevalecer a desigualdade real.

Por conta disso, a orientação governamental apoiada na perspectiva meritocrática resultaria em trajetórias individuais desiguais, embora a igualdade devesse prevalecer somente em termos de oportunidades na partida da competição. No caso, por exemplo, da educação, como possibilidade de equivaler capacidades, esta permite a ascensão a partir da competição individual que valorizaria a meritocracia.

Nesse sentido, a desigualdade tende a ser reconhecida como positiva, na medida em que impulsionaria o crescimento econômico e a produtividade do trabalho pela concorrência dos indivíduos. Por conta disso, o enfrentamento da desigualdade enquanto finalidade de ampliação da participação popular nos benefícios do progresso econômico transitaria para tratamento secundário[95].

---

(94) Para mais informações, ver Edmar L. Bacha, *Política econômica e distribuição de renda*, Rio de Janeiro: Paz e Terra, 1978; Angela J. Corrêa, *Distribuição de renda e pobreza na agricultura brasileira*, Piracicaba: Unimep, 1998; Carlos Medeiros, "Distribuição de renda como política de desenvolvimento", em: Ana Célia Castro (org.), *Desenvolvimento em debate - v. 1: Novos rumos do desenvolvimento no mundo*, Rio de Janeiro: BNDES, 2002, v. 3, pp. 193-222; Maria da Conceição Tavares e Luiz Gonzaga Belluzzo, "Desenvolvimento no Brasil: relembrando um velho tema", em: Ricardo Bielschowski e Carlos Mussi (org.), *Políticas para a retomada do crescimento: reflexões de economistas brasileiros*, Brasília: Ipea/CEPAL, 2002.

(95) Ver Jorge Miglioli e Sérgio Silva, "Redistribuição: um problema de salários e lucros", em: Luiz Gonzaga Belluzzo e Renata Coutinho (org.), *op. cit.*

***

Enfrentamento das desigualdades no Brasil nos anos 2000

Para uma diversidade de medidas estatísticas existentes, o período de 2003 a 2014 consagrou inédita experiência na redução da pobreza e desigualdade na renda domiciliar dos brasileiros. Essa trajetória terminou sendo interrompida pelo curso da recessão econômica, que ganhou lastro com as diversas medidas antissociais adotadas pelo governo Temer.

Quando as políticas públicas começavam a desenhar uma ação que atacasse a desigualdade extrema do capital, o condomínio de interesses em torno do documento "Uma ponte para o futuro" destituiu a presidenta Dilma, democraticamente eleita. Para o seu lugar, emergiram forças políticas comprometidas com reformas antissociais e segmentos de rendimentos intermediários, o que voltou a favorecer ainda mais as rendas do capital.

Assim, a piora no sentido da desigualdade está de volta, mesmo que alguns estudos e meios de comunicação preocupem-se mais em desconstituir o passado que melhorou inequivocamente a vida dos pobres e daqueles com rendimentos intermediários, sem prejudicar os ricos. Tomando-se como referência as informações do IBGE, que sistematicamente capta os rendimentos da população desde o censo demográfico de 1960, os anos de 2003 a 2014 expressaram a maior queda na pobreza registrada até então (17 pontos percentuais). Antes disso, a pobreza havia caído na virada da ditadura civil-militar para a democracia (13 pontos percentuais) e no Plano Real (8 pontos percentuais).

Enquanto os países desenvolvidos elevaram a pobreza em quase 6% recentemente, o Brasil saiu do Mapa da Fome, com queda de 82% da população subalimentada (Organização das Nações Unidas para a Alimentação e a Agricultura – FAO/ONU). Entre os anos de 2003 e 2014, os mais pobres ampliaram o acesso à educação em 346% (47% no país), em 53% o acesso à rede geral de água (7% no país), em 114% ao esgotamento sanitário (18% no país), em 21% à eletricidade (3% no país), em 107% a geladeira (12% no país) e em 1455% a telefone celular (164% no país).

Mesmo que outros países tenham registrado queda na pobreza, poucos conseguiram diminuir simultaneamente o índice de Gini da desigualdade na renda domiciliar. A redução do Gini em 11,9% entre 2002 (0,59) e 2014 (0,52) permitiu que o Brasil saísse dos primeiros lugares no *ranking* da desigualdade mundial (Programa das Nações Unidas para o Desenvolvimento – PNUD/ONU). No acaso da China e da Índia, por exemplo, a redução na pobreza foi seguida de maior desigualdade, ao passo que, nos países da OCDE (Organização para a Cooperação e o Desenvolvimento Econômico), o crescimento da pobreza se aliou ao avanço da concentração da renda.

Pela série da distribuição funcional da renda que compõe os rendimentos no Produto Interno Bruto (PIB), constata-se que, de 1995 a 2004, as remunerações dos trabalhadores perderam participação (de 42,6% para 39,3%) em relação aos rendimentos do capital. Depois disso, a situação melhorou para os trabalhadores até 2014 no país.

Toda essa inédita experimentação econômica socialmente inclusiva em pleno regime democrático no início do século XXI possibilitou ao Brasil encurtar a distância do desenvolvimento relativo aos países ricos. Mas o projeto de igualdade que estava apenas no seu início foi bruscamente abandonado pela recessão e pelas demais medidas atuais antipovo, responsáveis pela volta da pobreza e da desigualdade.

Interessante destacar ainda que, quando as políticas públicas começaram a deslocar o foco governamental da base da pirâmide social para o conjunto da população, razão do sucesso na redução da pobreza e da desigualdade na renda do trabalho, o Brasil sofreu brusca inflexão democrática. A ascensão do novo governo que retomou a exclusão dos pobres do orçamento público não apenas consolida a regressão dos indicadores socioeconômicos até então alcançados como pavimenta o caminho dos mais ricos e privilegiados.

Isso, justamente, no topo da distribuição de renda (2,3 milhões de pessoas), que, sem ser prejudicado nos anos dourados, passa cada vez mais a acelerar os seus privilégios. Conforme estudado por Thomas Piketty em outros países, o Brasil pode avançar, para além da qualidade do gasto público, na progressividade do sistema tributário. Esse aspecto, contudo, não faz parte da atual "Ponte para o Futuro".

***

Desigualdades do capital e políticas públicas

Para um país situado entre os mais desiguais do mundo, a proliferação de informações e análises a respeito da péssima distribuição de renda e riqueza, em vez de contribuir para o seu enfrentamento, terminou, muitas vezes, favorecendo justamente o contrário, ou seja, a sua naturalização, quando não a sua justificação. Exemplo disso ocorreu na década de 1970, quando o IBGE divulgou o segundo censo demográfico contendo informações sobre rendimentos dos brasileiros, o que permitiu comprovar o aumento da concentração de renda em relação ao ano de 1960 (primeiro censo demográfico que capturou dados de renda da população). Os 5% mais ricos da população aumentaram de 27,3% para 36,2% a participação no total da renda nacional, enquanto os 40% mais pobres reduziram de 11,2% para 9,1% entre 1960 e 1970.

Na época, mesmo que sob a ditadura civil-militar, a revelação dos dados oficiais foi acompanhada de grande controvérsia entre estudiosos a respeito da concentração da renda no Brasil. Também terminou tendo impacto nas eleições legislativas de 1974, quando a Arena (Aliança Renovadora Nacional), partido que sustentava o autoritarismo, foi derrotada pelo MDB (Movimento Democrático Brasileiro), que era a oposição consentida[96].

Para além das informações geradas pelo censo demográfico de 1970, destaca-se o avanço contido nos estudos que buscaram outras fontes de dados para evidenciar a desigualdade do capital, mais intensa que a do rendimento do trabalho. Nesse sentido, foi feita uma análise dos rendimentos do capital (lucros, juros, renda da terra, aluguéis) e do trabalho (salários, ordenados, remuneração) por meio das declarações do imposto de renda e da antiga Lei dos 2/3 (substituída pela Relação Anual de Informações Sociais – RAIS)[97].

---

(96) A frase do presidente E. G. Médici (1969-1974), "A economia vai bem, mas o povo vai mal", em 1974, serviu de alerta ao general Ernesto Geisel, quarto presidente (1974-1979) do regime autoritário, que tomou algumas iniciativas governamentais voltadas ao enfrentamento da desigualdade de renda, como a renda mensal vitalícia para idosos pobres com 70 anos e mais.
(97) Em 1973, o livro Distribuição da renda e desenvolvimento econômico do Brasil, de Carlos Geraldo Langoni (Rio de Janeiro, Expressão e Cultura), apontou que o índice de Gini da desigualdade do capital era de 0,78, muito maior que o Gini do trabalho (0,47).

Mas essa linha de investigação sobre a desigualdade do capital praticamente não teve prosseguimento. Em geral, as abordagens sobre desigualdade tenderam a se concentrar nas informações geradas pelo IBGE, cuja capacidade de capturar informações sobre as rendas do capital tem sido restrita. Diante disso, a convergência que proliferou por diversos estudos focados nos segmentos dependentes do rendimento do trabalho e de transferências públicas concedeu inegável sofisticação descritiva a respeito da situação dos pobres, quase nada sobre ricos e as formas de produção e reprodução das rendas do capital[98].

Pelas restrições contidas nos dados gerados por fontes oficiais de pesquisa e pelo apequenamento da noção matemática da desigualdade evidenciada difundidos pelos estudos no país, o sentido das intervenções governamentais desde a retomada do regime democrático em 1985 concentrou-se na busca da equidade nos rendimentos do trabalho, liberando, contudo, as rendas do capital.

Os governos neoliberais dos anos 1990 (Collor, 1990-1992, e Cardoso, 1995-2002) se mostraram amplamente favoráveis às rendas do capital, e as medidas adotadas foram pontuais e associadas aos rendimentos do trabalho. Naquela época, por exemplo, o governo Cardoso retirou a tributação sobre dividendos, rebaixou a tributação progressiva que os governos militares praticavam, sem falar nos subsídios, subvenções e desonerações de várias modalidades, bem como os ganhos financeiros aos parceiros do sistema bancário.

A inflexão na limitada e superficial linha investigativa produzida pelos estudiosos a partir das estatísticas oficiais voltou a ocorrer três décadas após os estudos do início dos anos 1970 que adotaram as informações das declarações do imposto de renda. Em 2004, por exemplo, o livro *Os ricos no Brasil*, organizado por André Campos e outros pesquisadores[99], ampliou a abordagem sobre a desigualdade ao incorporar as informações das rendas do capital, o que permitiu identificar que somente 0,001% das famílias brasileiras concentravam 40% de todo o estoque da riqueza nacional.

---

(98) Logo no início da década de 2000, a ONU implantou no Brasil um centro de referência mundial para estudos sobre a pobreza (IPC, International Policy Centre).
(99) André Campos et al., Os ricos no Brasil, São Paulo: Cortez, 2004.

A partir daí, alguns estudos mais recentes conseguiram incorporar dados do capital, não mais fundamentalmente centrado nos rendimentos do trabalho (salários, ordenados, remunerações e outros) e das transferências sociais das políticas públicas (pensões, aposentadorias e bolsas). Em função disso, a extrema desigualdade do capital se apresentou, assim como a carência de políticas públicas voltadas ao seu enfrentamento[100].

Não obstante avanços consideráveis nas políticas públicas, sobretudo nos anos 2000, que permitiram reduzir a desigualdade consideravelmente para o conjunto dos pobres e dos segmentos de renda intermediária, a desigualdade permaneceu extremamente elevada para os detentores do capital. Os dados censitários e das PNADs (Pesquisa Nacional por Amostra de Domicílios) do IBGE, que coletam relativamente melhor os rendimentos do trabalho e de transferências públicas, não deixam dúvidas de que nos anos 2000, ao contrário da década de 1990, a desigualdade de renda caiu significativamente. O mesmo também pôde ser registrado nas informações das contas nacionais do IBGE, que indicam aumento da participação dos rendimentos do trabalho no idêntico intervalo de tempo, ainda que com a concomitante queda relativa da renda do capital.

Mas, com as informações derivadas da declaração do imposto de renda, que melhor expressa a renda do capital, a trajetória da desigualdade não se alterou. Natural, pois, nos anos 2000 o que mais avançou foram as políticas adotadas para melhorar a vida dos pobres e daqueles com renda intermediária.

A prevalência da desigualdade extrema nas rendas do capital não deriva apenas da regressividade tributária, ainda que essa constatação seja fundamental para a ação governamental em torno do enfrentamento das iniquidades no Brasil. Há que se considerarem outros aspectos de natureza histórico-estrutural e conjuntural a respeito das desigualdades do capital que fundamentam os ricos no país.

A começar pela força da concentração das propriedades no meio rural e urbano. De um lado, a fragilidade das iniciativas da reforma agrária combi-

---

(100) Ver, por exemplo: Fábio A. Castro et al., "O topo da distribuição de renda no Brasil", Dados, Rio de Janeiro: 2015, v. 58, n. 1, pp. 7-36; Sonia Rocha, "O impacto distributivo do imposto de renda sobre a desigualdade de renda das famílias", op. cit.; José R. Afonso, "IRPF e desigualdade em debate no Brasil", FGV/Ibre, Rio de Janeiro: 2014; Jorge Abrahão de Castro et al., Tributação e equidade no Brasil, Brasília: Ipea, 2010; Fernando N. Costa, "Estratificação social da riqueza e renda no Brasil", Texto para Discussão, Campinas: IE/Unicamp, 2016, n. 270.

nada ao avanço do agronegócio segue sustentando a herança estrutural do latifúndio, bem como suas consequências para a política, observadas pela presença de cerca de duas centenas de deputados ruralistas num país de mais de 85% da população urbana.

De outro lado, a ineficácia na aplicação das diversas e progressistas legislações sobre reforma urbana levou à concentração da propriedade nas cidades, aprisionando cada vez mais os pobres às regiões miseráveis e periféricas. A força dos poderes, por exemplo, tornou o sentido da tributação sobre as propriedades rural (ITR) e urbana (IPTU e ITBI) praticamente regressivo.

Nas políticas habitacionais, por exemplo, houve avanços significativos. Mas, ao mesmo tempo, elas impactaram acirradamente a especulação imobiliária enquanto elemento de contribuição para a maior apropriação dos ganhos e de disputa pelo comando dos destinos das cidades.

Nesse mesmo sentido e no âmbito nacional, a dominância do rentismo alimentada por taxas reais de juros extremamente elevadas apontou para a maior concentração da renda do capital. A contínua transferência de parte do orçamento público para o sistema de dívidas do Estado deveu-se às altas taxas de juros, sustentando o rentismo.

No âmbito do sistema produtivo, a concentração do capital se evidenciou cada vez mais pelo processo de aquisição e fusão de empresas no Brasil, que tomou maior curso desde a inserção na globalização na década de 1990. O ingresso do capital externo, ademais de alimentar o processo de privatização de parcela importante do setor produtivo estatal, ampliou a internacionalização do sistema produtivo instalado no país.

Considerações finais

Após sete décadas de construção de uma superior sociedade urbana e industrial, consolidaram-se, com o fim do ciclo político da Nova República, os novos e inegáveis ingredientes regressivos da transição para a sociedade de serviços no Brasil. Do progresso registrado em torno da construção de uma estrutura social medianizada por políticas sociais e trabalhistas desde a década de 1930 e sistematizada pela Constituição

Federal de 1988, constata-se, neste início do século XXI, o retorno à forte polarização demarcada pela ascensão da classe média proprietária e da ampla classe trabalhadora de serviços.

De um lado, a degradação da estrutura social herdada da industrialização fordista tem desconstituído a antiga classe trabalhadora da manufatura e significativa parcela da classe média, o que fortalece a expansão do novo precariado. De outro, a concentração de ganhos significativos de riqueza e renda em segmento minoritário da população gera um contexto social inimaginável, em que somente uma parcela contida dos brasileiros detém parcelas crescentes da riqueza.

Isso porque ascende a tradicional dependência à produção e exportação de produtos primários e a nova forma do rentismo financeiro amparado pela captura do excedente obtido pelas receitas públicas. Dessa forma, o sentido da construção de padrão civilizatório superior encontra-se desfeito. O avanço possível concentra-se em poucos, enquanto o retrocesso observado serve a muitos.

A temática da desconstrução do trabalho e do avanço das desigualdades no Brasil recente tem recebido cada vez mais importantes contribuições no âmbito da literatura especializada, ao passo que tendem também a se refletir nas próprias políticas governamentais. Quanto mais os estudos permanecem assentados em conceitos limitados (unidimensionais) e em noções exclusivamente matemáticas, as abordagens da desigualdade podem levar à sua naturalização, quando não à sua própria legitimação.

Isso porque o sentido desses estudos tende a apontar para a adoção de políticas públicas insuficientes ou incapazes de alterar a realidade da desigualdade. Em grande medida, as análises na desigualdade de renda no Brasil, por exemplo, têm refletido apenas parcialmente a sua manifestação, tanto pelas limitadas informações empíricas disponibilizadas por instituições públicas e privadas como pela metodologia descritiva adotada para especialmente focar parcela da população, especialmente os segmentos empobrecidos e quase nada a respeito dos ricos, por exemplo.

A transição da atual sociedade urbana e industrial abre novas perspectivas para a valorização do trabalho humano para além da condição de mera obrigação estrita à sobrevivência. A crescente postergação do ingresso dos jovens no mercado de trabalho e a redução no tempo do trabalho dos adultos, em combinação com a ênfase no ciclo educacional ao longo da vida, representam possibilidades inéditas para o mundo do trabalho, especialmente com a expectativa de vida mais longa, podendo alcançar cerca de 100 anos de idade.

Para além da tradicional divisão laboral que demarcou o século XX, por meio da setorização do trabalho urbano industrial e o agropecuário, percebem-se nos dias de hoje avanços significativos nas atividades humanas centradas na concepção e execução do processo de produção. Mas isso não se manifesta sem a plena subsunção do trabalho não material, com a evolução da intelectualização nos procedimentos de trabalho nos setores industriais e de serviços, bem como pelo consumismo imposto pelo padrão de produção insustentável ambientalmente.

De certa forma, prevalece um conjunto de intensas disputas empresariais associadas à apropriação do conhecimento e da tecnologia, o que contribui para a constituição de um novo paradigma organizacional do trabalho, muito distinto do que prevaleceu durante o auge da economia materializada do século passado. Mesmo que o padrão fordista e taylorista de organização do trabalho urbano industrial venha sendo reprogramado, com as modificações introduzidas por uma série de novidades processuais no âmbito da produção flexível (toyotismo, *just in time*), permanecem ainda os sinais de sua incapacidade plena no atendimento das determinações laborais impostas por diferenciados e inovadores espaços produtivos.

Diante da predominância das atividades de serviços no interior da estrutura produtiva, o exercício do trabalho imaterial manifesta-se distintamente do trabalho material vigente na produção urbano-industrial. Pelo lado da produtividade, registra-se a sua ascensão, embora de difícil mensuração pelos tradicionais cálculos que relacionam avanços na produção física com hora efetivamente trabalhada ou quantidade de trabalhadores.

Por ser cada vez mais direto, relacional e informacional, bem como demarcado por relações de tipo produtor e consumidor, o trabalho de natureza imaterial expande-se ainda mais pelo autosserviço e terceirização. Assim, a chamada economia do conhecimento implica desmaterialização dos resultados do trabalho humano e difícil mensuração em unidades do tempo, conforme originalmente era o labor identificado desde a época de Adam Smith como um valor comum a todas as mercadorias.

Nesse sentido, o trabalho imaterial torna-se gerador de valor, pois pressupõe presença majoritária na formação dos preços das mercadorias e dependente de componentes comportamentais. Por isso, o esvaziamento da importância do tempo de trabalho comprometido no local de exercício do labor frente à motivação incorporadora do saber vivo na produção de valor e sua transformação em preço final das mercadorias.

Mas essa perspectiva parece estar crescentemente deslocada no Brasil do início do século XXI. A ascensão das forças do passado autoritário aponta mais para uma espécie de regressão neocolonial, que desconstrói as relações de trabalho assalariadas a protagonizar o avanço das desigualdades em plena transição antecipada para a sociedade de serviços.

***

Referências
bibliográficas

ABRANCHES, Sérgio Henrique. "Estado e desenvolvimento capitalista: uma perspectiva de análise política estrutural". *Dados*. Rio de Janeiro: 1979, v. 20, pp. 47-89.

ABRUCIO, Fernando Luiz. "Trajetória recente da gestão pública brasileira: um balanço crítico e a renovação da agenda de reformas". *Revista de Administração Pública*. Rio de Janeiro: 2007, n. 41.

AFFONSO, Rui de Britto A.; SILVA, Pedro Luiz B. *A federação em perspectiva: ensaios selecionados*. São Paulo: Fundap, 1995.

AFONSO, José R. "IRPF e desigualdade em debate no Brasil". *FGV/Ibre*. Rio de Janeiro: 2014, Texto de Discussão n. 42.

AGARWALA, A. N.; SINGH, S. P. *A economia do subdesenvolvimento*. Rio de Janeiro: Contraponto/CICF, 2010.

AGLIETTÁ, Michel. *Regulation et Crises du capitalisme*. Paris: Calmann-Lévy, 1976.

AGUIAR, Mark et al. "Leisure Luxuries and the Labor Supply of Young Men". *National Bureau of Economic Research* (NBER). Cambridge: 2017, Working Paper 23.552.

ALONSO, William. *Location and Land Use: Toward a General Theory of Land Rent*. Cambridge: HUP, 1964.

ALVES, Giovanni. *O novo (e precário) mundo do trabalho*. São Paulo: Boitempo, 2010.

ALVES, José E. D. "Crise no mercado de trabalho, bônus demográfico e desempoderamento feminino". Em: ITABORAI, Nathalie R.; RICOLDI, Arlene M. (org.) *Até onde caminhou a revolução de gênero no Brasil?* Belo Horizonte: Abep, 2016.

AMMANN, Safira B. *Movimento popular de bairro*. São Paulo: Cortez, 1985.

AMORIM, Celso. *Teerã, Ramalá e Doha: memórias da política externa ativa e altiva*. São Paulo: Benvirá, 2015.

AMORIM, Henrique. *Trabalho imaterial: Marx e o debate contemporâneo*. São Paulo: Annablume, 2009.

AMSDEN, Alice H. *A ascensão do "resto": os desafios ao Ocidente de economias com industrialização tardia*. São Paulo: Unesp, 2004.

ANAS, Alex et al. "Urban Spatial Structure". *Journal of Economic Literature*. Nashville: 1998, v. 36, n. 3, pp. 1426-64.

ANDERSON, Chris. *Makers: a nova revolução industrial*. Coimbra: Actual, 2013.

ANELLI, Renato. "Redes de mobilidade e urbanismo em São Paulo: das radiais/ perimetrais do Plano de Avenidas à malha direcionada PUB". *Arquitextos*. São Paulo: 2007, ano 07.

ANTUNES, Davi José N. *Capitalismo e desigualdade*. Campinas: IE/Unicamp, 2011.

ANTUNES, Ricardo. *Adeus ao trabalho? Ensaio sobre as metamorfoses e a centralidade do mundo do trabalho*. São Paulo: Cortez, 2010.

ARANTES, Otília et al. *A cidade do pensamento único: desmanchando consensos*. Petrópolis: Vozes, 2000.

ARCHER, R. W. "Land Speculation and Scattered Development: Failures in the Urban Fringe Land Market". *Urban Studies*. London: 1973, n. 10, p. 367-72.

ARIÉS, Phillippe. *Une Histoire de la vieillesse*. Paris: Seuil, 1983.

ARON, Raymond. *Dezoito lições sobre a sociedade industrial*. Brasília: M. Fontes/UnB, 1981.

ARRIGHI, Giovanni. *O longo século XX: dinheiro, poder e as origens do nosso tempo*. Rio de Janeiro: Contraponto, 1996.

_____. *A ilusão do desenvolvimento*. Petrópolis: Vozes, 1997.

AZEVEDO, Fernando A. *As ligas camponesas*. Rio de Janeiro: Paz e Terra, 1982.

AZEVEDO, Marlice N. S.; COSTA, Milena S. "O urbanismo do início do século XX: a escola francesa de urbanismo e suas repercussões no Brasil: trajetórias de Alfred Agache e Attilio Correa Lima". *Urbana*. Campinas: 2013, v. 5, n. 2, pp. 64-97.

BACHA, Edmar L. *Política econômica e distribuição de renda*. Rio de Janeiro: Paz e Terra, 1978.

_____; MENDONZA, Miguel R. (org.) *Recessão ou crescimento: o FMI e Banco Mundial na América Latina*. Rio de Janeiro: Paz e Terra, 1987.

BAER, Werner et al. "Considerações sobre o capitalismo estatal no Brasil". *Pesquisa e Planejamento Econômico*. Rio de Janeiro: Ipea, 1976, v. 6, n. 3, pp. 727-54.

BAHL, Roy W. "A Land Speculation Model: The Role of the Property Tax As a Constraint to Urban Sprawl". *Journal of Regional Science*. New York: 1968, v. 8, n. 2, pp. 199-208.

BALTAR, Paulo E.; SOUZA, Paulo R. "Salário mínimo e taxa de salários no Brasil". *Pesquisa e Planejamento Econômico*. Rio de Janeiro: Ipea, 1979, v. 9, n. 3, pp. 629-59.

BARATTA, Alessandro. "Defesa dos direitos humanos e política criminal". *Revista Brasileira de Ciências Criminais*. Rio de Janeiro: Instituto Carioca de Criminologia, 1997, ano 2, n. 3, pp. 57-69.

BARBOSA, Alexandre. *A formação do mercado de trabalho no Brasil*. São Paulo: Alameda, 2008.

_____ et al. *Atlas da exclusão social, v. 5: agenda não liberal da inclusão social no Brasil*. São Paulo: Cortez, 2005.

BARRIENTOS, Armando. "Dilemas de las políticas sociales latino-americanas". *Nueva Sociedad*. Buenos Aires: 2012, n. 239.

BARROS, Ricardo Paes de et al. "Salário mínimo e pobreza no brasil: uma abordagem de equilíbrio geral". *Pesquisa e Planejamento Econômico*. Rio de Janeiro: Ipea, 2000, v. 30, n. 2, pp. 157-82.

BATISTA, Marta R. et al. *Cidades brasileiras: políticas urbanas e dimensão cultural*. São Paulo: IEB/USP, 1998.

BAUDELAIRE, Charles. *Sobre a modernidade*. Rio de Janeiro: Paz e Terra, 1996.

BAUMAN, Zygmunt. *Em busca da política*. Rio de Janeiro: Jorge Zahar, 2000.

BEAUVOIR, Simone de. *A velhice*. Rio de Janeiro: Nova Fronteira, 1990.

BECK, Ulrich. *Un nuevo mundo feliz: la precariedad del trabajo en la era de la globalización*. Buenos Aires: Paidós, 2000.

BEINSTEIN, Jorge. *Capitalismo senil*. Rio de Janeiro: Record, 2001.

BELL, Daniel. *O advento da sociedade pós-industrial*. São Paulo: Cultrix, 1973.

BELLUZZO, Luiz Gonzaga. "Finança global e ciclos de expansão". Em: FIORI, José Luís (org.). *Estados e moedas no desenvolvimento das nações*. 2. ed. Petrópolis: Vozes, 1999.

_____; LIMA, Luiz Antonio de Oliveira. "O capitalismo e os limites da burocracia". *Temas de Ciências Humanas*. São Paulo: 1978, v. 3, p. 99-117.

_____; GALÍPOLO, Gabriel. *Manda quem pode, obedece quem tem prejuízo*. São Paulo: Contracorrente/Facamp, 2017.

BEM, Judite Sanson de. *Estado e economia na América Latina*. Passo Fundo: Clio, 2003.

BENCHIMOL, Jaime Larry. *Pereira Passos, um Haussmann tropical: a renovação urbana do Rio de Janeiro no início do século XX*. Rio de Janeiro: SMCTE, 1992.

BENDIX, Reinhard. *Construção nacional e cidadania*. São Paulo: Edusp, 1996.

BENÉVOLO, Leonardo. *História da cidade*. São Paulo: Perspectiva, 1983.

BERMAN, Marshall. *Tudo que é sólido desmancha no ar: a aventura da modernidade*. São Paulo: Companhia das Letras, 1986.

BÉRTOLA, Luis; OCAMPO, José Antonio. *Desenvolvimento, vicissitudes e desigualdade: uma história econômica da América Latina desde a independência*. Madrid: SGIB, 2010.

BETHELL, Leslie (org.). *História da América Latina, v. IV: de 1870 a 1930*. São Paulo: Edusp, 2002.

_____. *História da América Latina, v. VI: a América Latina após 1930*. São Paulo: Edusp, 2005.

BID. *Inclusão social e desenvolvimento econômico na América Latina*. Rio de Janeiro: Campus, 2004.

_____. *A política das políticas públicas: progresso econômico e social na América Latina*. Rio de Janeiro: Campus, 2007.

BLOSS, Thierry. *Le Liens de famille*. Paris: PUF, 1997.

BOLTANSKI, Luc; FRASER, Nancy. *Domination et Émancipation: pour une renouveau de la critique sociale*. Lyon: PUL, 2014.

_____; CHIAPELLO, Ève. *O novo espírito do capitalismo*. Rio de Janeiro: Martins Fontes, 2009.

BOMFIM, Manoel. *A América Latina: males de origem*. Rio de Janeiro: CEPS, 2008.

BRAGA, José Carlos de Souza. "A financeirização da riqueza: a macroestrutura financeira e a nova dinâmica dos capitalismos centrais". *Economia e Sociedade*. Campinas: 1993, v. 2, n. 1, pp. 25-58.

BRAGA, Ruy. *A rebeldia do precariado*. São Paulo: Boitempo, 2017.

BRANDÃO, Carlos; SIQUEIRA, Hipólita (org.). *Pacto federativo, integração nacional e desenvolvimento regional*. São Paulo: Fundação Perseu Abramo, 2013.

BRAUDEL, Fernand. *A dinâmica do capitalismo*. Rio de Janeiro: Rocco, 1996a.

_____; *Civilização material, economia e capitalismo: séculos XV-XVIII – O tempo do mundo*. São Paulo: Martins Fontes, 1996b.

BRAVERMAN, Harry. *Trabalho e capital monopolista: a degradação do trabalho no século XX*. Rio de Janeiro: Guanabara, 1987.

BRESCIANI, Stella (org.) *Imagens da cidade séculos XIX e XX*. São Paulo: MZ, 1994.

BRESSER-PEREIRA, Luiz Carlos. *Estado e subdesenvolvimento industrializado*. São Paulo: Brasiliense, 1977.

_____; GRAU, Nuria Cunill. *O público não estatal na Reforma do Estado*. Rio de Janeiro: FGV, 1999.

_____; SPINK, Peter. *Reforma do Estado e administração pública gerencial*. Rio de Janeiro: FGV, 2005.

BRITO, Fausto *et al. A urbanização recente no Brasil e as aglomerações metropolitanas*. Cedeplar/IUSSP, 2002.

_____; SOUZA, Joseane de. "Expansão urbana nas grandes metrópoles: o significado das migrações intrametropolitanas e da mobilidade pendular na reprodução da pobreza". *Revista Perspectiva*. São Paulo: Fundação Seade, jan. 2006.

BUESCU, Mircea. *Brasil, disparidades de rendas no passado*. Rio de Janeiro: Apec, 1979.

BUKHARIN, Nikolai I. *A economia mundial e o imperialismo*. São Paulo: Nova Cultural, 1986.

BULMER-THOMAS, Victor. *The Economic History of Latin America since Independence*. Cambridge: Cambridge University Press, 2003.

BYTHEWAY, Bill. "Youthfulness and Agelessness: A Comment". *Ageing and Society*. Cambridge: 2000, v. 20, n. 6, pp. 781-89.

CACCIAMALI, Maria Cristina. "Distribuição de renda no Brasil". Em: PINHO, Diva B.; VASCONCELLOS, Marco Antonio S. (orgs.) *Manual de economia*. São Paulo: Saraiva, 2002.

_____; TATEI, Fabio. "Mercado de trabalho: da euforia do ciclo expansivo e de inclusão social à frustração da recessão econômica". *Estudos Avançados*. São Paulo: 2016, v. 30, n. 87, pp. 103-121.

CAF - Banco de Desenvolvimento da América Latina. *Latin American 2040*. Caracas: CAF, 2010.

_____. *The Latin American Economic Outlook*. Paris: OECD, 2012.

CALDEIRA, Teresa P. do Rio. "Enclaves fortificados: a nova segregação urbana". *Novos Estudos Cebrap*. São Paulo: 1997, n. 47, pp. 179-192.

CALDERÓN, Fernando. *Escenarios políticos en América Latina*. Buenos Aires: SVE/PNUD, 2008.

CALIXTRE, André B. *A condição informal*. Campinas: IE/Unicamp, 2011.

CAMARGO, José Márcio; GIAMBIAGI, Fabio (org.). *Distribuição de renda no Brasil*. Rio de Janeiro: Paz e Terra, 1991.

CAMPOS, André et al. *Os ricos no Brasil*. São Paulo: Cortez, 2004.

_____ et al. *Os proprietários*. São Paulo: Cortez, 2007.

CANO, Wilson. *Soberania e política econômica na América Latina*. Campinas: Unicamp/Unesp, 1999.

_____. "América Latina: do desenvolvimentismo ao neoliberalismo". Em: FIORI, José Luís (org.). *Estados e moedas no desenvolvimento das nações*. 2. ed. Petrópolis: Vozes, 1999.

CARDOSO, Adalberto M. *Trabalhar, verbo transitivo: destinos profissionais dos deserdados da indústria automobilística*. Rio de Janeiro: FGV, 2000.

CARDOSO, Fernando Henrique. "O Estado na América Latina". Em: PINHEIRO, Paulo Sérgio (org.). *O Estado na América Latina*. Rio de Janeiro: CEDEC/Paz e Terra, 1977.

_____; FOXLEY, Alejandro. *América Latina: desafios da democracia e do desenvolvimento*. Rio de Janeiro: Campus, 2009. 2 v.

CARDOSO JR., José Celso. *Anatomia da distribuição de renda no Brasil: estrutura e evolução nos anos 90*. Campinas: IE/Unicamp, 1999.

_____. *Desafios ao desenvolvimento brasileiro*. Brasília: Ipea, 2009.

_____ (org.). *A reinvenção do planejamento governamental no Brasil*. Brasília: Ipea, 2011.

_____; CUNHA, Alexandre dos Santos (org.) *Planejamento e avaliação de políticas públicas*. Brasília: Ipea, 2015.

CARLOS, Ana Fani A. *A cidade*. São Paulo: Contexto, 1992.

CARNEIRO, Ricardo de Medeiros. "Commodities, choques externos e crescimento: reflexões sobre a América Latina". *Série Macroeconomía Del Desarrolllo*. Santiago: CEPAL, 2012, v. 117.

_____; MATIJASCIC, Milko. *Desafios do desenvolvimento brasileiro*. Brasília: Ipea, 2011.

CASTELLS, Manuel. *Imperialismo y urbanización en América Latina*. Barcelona: GG, 1973.

_____. *A questão urbana*. Rio de Janeiro: Paz e Terra, 1983.

_____. *The Informational City: Information Technology, Economic Restructuring, and the Urban-Regional Process*. Oxford: Basil Blackwell, 1989.

_____. *A sociedade em rede: a era da informação*, v. 1. São Paulo: Paz e Terra, 1998.

CASTRO, Fábio A. *et al.* "O topo da distribuição de renda no Brasil". *Dados*. Rio de Janeiro: 2015, v. 58, n. 1, pp. 7-36.

CASTRO, Jorge Abrahão de *et al. Tributação e equidade no Brasil: um registro da reflexão do Ipea no biênio 2008-2009*. Brasília: Ipea, 2010.

CASTRO, Lola Aniyar. *Criminologia da reação social*. Rio de Janeiro: Forense, 1983.

CATTANI, Antonio D. *Trabalho e autonomia*. Petrópolis: Vozes, 1996.

CAVALCANTE, Berenice. "Beleza, limpeza, ordem e progresso: a questão da higiene na cidade do Rio de Janeiro, final do século XIX". *Revista Rio de Janeiro*. Niterói, 1985, v. 1, n. 1, pp. 95-103.

CEPAL. *La hora de la igualdad*. Santiago: CEPAL, 2012.

CHANG, Gene; BRADA, Josef C. "The Paradox of China's Growing Underurbanization". *Economic Systems*. 2006, n. 30, pp. 24-40.

CHATELAIN, Phillipe M. "5 Things in NYC We Can Blame on Robert Moses". Disponível em: <untappedcities.com/2013/12/18/5-things-in-nyc-we-can-blame-on-robert-moses/>. Acesso em: 2 jun. 2021.

CHEN, Mingxing *et al.* "Evolution and Assessment on China's Urbanization 1960-2010: Under-Urbanization or Over-Urbanization?". *Habitat International*. 2013, n. 38, pp. 25-33.

CHONCHOL, Jacques. *Sistemas agrarios en América Latina: de la etapa prehispánica a la modernización conservadora*. Santiago: FCE, 1994.

CINGOLANI, Luciana. "The State of State Capacity: A Review of Concepts, Evidence and Measures". *UNU-MERIT Working Paper Series on Institutions and Economic Growth*. IPD WP13, 2013.

CLARK, David. *Introdução à geografia urbana*. São Paulo: Difel, 1985.

CLAWSON, Marion. "Urban Sprawl and Speculation in Suburban Land". *Land Economics*. Nashville: 1962, v. 38, n. 2, pp. 99-111.

COATES, David. *Models of Capitalism*. Oxford: Polity Press, 2000.

CORRÊA, Angela J. *Distribuição de renda e pobreza na agricultura brasileira*. Piracicaba: Unimep, 1998.

CORSEUIL, Carlos Henrique L. "Decifrando alguns paradoxos do mercado de trabalho brasileiro". *Desafios do Desenvolvimento*. Brasília: Ipea, 2015, ano 12, edição 83.

COSTA, Fernando N. "Estratificação social da riqueza e renda no Brasil". *Texto para Discussão*. Campinas: IE/Unicamp, 2016, n. 270.

COSTA, Geraldo M. "Exclusão socioespacial na era urbana industrial". *Anais do VII ENANPUR*. Recife: MDU/UFPE, 1997, v. 2, pp. 1421-36.

COSTA, Greiner; DAGNINO, Renato. *Gestão estratégica em políticas públicas*. 2. ed. Campinas: Alínea, 2015.

COSTA, Sérgio. "Contextos da construção do espaço público no Brasil". *Novos Estudos*: mar. 1997, n. 47.

CROUCH, Colin. *Coping with Post-Democracy*. London: Fabian Society, 2000.

CROZIER, Michel; FRIEDBERG, Erhard. *L'acteur et le système*. Paris: Seuil, 1977.

CUNHA, Flávio S. "Movimentos sociais urbanos e a redemocratização: a experiência do movimento favelado de Belo Horizonte". *Novos Estudos*. mar. 1993, n. 35.

DAVIS, Stephen *et al*. *The New Capitalists: How Citizen Investors Are Reshaping the Corporate Agenda*. Boston: Harvard Business School Press, 2008.

DEBERT, Guita Grin. *A reinvenção da velhice*. São Paulo: Edusp/Fapesp, 1999.

DEJOURS, Christophe. *A loucura do trabalho: estudo de psicopatologia do trabalho*. São Paulo: Cortez, 1988.

DESFORGES, Charles. *Putting educational research to use through knowledge transformation*. London: Learning and Skills Development Agency, 2000.

DIAS, Marcia. *Desenvolvimento urbano e habitação popular em São Paulo – 1870-1914*. São Paulo: Nobel, 1989.

DÍAS ALEJANDRO, Carlos. *Ensayos sobre la história económica argentina*. Buenos Aires: Amorrortu, 2001.

DIEESE – Departamento Intersindical de Estatísticas e Estudos Socioeconômicos. *A situação do trabalho no Brasil*. São Paulo: DIEESE, 2001.

DINIZ, Eli; AZEVEDO, Sérgio de. *Reforma do Estado e democracia no Brasil*. Brasília: UnB, 1997

DONÉGANI, Jean-Marie. *La Liberté de choisir*. Paris: FNSP, 1993.

DOSMAN, Edgar J. *Raúl Prebisch (1901-1986): a construção da América Latina e do terceiro mundo*. Rio de Janeiro: Contraponto/CICF, 2011.

DRAIBE, Sônia. *Rumos e metamorfoses: Estado e industrialização no Brasil, 1930-1960*. Rio de Janeiro: Paz e Terra, 1985.

DREIFUSS, René A. *Transformações: matizes do século XXI*. Petrópolis: Vozes, 2004.

DUBAR, Claude. *A crise das identidades*. São Paulo: Edusp, 2009.

DUBE, Saurabh et al. (org.). *Modernidades coloniales*. México: El Colegio de México, 2004.

DUBET, François. *Sociologie de l'expérience*. Paris: Seuil, 1994.

_____; MARTUCCELLI, Danilo. *Dans quelle société vivons-vous?* Paris: Seuil, 1998.

DULCI, Luiz. *Um salto para o futuro: como o governo Lula colocou o Brasil na rota do desenvolvimento*. São Paulo: Fundação Perseu Abramo, 2013.

DURKHEIM, Émile. *Da divisão do trabalho social*. São Paulo: M. Fontes, 1999.

DYOS, H. J. *The Study of Urban History*. London: Edward Arnold, 1971.

EHRENBERG, Alain. *L'Individu incertain*. Paris: Calmann-Lévy, 1995.

ELIAS, Norbert. *O processo civilizador*. Rio de Janeiro: Zahar, 1996. 2 v.

ELLIS, Frank. *Rural Livelihoods and Diversity in Developing Countries*. Oxford: OUP, 2000.

ELLSBERG, Michael. *The education of millionaires*. New York: Penguin, 2011.

ENGELS, Friedrich. *A origem da família, da propriedade privada e do Estado*. 7 ed. Rio de Janeiro: Civilização Brasileira, 1981.

_____. *A situação da classe trabalhadora na Inglaterra*. São Paulo: Global, 1985.
ENGELS, Friedrich; MARX, Karl. *A ideologia alemã*. São Paulo: Martins Fontes, 2001.
_____. *Manifesto do Partido Comunista*. Porto Alegre: LP&M, 2004.
ERIS, Ibrahim *et al*. "A distribuição de renda e o sistema tributário no Brasil". Em: *Finanças públicas*. São Paulo: Pioneira/Fipe, 1983.
FAGNANI, Eduardo. "O fim do breve ciclo da cidadania social no Brasil". *Texto para Discussão*. Campinas: IE/Unicamp, 2017, n. 308.
FALETTO, Enzo. *Dimensiones sociales, políticas y culturales del desarrollo*. Santiago: Flacso, 2009.
FAORO, Raymundo. *Os donos do poder: formação do patronato político brasileiro*. Porto Alegre: Globo, 1978.
FARIA, Vilmar E. "Cinquenta anos de urbanização no Brasil: tendências e perspectivas". *Novos Estudos Cebrap*. São Paulo: 1991, n. 29, pp. 98-119.
FERES JR., João. *A história do conceito de Latin America nos Estados Unidos*. São Paulo: EDUSC, 2005.
FERNANDES, Ana Maria; RANINSHESKI, Sonia. *Américas compartilhadas*. São Paulo: Verbena, 2009.
FERNANDES, Cláudia M. "Desigualdade de rendimentos e educação no Brasil". *Revista Econômica*. Rio de Janeiro: dez/2001, v. 3, n. 2, pp. 231-50.
FERNANDES, Florestan. *A integração do negro na sociedade de classes*. 4. ed. São Paulo: Ática, 1979.
_____. *A revolução burguesa no Brasil: ensaio de interpretação sociológica*. São Paulo: Globo, 1996.
FERRÃO, João; LOPES, Raul. "Understanding Peripheral Rural Areas as Context for Economic Development". Em: LABRIANIDIS, Lois (org.) *The Future of Europe's Rural Peripheries*. Hampshire: Ashgate, 2004, pp. 31-61.
FERRARI FILHO, Fernando; PAULA, Luiz Fernando de. "Padrões de crescimento e desenvolvimentismo: uma perspectiva keynesiano-estruturalista". *Nova Economia*. Belo Horizonte: 2017, v. 27, n. 1.
FERREIRA, Francisco de Hollanda G. "Os determinantes da desigualdade de renda no Brasil: luta de classes ou heterogeneidade educacional?" *Texto para Discussão*. Rio de Janeiro: DE/PUC, 2000, n. 415.
_____; CAMARGO, José Márcio. "O Benefício Social Único: uma proposta de reforma da política social no Brasil". *Texto para Discussão*. Rio de Janeiro: DE/PUC, 2001, n. 443.
FFRENCH-DAVIS, Ricardo. *Reformas para América Latina después del fundamentalismo neoliberal*. Santiago: SVE/CEPAL, 2005.

FIORI, José Luís. *O voo da coruja: uma leitura não liberal da crise do Estado desenvolvimentista*. 2. ed. Rio de Janeiro: Editora da UFRJ, 1995.

―――― (org.). *Estados e moedas no desenvolvimento das nações*. Petrópolis: Vozes, 1999.

――――. "O sistema interestatal capitalista no início do século XXI". Em: FIORI, José Luís; MEDEIROS, Carlos; SERRANO, Franklin. *O mito do colapso do poder americano*. Rio de Janeiro: Record, 2008.

――――; MEDEIROS, Carlos. *Polarização mundial e crescimento*. Petrópolis: Vozes, 2001.

――――; MEDEIROS, Carlos; SERRANO, Franklin. *O mito do colapso do poder americano*. Rio de Janeiro: Record, 2008.

FUNDAÇÃO PERSEU ABRAMO. *Brasil 2016: recessão e golpe*. São Paulo: Fundação Perseu Abramo, 2016.

FREYRE, Gilberto. *Casa-grande & senzala*. 26. ed. Rio de Janeiro: Record, 1989.

――――. *Sobrados e mucambos: decadência do patriarcado rural e desenvolvimento do urbano*. São Paulo: Global, 2013.

FRIEDEN, Jeffry. *Capitalismo global*. Barcelona: M. Crítica, 2007.

FRIEDMAN, Benjamin. *As consequências morais do crescimento econômico*. Rio de Janeiro: Record, 2009.

FUJITA, Masahisa *et al. The Spatial Economy: Cities, Regions, and International Trade*. Cambridge: MIT Press, 1999.

FURTADO, Celso. *Um projeto para o Brasil*. Rio de Janeiro: Saga, 1968.

――――. *Brasil, a construção interrompida*. São Paulo: Paz e Terra, 1992.

GARCIA, Ronaldo C. "PPA: o que não é e o que pode ser". *Políticas Sociais: Acompanhamento e Análise*. Brasília: Ipea, 2012, n. 20.

GAUCHET, Marcel. *La Révolution des pouvoirs: la souveraineté, le peuple et la représentation*. Paris: Gallimard, 1989.

GEORGE, Henry. *Progresso e pobreza*. 3. ed. Rio de Janeiro: E. Aurora, 1970.

GIANNOTTI, José Arthur. "Em torno da questão do Estado e da burocracia". *Estudos Cebrap*. São Paulo: 1977, n. 20, pp. 111-29.

GIBBONS, Michael *et al. The New Production of Knowledge*. London: Sage, 1994.

GIDDENS, Anthony. *As consequências da modernidade*. São Paulo: Editora Unesp, 1991.

――――. *A constituição da sociedade*. São Paulo: WMF Martins Fontes, 2003.

――――. *A terceira via: reflexões sobre o impasse político atual e o futuro da social-democracia*. 5. ed. Rio de Janeiro: Record, 2005.

_____. *Sociologia*. 4. ed. Porto Alegre: Artmed, 2005.

GLAESER, Edward L. *et al.* "Why Do the Poor Live in Cities?". *Harvard Institute of Economic Research*. Discussion Paper n. 1891, 2000.

GLATTFELDER, James B. *Decoding Complexity: Uncovering Patterns in Economic Networks*. Switzerland: Springer, 2013.

GOLDBERGER, Paul. "Robert Moses, Master Builder, Is Dead at 92". *The New York Times*: 30 jul. 1981. Disponível em: <www.nytimes.com/1981/07/30/obituaries/robert-moses-master-builder-is-dead-at-92.html>. Acesso em: 2 jun. 2021.

GOMIDE, Alexandre; PIRES, Roberto. *Capacidades estatais e democracia: arranjos institucionais de políticas públicas*. Brasília: Ipea, 2014.

GORENDER, Jacob. *A burguesia brasileira*. São Paulo: Brasiliense, 1981.

GORZ, André. *Adeus ao proletariado*. Rio de Janeiro: Forense, 1982.

_____. *Misérias do presente, riqueza do possível*. São Paulo: Annablume, 2004.

GRAMSCI, Antonio. *O Risorgimento: notas sobre a história da Itália*. Rio de Janeiro: Civilização Brasileira, 2002.

GUATTARI, Félix; ROLNIK, Suely. *Micropolítica: cartografias do desejo*. Petrópolis: Vozes, 1993.

GUIMARÃES, Alberto P. *Quatro séculos de latifúndio*. Rio de Janeiro: Paz e Terra, 1977.

_____. *A crise agrária*. 2. ed. Rio de Janeiro: Paz e Terra, 1982.

GUIMARÃES, Samuel P. *Desafios brasileiros na Era dos Gigantes*. Rio de Janeiro: Contraponto, 2006.

GUIMARÃES NETO, Leonardo. "Desigualdades e políticas regionais no Brasil: caminhos e descaminhos". *Planejamento e Políticas Públicas*. Brasília. jun. 1997, n. 15, pp. 41-93.

GURRIERI, Adolfo (org.). *O manifesto latino-americano e outros ensaios*. Rio de Janeiro: Contraponto/CICF, 2011.

HAAGH, Louise; HELGO, Camilla T. (org.) *Social Policy Reform and Market Governance in Latin America*. Oxford: Macmillan, 2002.

HABERMAS, Jürgen. *Crise de legitimação no capitalismo tardio*. Rio de Janeiro: Tempo brasileiro, 1980.

_____. *Mudança estrutural da esfera pública*. São Paulo: Unesp, 2011.

HALL, Peter. *Ciudades del mañana: historia del urbanismo en el siglo XX*. Barcelona: Serbal, 1996.

HARDT, Michael; NEGRI, Antonio. *Império*. Rio de Janeiro: Record, 2001.

HARVEY, David. *A justiça social e a cidade*. São Paulo: Hucitec, 1980.

_____. *Condição pós-moderna*. 8. ed. São Paulo: Loyola, 1999.
_____. *Paris, capital da modernidade*. São Paulo: Boitempo, 2015.
HARVEY, Robert O.; CLARK, W. A. V. "The Nature and Economics of Urban Sprawl". *Land Economics*. Nashville: fev.1965, v. 41, n. 1, pp. 1-9.
HAVARD-DUCLOS, Bénédicte; NICOURD, Sandrine. *Les Formes de l'engagement solidaire*. Paris: Printemps, 1999.
HENRIQUES, Ricardo (org.). *Desigualdade e pobreza no Brasil*. Rio de Janeiro: Ipea, 2000.
HENRIQUES, Wilnes. *Capitalismo selvagem*. Campinas: IE/Unicamp, 1999.
HIRATA, Helena. *Nova divisão sexual do trabalho? Um olhar voltado para a empresa e a sociedade*. São Paulo: Boitempo, 2002.
HOBSBAWM, Eric. *A era do capital, 1848-1875*. 5. ed. São Paulo: Paz e Terra, 1996.
HODKINSON, Phil; SMITH, John K. "A relação entre pesquisa, política e prática". Em: THOMAS, Gary; PRING, Richard. *Educação baseada em evidências*. Porto Alegre: Artmed, 2007.
HOFFMANN, Rodolfo. *Distribuição de renda: medidas de desigualdade e pobreza*. São Paulo: Edusp, 1998.
HOFMEISTER, Wilhelm. *Reformas políticas en América Latina*. Rio de Janeiro: FKA, 2004.
HOLANDA, Sérgio Buarque. *Raízes do Brasil*. 26. ed. São Paulo: Companhia das Letras, 1995.
HOLSTON, James. *Cidadania insurgente*. São Paulo: Companhia das Letras, 2013.
HOPE, Kempe R. "Urbanization and Urban Growth in Africa". *Journal of Asian and African Studies*. New York: 1998, n. 33, pp. 345-58.
HUSSEY, Andrew. *A história secreta de Paris*. Barueri: Amarilys, 2011.
IANNI, Octavio. *Estado e planejamento econômico no Brasil*. 2. ed. Rio de Janeiro: Civilização Brasileira, 1977.
INFANTE, Ricardo. *El desarrollo inclusivo en América Latina y el Caribe*. Santiago: CEPAL, 2011.
IONS, Jacques. *La Fin des militants?* Paris: L'Atelier, 1997.
IPEA. *Brasil em Desenvolvimento: Estado, planejamento e políticas públicas*. Brasília, 2009.
JAGUARIBE, Helio. "Autonomía periférica y hegemonía céntrica". *Estudios Internacionales*. Santiago, 1979, v. 46, pp. 91-130.
JOLLIVET, Marcel (org.). *Vers un rural postindustrial*. Paris: L'Harmattan, 1997.

JONES, Colin. *Paris, biografia de uma cidade*. 5. ed. Porto Alegre: L&PM, 2013.

KALECKI, Michal. *Crescimento e ciclo das economias capitalistas*. São Paulo: Hucitec, 1980.

KATZNELSON, Ira; ZOLBERG, Aristide R. (org.). *Working-class formation*. Princeton: PUP, 1986.

KAYSER, Bernard. *La Renaissance rurale*. Paris: Armand Colin, 1990.

KERGOAT, Jacques *et al*. (dir.). *Le monde du travail*. Paris: La Découverte, 1998.

KERR, Clark. *Industrialismo e sociedade industrial*. México: Fundo de Cultura, 1963.

KEYNES, John Maynard. *A teoria geral do emprego, do juro e da moeda*. São Paulo: Atlas, 1982.

_____. "O fim do 'laissez-faire'". Em: SZMRECSÁNYI, Tamás (org.). *Keynes*. São Paulo: Ática, 1983.

KOWARICK, Lucio. *Capitalismo e marginalidade na América Latina*. Rio de Janeiro: Paz e Terra, 1975.

_____. *A espoliação urbana*. Rio de Janeiro: Paz e Terra, 1979.

KRUGMAN, Paul. "Space: The Final Frontier". *Journal of Economic Perspectives*. Nashville: 1998, v. 12, n. 2, pp. 161-74.

KUMAR, Krishan. *Da sociedade industrial à pós-moderna*. 2. ed. Rio de Janeiro: Zahar, 2006.

KURZ, Robert. *O colapso da modernização*. São Paulo: Paz e Terra, 1992.

LAGOS, Ricardo A.; ARRIAGADA, Camilo. *Población, pobreza y mercado de trabajo en América Latina*. Santiago: OIT, 1998.

LAM, David; LEVISON, Deborah. "Idade, experiência, escolaridade e diferenciais de renda". *Pesquisa e Planejamento Econômico*. Rio de Janeiro: Ipea, 1990, v. 20, n. 2.

LAMBERT, Yves. "Âges, générations et christianisme en France et en Europe". *Revue Française de Sociologie*. Paris: 1993, v. 34, n. 4, pp. 525-56.

LANDER, Edgardo. *La colonialidad del saber: eurocentrismo y ciencias sociales. Perspectivas latino-americanas*. Buenos Aires: CLACSO, 2000, pp. 41-53.

LANGONI, Carlos Geraldo. "Distribuição da renda e desenvolvimento econômico do Brasil". *Revista de Estudos Econômicos*. São Paulo: IPE-USP, 1972, v. 2, n. 5.

_____. *Distribuição da renda e desenvolvimento econômico do Brasil*. Rio de Janeiro: Expressão e Cultura, 1973.

LANNA, Ana Lúcia D. *Uma cidade na transição. Santos: 1870-1913*. São Paulo: Hucitec, 1996.

LEFEBVRE, Henri. *De lo rural a lo urbano*. 2 ed. Barcelona: Ediciones Península, 1973.

_____. *La Production de l'espace*. Paris: Antropos, 1974.

_____. *O direito à cidade*. São Paulo: Moraes, 1991.

_____. *A revolução urbana*. Belo Horizonte: EDUFMG, 2004.

LENIN, Vladimir I. *O programa agrário da social-democracia na primeira revolução russa de 1905-1907.* São Paulo: Ed. Ciências Humanas, 1980.

LENZ, Maria Heloisa. "Crise e negociações externas na Argentina no final do século XIX". *Economia e Sociedade*. Campinas: IE/Unicamp, 2006, v. 15.

LESSA, Carlos; DAIN, Sulamis. "Capitalismo associado: algumas referências para o tema Estado e desenvolvimento". Em: BELLUZZO, Luiz Gonzaga; COUTINHO, Renata (org.) *Desenvolvimento capitalista no Brasil: ensaios sobre a crise*. 2. ed. São Paulo: Brasiliense, 1982.

LESSA, Carlos. "O parto sem dor do Estado nacional brasileiro, e com muita dor, da economia nacional". Em: FIORI, José Luís; MEDEIROS, Carlos. (org.) *Polarização mundial e crescimento*. Petrópolis: Vozes, 2001.

LEVI-FAUR, David. *The Oxford Handbook of Governance*. Oxford: Oxford University Press, 2012.

LLUCH, Constantino. "Sobre medições de renda a partir dos Censos e das Contas Nacionais no Brasil". *Pesquisa e Planejamento Econômico*. Rio de Janeiro: Ipea, 1982, v. 12, n. 1.

LOJKINE, Jean. *A revolução informacional*. São Paulo: Cortez, 1995.

_____. *L'Adieu à la classe moyenne*. Paris: La Dispute, 2005.

LOPES, Juarez Rubens B. *Sociedade industrial no Brasil*. São Paulo: DEL, 1964.

_____. *Desenvolvimento e mudança social*. São Paulo: Companhia Editora Nacional, 1968.

LOPREATO, Francisco L. C. *O colapso das finanças estaduais e a crise da federação*. São Paulo: Editora Unesp, 2002.

LOVE, Joseph L. *A construção do Terceiro Mundo*. Rio de Janeiro: Paz e Terra, 1998.

MACEDO, Roberto. "Salário mínimo e distribuição de renda no Brasil". *Estudos Econômicos*. São Paulo: USP, 1981, v. II, n. 1.

MADDISON, Angus. *La economía mundial: una perspectiva milenaria*. Madrid: Ediciones Mundi-Prensa, 2002.

_____. *Perspectives on Global Economic Progress and Human Development*. Annual Symposium, 2008.

MAJONE, Giandomenico. "Do Estado positivo ao Estado regulador: causas e consequências de mudanças no modo de governança". *Revista do Serviço Público*. Brasília: 1999, v. 50, n. 1, pp. 5-36.

MALTHUS, Thomas. *Princípios de economia política e considerações sobre sua aplicação prática.* São Paulo: Abril, 1983.

MANIN, Bernard. *Principes du Gouvernement représentatif.* Paris: Flammarion, 1996.

MARCUSE, Herbert. *A ideologia da sociedade industrial.* São Paulo: Zahar, 1998.

MARICATO, Ermínia. *A produção capitalista da casa e da cidade no Brasil industrial.* São Paulo: Alfa-Ômega, 1982.

_____. *Metrópole na periferia do capitalismo.* São Paulo: Hucitec, 1996.

_____. *Brasil, cidades: uma alternativa para a crise urbana.* Petrópolis: Vozes, 2001.

MARINI, Caio; MARTINS, Humberto. F. *Governança em ação.* São Paulo: Publix Editora, 2009.

MARINI, Ruy Mauro. *América Latina, dependencia y globalización.* Santiago: Flacso, 2009.

MARSDEN, Terry et al. *Constructing the Countryside.* London: UCL, 1993.

MARTINS, Carlos E. *Capitalismo de Estado e modelo político no Brasil.* Rio de Janeiro: Graal, 1977.

MARTINS, Luciano. *Estado capitalista e burocracia no Brasil pós-64.* Rio de Janeiro: Paz e Terra, 1985.

MARULANDA, Norah Rey de; TANCREDI, Francisco B. *Da inovação à política pública: histórias de êxito na América Latina e no Caribe.* Santiago: Cepal, 2011.

MARX, Karl. *Grundrisse.* São Paulo: Boitempo, 2011.

MASI, Domenico de. *A sociedade pós-industrial.* São Paulo: Senac, 1999.

_____. *O futuro do trabalho: fadiga e ócio na sociedade pós-industrial.* Brasília: UnB/José Olympio, 1999.

MATHIEU, Nicole. "La Notion de rural et les rapports ville-campagne en France". *Économie rurale.* Paris: 1998, n. 247, pp. 11-20.

MATIJASCIC, Milko. *Presença do Estado no Brasil: federação, suas unidades e municipalidades.* Brasília: Ipea, 2009.

MAUGER, Gérard et al. *Jeunesses et Sociétés.* Paris: A. Colin, 1994.

MAZOYER, Marcel; ROUDART, Laurence. *História das agriculturas no mundo: do neolítico à crise contemporânea.* São Paulo: Editora Unesp, 2009.

MEDEIROS, Carlos. "Distribuição de renda como política de desenvolvimento". Em: CASTRO, Ana Célia (org.). *Desenvolvimento em debate - v. I: Novos rumos do desenvolvimento no mundo.* Rio de Janeiro: BNDES, 2002, v. 3, pp. 193-222.

MELLO, João Manuel Cardoso de. "O Estado brasileiro e os limites da estatização". *Ensaios de opinião*. Rio de Janeiro: Paz e Terra, 1977, n. 2/3, pp. 14-6.

_____. *O capitalismo tardio*. São Paulo: Brasiliense, 1982.

_____. "Prólogo: A contra-revolução liberal-conservadora e a tradição latino-americana". Em: TAVARES, Maria da Conceição; FIORI, José Luís (orgs.) *Poder e dinheiro: uma economia política da globalização*. Petrópolis: Vozes, 1997.

MELMAN, Seymour. *Depois do capitalismo*. São Paulo: Futura, 2002.

MENDONÇA, Sonia Regina de. *O ruralismo brasileiro (1888-1931)*. São Paulo: Hucitec, 1997.

MENEZES FILHO, Naercio A. *A evolução da educação no Brasil e o seu impacto no mercado de trabalho*. São Paulo: USP, 2001.

MERCADANTE, Aloizio. *Brasil: primeiro tempo*. São Paulo: Planeta, 2006.

_____. *Brasil: a construção retomada*. São Paulo: Terceiro Nome, 2010.

MÉSZAROS, István. *Para além do capital*. São Paulo: Boitempo, 2002.

MICKLETHWAIT, John; WOOLDRIDGE, Adrian. *A quarta revolução: a corrida global para reinventar o Estado*. São Paulo: Portfolio-Peguin, 2015.

MIESZKOWSKI, Peter; MILLS, Edwin S. "The Causes of Metropolitan Suburbanization". *Journal of Economics Perspectives*. Nashville: 1993, v. 7, n. 3, pp. 135-47.

MIGLIOLI, Jorge; SILVA, Sérgio. "Redistribuição: um problema de salários e lucros". Em: BELLUZZO, Luiz Gonzaga; COUTINHO, Renata (org.) *Desenvolvimento capitalista no Brasil*. 2. ed São Paulo: Brasiliense, 1983.

MIGNOLO, Walter D. *La idea de América Latina: la herida colonial y la opción decolonial*. Barcelona: Gedisa, 2007.

MILBERG, William; WINKLER, Deborah. *Outsourcing Economics: Global Value Chains in Capitalist Development*. Cambridge: CUP, 2013.

MOISÉS, José Álvaro (org.). *Cidade, povo e poder*. Rio de Janeiro: Paz e Terra, 1982.

MOORE JR., Barrington. *Los orígenes sociales de la dictadura y de la democracia*. Barcelona: Península, 2002.

MORAIS, Reginaldo C. Corrêa. *Liberalismo e neoliberalismo*. Campinas: IFCH/Unicamp, 1997. (Primeira Versão, 73).

MORGAN, Marc. "Extreme and Persistent Inequality: New Evidence for Brazil Combining National Accounts, Surveys and Fiscal Data, 2001-2015", 2017.

MUMFORD, Lewis. *A cidade na história*. São Paulo: Martins Fontes, 1998.

MUTH, Richard F. *Cities and Housing: The Spatial Pattern of Urban Residential Land Use*. Chicago: CUP, 1969.

NARODOWSKI, Patricio; LENICOV, Matías R. *Geografía económica mundial (GEM): un enfoque centro-periferia*. Moreno: UNM, 2012.

NEFFA, Julio César; TOLEDO, Enrique. *Trabajo y modelos productivos en América Latina*. Buenos Aires: Clacso, 2010.

NJOH, Ambe J. "*Urbanization and Development in Sub-Saharan Africa*". Cities. 2003, v. 20, n. 3, pp. 167-74.

NORMILE, Dennis. "China's Living Laboratory in Urbanization". *Science*. 2008, n. 319, pp. 740-43.

NOVY, Andreas. *A des ordem da periferia*. Petrópolis: Vozes, 2002.

NUNES, Edison. "Movimentos populares na transição inconclusa". *Lua Nova:* Cedec, set. 1987, n. 13, pp. 92-4.

O'CONNOR, Martin. *Is Capitalism Sustainable? Political Economy and the Politics of Ecology*. New York: Guilford, 1994.

OCDE. *Perspectives du Développement mondial*. Paris: OCDE, 2010.

_____. *Perspectives Économiques de l'Amérique Latine*. Paris: OCDE, 2010.

_____. *Perspectives du Développement mondial*. Paris: OCDE, 2012.

_____. *Redefining "Urban": A New Way to Measure Metropolitan Areas*. Paris: OCDE, 2012.

OFFE, Claus. "Advanced Capitalism and the Welfare State". *Politics and Society*. New York: 1972, v. 2, p. 479-88.

_____. *Problemas estruturais do Estado capitalista*. Rio de Janeiro: Tempo brasileiro, 1984.

_____. *Capitalismo desorganizado*. São Paulo: Brasiliense, 1989.

OIT. La exclusion en América Latina. Lima: Visual Service, 1995.

_____. *La reforma laboral en América Latina*. Lima: OIT, 2000.

_____. *Panorama laboral*. Santiago, 2009.

_____. *Trabajo decente y juventud en América Latina*. Lima: OIT, 2010.

_____. *La OIT en América Latina y Caribe*. Santiago, 2013.

OLIVEIRA, Carlos Alonso Barbosa de. *Processo de industrialização: do capitalismo original ao atrasado*. São Paulo: Editora Unesp, 2002.

OLIVEIRA, Francisco de. "O terciário e a divisão social do trabalho". *Estudos Cebrap*. São Paulo: Cebrap/Vozes, 1979, n. 24.

_____. *Crítica à razão dualista*. São Paulo: Vozes, 1981.

OLSEN, Donald J. *The City as a Work of Art: London, Paris, Vienna*. New Haven; London: Yale University Press, 1986.

OREIRO, José Luis. "A grande recessão brasileira: diagnóstico e uma agenda de política econômica". *Revista Estudos Avançados*. São Paulo: 2017, v. 31, n. 89.

ORTEGOSA, Sandra Mara. "Cidade e memória: do urbanismo 'arrasa quarteirão' à questão do lugar". *Arquitextos*. São Paulo: 2009, ano 10.

OSBORNE, David; GAEBLER, Ted. *Reinventando o governo: como o espírito empreendedor está transformando o setor público*. Brasília: MH Comunicação, 1995.

OSSOWSKI, Stanislaw. *Estrutura de classes na consciência social*. Rio de Janeiro: Zahar, 1964.

OTTMANN, Gotz. "Movimentos sociais urbanos e democracia no Brasil: uma abordagem cognitiva". *Novos Estudos*, 1995, n. 41.

PALMA, José Gabriel. "Gansos voadores e patos vulneráveis". Em: FIORI, José Luís (org.). *O poder americano*. Rio de Janeiro: Vozes, 2004.

PAULA, Luiz Fernando de; PIRES, Manoel. "Crise e perspectivas para a economia brasileira". *Revista Estudos Avançados*. São Paulo: 2017, v. 31, n. 89, pp. 125-144.

PELIANO, José Carlos Pereira. *Distribuição de renda e mobilidade social no Brasil*. Campinas: IE/Unicamp, 1992.

PIKETTI, Thomas. *Capital et idéologie*. Paris: Seuil, 2019.

PINHEIRO, Eloísa P. *Europa, França e Bahia: difusão e adaptação de modelos urbanos*. Salvador: EDUFBA, 2002.

PINTO SANTA CRUZ, Aníbal. *Naturaleza e implicaciones de la "heterogeneidad estructural" de la América Latina*. México: FCE, 1970.

PIORE, Michael J.; SABEL, Charles F. *The Second Industrial Divide: Possibilities for Prosperity*. New York: Basic Books, 1984.

PIRES, Manoel Carlos. "Política econômica e estabilização: uma breve análise da recessão brasileira". *Brazilian Keynesian Review*. Belo Horizonte: 2016, v. 2, n. 2, pp. 247-51.

POCHMANN, Marcio. *Inserção ocupacional e o emprego dos jovens*. São Paulo: Abet, 1998.

_____. *O emprego na globalização*. São Paulo: Boitempo, 2001.

_____. *Reestruturação produtiva*. Petrópolis: Vozes, 2004.

_____. "Novos e velhos tempos do trabalho". Em: OLIVEIRA, Roberto V. (org.) *Novo momento para as comissões de emprego no Brasil?* São Paulo: a+comunicação, 2007.

_____. *A superterceirização do trabalho*. São Paulo: LTr, 2008.

_____. "O trabalho na crise econômica no Brasil: primeiros sinais". *Revista Estudos Avançados*. São Paulo: 2009, v. 23, n. 66.

_____. *Qual desenvolvimento?* São Paulo: Publisher, 2009.

_____. "What Brazil Learned from Flexibilization in the 1990s". *International Labour Review*. Genève: ILO, 2009, v. 148, n. 3.

_____. *Desenvolvimento e novas perspectivas para o Brasil*. São Paulo: Cortez, 2010.

_____. *O trabalho no Brasil pós-neoliberal*. Brasília: Liber Livro, 2011.

_____. *Classes do trabalho em mutação*. Rio de Janeiro: Revan, 2012.

_____. *O mito da grande classe média*. São Paulo: Boitempo, 2012.

_____. *Subdesenvolvimento e trabalho*. São Paulo: LTr, 2013.

_____. *A vez dos intocáveis no Brasil*. São Paulo: Fundação Perseu Abramo, 2014.

_____. "Brasil: segunda grande transformação no trabalho?". *Revista Estudos Avançados*. São Paulo: 2014, v. 28, n. 81.

_____. "Terceirização desregulada e seus efeitos no mercado de trabalho no Brasil". *Revista do TST*. Brasília: 2014, v. 80, n. 3.

_____. *Desigualdades econômicas no Brasil*. São Paulo: Ideias & Artes, 2015.

_____. *Desafios das cidades*. São Paulo: Fundação Perseu Abramo, 2016.

_____. *Brasil sem industrialização: a herança renunciada*. Ponta Grossa: Ed. UEPG, 2016.

_____. *Desigualdade hereditária*. Ponta Grossa: UEPG, 2017.

_____. *Desigualdade no Brasil*. São Paulo: ILD, 2017.

_____; MORAES, Reginaldo. *Capitalismo, classe trabalhadora e luta política no início do século XXI*. São Paulo: Fundação Perseu Abramo, 2017.

POLANYI, Karl. *A grande transformação: as origens da nossa época*. 2. ed. Rio de Janeiro: Campus, 2000.

POMAR, Valter (org.). *Brasil: uma política externa altiva e ativa*. São Paulo: Fundação Perseu Abramo, 2017.

POULANTZAS, Nicos. *Poder político e classes sociais*. 2. ed. São Paulo: Martins Fontes, 1986.

PRADO, Antonio José Correa do. *Neoliberalismo e desenvolvimento: a desconexão trágica*. Campinas: IE/Unicamp, 2006.

PRADO, Sergio. *A questão fiscal na federação brasileira; diagnósticos e alternativas*. Brasília: Cepal, 2007.

PRZEWORSKY, Adam. *Estado e economia no capitalismo*. Rio de Janeiro: Relume-Dumará, 1995.

RAMBAUD, Placide. *Societé rurale et urbanization*. Paris: Seuil, 1969.
RAMOS, Lauro; VIEIRA, Maria Lucia. *Desigualdade de rendimentos no Brasil nas décadas de 80 e 90: evolução e principais determinantes*. Rio de Janeiro: Ipea, 2001. (Textos para Discussão, n. 803).
RANGEL, Ignácio. *Questão agrária, industrialização e crise urbana no Brasil*. Porto Alegre: Editora da UFRGS, 2000.
REICH, Robert B. *O futuro do sucesso: o equilíbrio entre trabalho e qualidade de vida*. Barueri: Manole, 2002.
_____. *Supercapitalismo*. Rio de Janeiro: Campus, 2007.
REIS, Elisa Maria Pereira. "Elites agrárias, state-building e autoritarismo". *Dados*. Rio de Janeiro: 1982, v. 25, n. 3, pp 331-48.
REIS, José Guilherme A.; BARROS, Ricardo Paes de. "Educação e desigualdade de salários". *Perspectiva da Economia Brasileira*. Rio de Janeiro: Ipea, 1989.
REYGADAS, Luis. "Las redes de la desigualdade: un enfoque multidimensional". *Política y Cultura*. México: 2004, n. 22, pp. 7-25.
REZENDE, Fernando; OLIVEIRA, Fabrício A. *Descentralização e federalismo fiscal no Brasil: desafios da reforma tributária*. Rio de Janeiro: Konrad Adenauer Stiftung, 2003.
RIBEIRO, Gustavo L. "La globalización popular y el sistema mundial no hegemónico". *Nueva Sociedad*. Buenos Aires: 2012, n. 241.
RIBEIRO, Luiz César de Queiroz; SANTOS JR., Orlando Alves (org.). *Globalização, fragmentação e reforma urbana: o futuro das cidades brasileiras na crise*. Rio de Janeiro: Civilização Brasileira, 1994.
RIFKIN, Jeremy. *O fim dos empregos*. São Paulo: Makron Books, 1995.
ROCHA, Sonia. "O impacto distributivo do imposto de renda sobre a desigualdade de renda das famílias". *Pesquisa e Planejamento Econômico*. Rio de Janeiro: Ipea, 2002, v. 32, n. 1.
ROMERO, Luis Alberto. *História contemporânea da Argentina*. Rio de Janeiro: Zahar, 2006.
RONCAYOLO, Marcel. *La ciudad*. Barcelona: Paidós, 1988.
_____; PAQUOT, Thierry (org.). *Villes et civilizations urbaine XVIII-XX siècle*. Paris: Larousse, 1992.
ROSSI, Pedro; MELLO, Guilherme. "Choque recessivo e a maior crise da história: a economia brasileira em marcha à ré". *Nota do Cecon, IE/UNICAMP*. Campinas: 2017, n. 1.
ROTHKOPF, David. *Superclass: The Global Power Elite and the World They Are Making*. London: L. B, 2008.

ROUDINESCO, Elizabeth. *A família em desordem.* Rio de Janeiro: Zahar, 2003.

ROUSSEAU, Jean-Jacques. *Discurso sobre a origem e os fundamentos da desigualdade entre os homens.* Porto Alegre: L&PM, 2008.

SABOIA, João L. M. "A controvérsia sobre o salário-mínimo e a taxa de salários na economia brasileira". *Revista de Economia Política.* São Paulo: 1985, v. 5, n. 2, pp. 39-66.

SACHS, Wolfgang. *Dicionário do desenvolvimento: guia para o conhecimento como poder.* Petrópolis: Vozes, 2000.

SADER, Eder. *Quando novos personagens entraram em cena: experiências, falas e lutas dos trabalhadores da Grande São Paulo, 1970-80.* Rio de Janeiro: Paz e Terra, 1988.

SADER, Emir. *Lula e Dilma: 10 anos de governos pós-neoliberais no Brasil.* São Paulo: Boitempo, 2013.

_____; GENTILE, Pablo (org.). *Pós-neoliberalismo: as políticas sociais e o Estado democrático.* 7. ed. Rio de Janeiro: Paz e Terra, 2007.

_____; GARCIA, Marco Aurélio (org.). *Brasil, entre o passado e o futuro.* São Paulo: Fundação Perseu Abramo, 2010.

SAINSAULIEU, Renaud. *L'Identité au travail.* Paris: Fondation nationale des sciences politiques, 1976.

SALM, Claudio; SILVA, Luiz Carlos Eichenberg. *Industrialização e integração do mercado de trabalho brasileiro.* Rio de Janeiro: UFRJ/IEI, 1987.

SANTANA, Marco Aurélio. "Entre a ruptura e a continuidade: visões da história do movimento sindical brasileiro". *Revista Brasileira de Ciências Sociais,* out. 1999, v. 14, n. 41, pp. 103-20.

SANTOS, Milton. *A urbanização brasileira.* São Paulo: Hucitec, 1993.

_____. *Manual de geografia urbana.* 3. ed. São Paulo: Edusp, 2008.

SANTOS, Norberto Pinto dos; GAMA, António. *Lazer: da libertação do tempo à conquista das práticas.* Coimbra: IUC, 2008.

SANTOS, Theotonio dos. *O desenvolvimento latino-americano: passado, presente e futuro.* Niterói: UFF, 2010.

SANTOS, Wanderley Guilherme dos. *Cidadania e justiça: a política social na ordem brasileira.* Rio de Janeiro: Campus, 1979.

SARACENO, Chiara; NALDINI, Manuela. *Sociologia da família.* Lisboa: Estampa, 2003.

SASSEN, Saskia. *As cidades na economia mundial.* São Paulo: Studio Nobel, 1998.

_____. *The Global City.* Princeton: PUP, 2001.

SAULE JR., Nelson; ROLNIK, Raquel. *Estatuto da cidade: novas perspectivas para a reforma urbana*. São Paulo: Pólis, 2001.

SAVAGE, Jon. *A criação da juventude*. Rio de Janeiro: Rocco, 2009.

SCALON, Maria Celi; HERINGER, Rosana. "Desigualdades sociais e acesso a oportunidades no Brasil". *Democracia Viva*. Rio de Janeiro: 2000, n. 7.

SCHUMPETER. Joseph. *Capitalismo, socialismo e democracia*. Rio de Janeiro: Zahar, 1984.

SCHWARCZ, Lilia Moritz. "Espetáculo da miscigenação". *Estudos Avançados*. São Paulo: USP, 1994, v. 8, n. 20.

SENNETT, Richard. *A corrosão do caráter: consequências pessoais do trabalho no novo capitalismo*. 9. ed. Rio de Janeiro: Record, 2005.

_____. *A cultura do novo capitalismo*. Rio de Janeiro: Record, 2006.

SEONE, José. *Movimentos sociales y conflicto en América Latina*. Buenos Aires: Clacso, 2003.

SERRA, José (org.). *América latina: ensaios de interpretação econômica*. Rio de Janeiro: Paz e Terra, 1979.

SERRANO, Franklin; SUMMA, Ricardo. "Demanda agregada e a desaceleração do crescimento econômico brasileiro de 2011 a 2014". *Center for Economic and Policy Research*. Washington, 2015.

SILVA, Lúcia. "A trajetória de Alfred Donat Agache no Brasil". Em: RIBEIRO, Luiz Cesar de Queiroz; PECHMAN, Robert (org.). *Cidade, povo e nação: gênese do urbanismo moderno*. Rio de Janeiro: Civilização Brasileira, 1996, pp. 397-410.

SILVA, Marilene R. N. *Negro na rua: a nova face da escravidão*. São Paulo: Hucitec, 1988.

SIMÕES, Pedro Henrique de Castro *et al*. "Transformações e tendências do mercado de trabalho no Brasil entre 2001 e 2015: paradoxo do baixo desemprego?". *Revista Brasileira de Estudos de População*. São Paulo: set./dez. 2016, v. 33, n. 3, pp. 541-566.

SIMMEL, Georg, "The Metropolis and Mental Life". Em: SIMMEL, Georg. *On Individuality and Social Forms*. Chicago, UCP, 1971, pp. 324-39.

SINGER, Paul. *Economia política da urbanização*. 11. ed. São Paulo: Brasiliense, 1987.

_____; BRANT, Vinicius C. *São Paulo: o povo em movimento*. São Paulo: Vozes/Cebrap, 1980.

SINGLY, François de. *Sociologie de la Famille contemporaine*. Paris: Natham, 1993.

SOARES, Sergei S. D. *O impacto distributivo do salário mínimo: a distribuição individual dos rendimentos do trabalho*. Rio de Janeiro: Ipea, 2002. (Textos para Discussão, n. 873).

SPOSITO, Maria Encarnação B. *Capitalismo e urbanização*. São Paulo: Contexto, 1989.

STANDING, Guy. *O precariado: a nova classe perigosa*. São Paulo: Autêntica, 2013.

SUNKEL, Osvaldo. "La dependencia y la heterogeneidad estructural". *El trimestre económico*. México: 1978, v. 45, n. 1.

TAVARES, Maria da Conceição. *Características da distribuição de renda no Brasil*. Santiago: CEPAL/ILPES, 1969.

_____. "Painel sobre as empresas estatais, nacionais privadas e multinacionais". *Revista da ANPEC*. São Paulo: 1978, n. 1, pp. 44-8.

_____. "Problemas de industrialización avanzada en capitalismos tardios y periféricos". *Revista CIDE*. México: 1981, n. 6.

_____; SOUZA, Paulo Renato. "Emprego e salários na indústria: o caso brasileiro". *Revista de Economia Política*. São Paulo: 1981, v. 1, n. 1.

_____; BELLUZZO, Luiz Gonzaga. "Desenvolvimento no Brasil: relembrando um velho tema". Em: BIELSCHOWSKI, Ricardo; MUSSI, Carlos (org.). *Políticas para a retomada do crescimento: reflexões de economistas brasileiros*. Brasília: Ipea/CEPAL, 2002.

TAYLOR, Charles. *Le Malaise de la modernité*. Paris: CERF, 1993.

TEIXEIRA, Marilane Oliveira *et al.* (org.). *Contribuição crítica à reforma trabalhista*. Campinas: Unicamp/IE/Cesit, 2017.

THERBORN, Göran. *Sexo e poder: a família no mundo (1900-2000)*. São Paulo: Contexto, 2006.

THÉRY, Irène. *Le Démariage*. Paris: O. J., 1993.

THOMPSON, E. P. *A formação da classe trabalhadora inglesa*, 4. ed. Rio de Janeiro: Paz e Terra, 2004.

TOLLIPAN, Ricardo; TINELLI, Arthur Carlos (org.). *A controvérsia sobre distribuição de renda e desenvolvimento*. Rio de Janeiro: Zahar, 1975.

TOURAINE, Alain. *Crítica da modernidade*. Petrópolis: Vozes, 1994.

_____. *El sujeto: un nuevo paradigma para comprender el mundo de hoy*. Buenos Aires: Paidós, 2006.

TROTSKY, Leon. *A revolução permanente*. 2. ed. São Paulo: Kairós, 1985.

VADELL, Javier. "A China na América do Sul e as implicações geopolíticas do Consenso do Pacífico". *Revista de Sociologia e Política*. Curitiba: 2011, v. 19, n. suplementar 1, pp. 57-79.

VEIGA, José Eli da. *Cidades imaginárias: o Brasil é menos urbano do que se calcula.* São Paulo: Autores Associados, 2003.

VELHO, Otávio. *Capitalismo autoritário e campesinato.* São Paulo: Difel, 1975.

VERGOPOULOS, Kostas. *Globalização: o fim de um ciclo.* Rio de Janeiro: Contraponto, 2005.

VIANNA, Luiz Werneck. *Liberalismo e sindicato no Brasil.* Rio de Janeiro: Paz e Terra, 1976.

_____. "Caminhos e descaminhos da revolução passiva à brasileira". *Dados.* Rio de Janeiro: 1996, v. 39, n. 3.

VIANNA, Salvador T. Werneck *et al.* "Carga tributária direta e indireta sobre as unidades familiares no Brasil: avaliação de sua incidência nas grandes regiões urbanas em 1996". Rio de Janeiro: Ipea, 2000. (Textos para Discussão, n. 757).

VIGEVANI, Tullo; RAMANZINI JR., Haroldo. "Autonomia, integração regional e política externa brasileira: Mercosul e Unasul". *Dados.* Rio de Janeiro: 2014, v. 57, n. 2, pp. 517-52.

VITA, Álvaro de. *Sociologia da sociedade brasileira.* São Paulo: Ática, 1989.

WAGENAAR, Michael. "Conquest of the Center or Flight to the Suburbs? Divergent Metropolitan Strategies in Europe, 1850-1914". *Journal of Urban History.* London: 1992, v. 19, n. 1, pp. 60-83.

WALLERSTEIN, Immanuel. *The Modern World System.* New York: Academic Press, 1974.

WANDERLEY, Maria de Nazareth B. "A emergência de uma nova ruralidade nas sociedades modernas avançadas: o 'rural' como espaço singular e ator coletivo". *Estudos Sociedade e Agricultura.* Rio de Janeiro: 2000, n. 15, pp. 87-146.

WEBER, Max. *Economia e sociedade,* v. 1 e 2. 4. ed. Brasília: UnB, 2004.

WIRTH, Louis. "O urbanismo como modo de vida". Em: FORTUNA, Carlos (org.) *Cidade, cultura e globalização.* Oeiras: Celta, 1997, pp. 45-66.

ZOLL, Rainer. *Nouvel Individualisme et solidarieté quotidienne.* Paris: Kimé, 1992.

***

Sobre o autor

***

Marcio Pochmann é economista, pesquisador e político brasileiro. Professor da Universidade Estadual de Campinas (Unicamp) e da Universidade Federal do ABC (UFABC), foi presidente da Fundação Perseu Abramo de 2012 a 2020, presidente do Instituto de Pesquisa Econômica Aplicada (Ipea) de 2007 a 2012 e secretário municipal de São Paulo de 2001 a 2004. Publicou dezenas de livros sobre economia, entre eles *A década dos mitos* (Contexto, 2002) e *Latinoamericana: enciclopédia contemporânea da América Latina e do Caribe* (Boitempo, 2006).

Fonte Lekton e Recoleta
Papel capa Supremo Duo Design 250 g/m²
miolo Pólen Natural 70 g/m²
Impressão Elyon Soluções Gráficas Ltda.
Data junho de 2023

MISTO
Papel produzido a partir
de fontes responsáveis
FSC
www.fsc.org FSC® C106870